А.П. ПАРШЕВ

ПОЧЕМУ РОССИЯ НЕ АМЕРИКА

книга для тех, кто остается здесь

Рекомендовано издателем в качестве начального курса экономики для министров финансов, министров экономики, директоров институтов проблем экономики переходного периода

КРЫМСКИЙ МОСТ-9Д,
ФОРУМ
Москва 2001

ББК 63.3 (2 РОС)
П18

Серия "ВЕЛИКОЕ ПРОТИВОСТОЯНИЕ"
Серия основана в 1997 году

Автор благодарит:
кандидата технических наук, полковника В.В. Шумова – за идеи и материалы,
профессора Ю.А. Абрамова, заведующего кафедрой экономической теории МГТУ им. Баумана – за поддержку,
Светлану – самого первого и самого объективного читателя.

То, о чем говорится в книге, нам должны были сказать, по крайней мере, десять лет назад. Если бы это было сделано, наше общество, скорее всего, избежало бы многих тяжелых ошибок.

В представляемом материале анализируются попытки интеграции России в мировую экономику, выявляются ограничения, накладываемые на этот процесс особыми экономико-географическими условиями России, выстраивается концепция разумного взаимодействия с окружающим миром.

Книга написана простым языком, понятным руководителю сколь угодно высокого ранга, и предназначена как широкому кругу читателей, так и предпринимателям, управленцам, экономистам.

ISBN 5-89747-017-0

Посвящается Ирине и Екатерине, ради которых и написана эта книга

ПРЕДИСЛОВИЕ

Эта книга – для тех, кто решил остаться в России. Вы, уважаемый читатель, видимо, подумываете над таким решением. А иначе, зачем вы взяли книгу в руки?

Для тех, кто собирается уезжать, выпускается масса руководств типа: “Пособие для уезжающих в Израиль, ЮАР, Чехию и т. д.”. А для тех, кто остается – такого пособия нет. Вот я и решил заполнить этот пробел.

Ведь вам надо что-то знать о стране, в которой вы собираетесь жить, не правда ли? Вы уже знаете, что Россия – страна уникальная, но знаете ли, в чем ее уникальность? Уверен, что нет. **Почему мы не вошли и, уже очевидно, не войдем в “мировое сообщество”?** Для ответа на этот вопрос надо ответить на несколько вопросов предварительных. Вот они.

Почему одни народы бедны, а другие – нет? Чем русские отличаются от всех прочих народов? Почему “что русскому здорово, то немцу смерть”? И не случается ли наоборот?

Наверно, это интересует не одного меня.

Почему эксперимент по построению рыночного общества, предпринятый реформаторами при поддержке подавляющего большинства народов и бывшего СССР, и бывшего соцлагеря, закончился оглушительным крахом везде, во всех новых государствах?

По-моему, мне удалось найти ответ на интересующие меня вопросы. И это не те тривиальные “истины”, которыми пестрят страницы, не “плохие законы”, не “врожденные тупость и лень русского (казахского, латышского и т. д.) народа”, не “сопротивление коммунистов и чиновников”.

Может быть, все это и имеет место, хотя я так и не думаю, но в любом случае это не имеет никакого отношения к проблеме. Более того, причина – не "воровство и некомпетентность демократов", как ни дико это звучит сейчас. Возможно, это и было, но правление честных и компетентных привело бы к тому же самому, хотя и медленнее. Есть, есть объективная причина, помешавшая нам войти в "мировое сообщество", и ее нельзя устранить. Обещаю Вам, дорогой читатель, эту причину изложить. Чтобы жить в России, надо ее знать.

С чего началась эта книга?

Наверно, впервые я стал задумываться на эту тему годах в 60-х. Кто жил в то время, помнит, что тогда на каждой кухне, в каждой курилке шли ожесточенные споры – что лучше, социализм или капитализм. Почему Западная Германия богата, а Восточная – бедна, хотя она и богаче Польши?

Тогда все упиралось в производительность труда. Вот западные немцы умеют работать, а поляки – нет. Русские умеют, но не любят, а больше специализируются по водочке. Восточные немцы тоже умеют работать, но им мешает социализм. Таково было кухонное мнение, а официальная пропаганда находилась тогда, как казалось, в растерянности.

После одной из таких бесплодных дискуссий в какой-то компании мой старший брат, чьему мнению я всецело доверяю, вскользь заметил, что Восточная Европа всегда была беднее Западной, и даже в единой Германии восточная часть всегда была беднее. Почему – он не знал, но любая информация на эту тему, что мне попадалась впоследствии, в общем, подтверждала эту закономерность.

Были и исключения. Я не говорю о некоторых слаборазвитых странах, сидящих на золоте, нефти и алмазах, поскольку там причины бедности другие. Но и в Европе есть Ирландия, которая западнее Англии, но существенно беднее. Так что же, закономерность не верна? Нет, все же верна. Оказалось, что чем дальше на запад, тем меньше стоимость жизни, хотя общее богатство страны зависит еще от чего-то.

Вот Испания – тоже вроде бы страна западная, хотя и не слишком богатая. Но в газете “За рубежом” (тогда это был единственный источник подобной информации) как-то прочитал, что потребительская корзина становится дороже в Европе с Запада на Восток, дешевле всего она в Испании. Тогда, в 70-х, речь шла о капстранах, то есть данные были вполне объективны для западного мира, так как там не было проблем со сравнением показателей – валюта обменивалась свободно. Потом знакомый, часто выезжавший за рубеж, подтвердил, что у наших загранкомандированных Испания пользовалась наибольшей популярностью именно из-за низкой стоимости жизни. Из выдаваемых суточных, одинаковых для всей Европы, там можно было наэкономить больше всего для закупки барахла.

Странная история, почему так получается? Помню, я подумал тогда, а во что же выльется эта тенденция, когда мы присоединимся к западному миру и цены можно будет сравнивать?

До определенного момента, пока никто всерьез не ожидал, что мы вольемся в “мир капитала”, это было просто интересно. Но в конце 80-х годов я услышал всего одну фразу, которая, пожалуй, привела к перевороту моих представлений об окружающем мире. Тогда я изучал английский язык, и как-то раз мне попалось в звукозаписи какое-то публичное выступление М. Тэтчер по внешней политике. Я уважал и уважаю эту политическую деятельницу, особенно за ее английский язык. Она говорит четко, с оксфордским произношением, простым, понятным языком, это вам не Буш какой-нибудь, со ртом, как будто набитым арахисом. Так вот говоря о перспективах СССР, она заявила примерно следующее, никак это не пояснив: “на территории СССР экономически оправдано проживание 15 миллионов человек”. Я еще раз прокрутил запись, может быть, хотя бы “фифти” (“пятьдесят”?). Нет, точно “фифтиин” – “пятнадцать”, я не ослышался.

Это меня удивило и заинтересовало, ведь Тэтчер не относится к деятелям, склонным к несерьезным высказываниям. Она, на моей памяти, ни разу не брякнула какую-нибудь глупость, от чего не застрахован ни один англоязычный политик, говорящий о России – в этом отношении они все, как на подбор.

Еще более удивляло, что в нашей прессе ни об этом, ни о других подобных заявлениях западных деятелей не сообщалось. Я даже обзвонил некоторые редакции наших газет – никто мне не смог разъяснить, что же Тэтчер имела в виду.

Что означает "экономически оправдано"?

Поэтому я отнесся к ее заявлению серьезно и попытался выяснить суть дела. И в конце концов выяснил, и о результатах доложу вот в этой книге.

Тем временем, в конце 80-х – начале 90-х в обществе уже открыто шли дискуссии о построении в стране "конкурентоспособной экономики". Сейчас трудно понять, почему так хотелось тогда именно конкурировать с другими, а не жить просто для себя. Чего тогда хотели достичь, разорить в конкурентной борьбе всех производителей и работать за весь мир, что ли?

Все обсуждали, как сделать нашу экономику конкурентоспособной, упирая, главным образом, на хорошее законодательство. Мало кто спрашивал, что будет, если мы окажемся неконкурентоспособны. На это бодро отвечали, что устаревшие технологии будут заменены на передовые. Рынок и биржа все сделают сами!

Но никто, насколько я знаю, не задал вопрос: "а может ли быть наша экономика конкурентоспособной в принципе?"

А я задал себе этот вопрос, и мне удалось найти ответы на этот и другие интересующие меня вопросы самому, и нигде я их решение не вычитал. Правда, если бы не стечение обстоятельств, то все так и осталось бы на уровне общих рассуждений. Но в 1995 году по заказу одной правительственной организации группа ученых готовила научно-исследовательскую работу прикладной направленности, и я принимал в ней посильное участие. Коротко говоря, суть дела заключалась в том, что мы сравнивали по многим показателям условия приграничных регионов России и сопредельных территорий. Научность подобных работ состоит в умении выразить явления через числа.

Пример: если на нашей территории пастбища хорошие, "на пятерку", а "на той стороне" плохие, "на троечку", то, вероятно, пастухи с той стороны будут склонны нарушить границу с целью выпаса скота. Это, кстати, одна из самых частых причин реальных нарушений границы. Так вот, достаточно выразить качество пастбищ через численный показатель, и можно будет оценить уровень побуждения к нарушению границы у местных пастухов. Подобный подход действует и для многих других ситуаций, а так как побудительных причин к нарушению границы на самом деле не так уж много, то иногда удается даже предсказать вероятное поведение нарушителей. Конечно, точной шкалы для многих параметров просто нет, но, как оказалось, можно применить приблизительную оценку, так сказать, "инженерную прикидку".

В ходе работы выяснилось, что ограничиваться анализом ситуации только в приграничных районах – нецелесообразно. Например, высокий спрос на наркотики в центральных районах страны вызывает большую интенсивность нарушений границы, хотя в приграничных районах ситуация с наркоманией другая. То есть надо учитывать и кое-какие условия, характерные для страны в целом. И мы сравнивали условия России и сопредельных стран по многим параметрам. Главная проблема при этом – реальной-то информации на самом деле мало, никто ее не собирает и не публикует, и мы старались брать все.

Пафос открытых источников того времени сводился к провозглашению неизбежности включения России в мировую экономику (читай – экономику Запада). Как я теперь понимаю, это отражалось на настрое нашего коллектива, так как никто тогда не мог сам себе объяснить, зачем же "в современных условиях", после падения Берлинской стены, какие-то там границы и, соответственно, пограничная политика.

Уже после сдачи работы, несмотря на текучку, мне никак не удавалось "отключиться" от этой тематики. Я снова и снова анализировал исходные данные – получалось, что если немного развить основные посылки, то явно следовал вывод прямо противоположный – включение в мировой рынок вызовет мгновенную (по историческим меркам) смерть нашей экономики.

Начало 1996 года было переломным временем – продолжение некоторых тенденций в политике должно было вызвать через пару-тройку лет тяжелейшие последствия для всех граждан страны. Я был не свободен тогда от кое-каких иллюзий, поэтому решился написать небольшой материал, который, как я считал, мог бы несколько "прочистить мозги" нашим гражданам. Так появилась статья "Горькая теорема". Но, к моему удивлению, тогда статья не вызвала широкого интереса ни в оппозиционной печати (хотя там до сих пор, на мой взгляд, наблюдается некоторый дефицит теории), ни среди интеллигентской "полуоппозиции".

После этого в 1997-1998 годах я опубликовал еще несколько статей, в том числе и по "практической макроэкономике", благо эта тема стала животрепещущей для масс, а не только для "научной общественности". Так, например, мне удалось за некоторое время до 17 августа рассказать о причинах этого кризиса и его возможной развязке, а весной 1999 года – о видах на урожай в этом году и реальном состоянии продовольственного сектора экономики. Вот эти статьи оказались для многих читателей интересны и к месту, и, в конце концов, мне предложили написать книгу. А так как, несмотря на то, что в обществе произошли кое-какие сдвиги, массового "просветления в мозгу" еще не наступило, поэтому нужда в этой книге еще есть.

Итак, почему же в страну не пошли иностранные инвестиции? Почему "естественное состояние современного общества" – рыночный частно-предпринимательский капитализм – не привел к процветанию нашей страны и всех сопредельных с нами стран? "Рыночные реформы" – это то же самое, что "открытость Западу", или нет? Я это теперь знаю, и, прочитав книгу, вы тоже это узнаете.

По законам жанра в начале книги надо загадать загадку, а разгадку поместить в последнюю главу. Но я не буду интриговать. Это дешевый прием! Развязку я поместил примерно в середину.

Часть 1. ГОРЬКАЯ ТЕОРЕМА

КОНКУРЕНТОСПОСОБНОСТЬ

Если товар хорош, его перестают выпускать.
Закон Хеблока (из "Законов Мерфи")

Вообще понятие конкурентоспособности нередко понимается неправильно. Неглупые люди с жаром оспаривают утверждения о неконкурентоспособности российской продукции, причем в качестве довода утверждают, что российские изделия бывают лучше западных (или дальневосточных). Другие же, напротив, говорят, что российская продукция неконкурентоспособна из-за низкого качества. Но ведь конкурируют и продавцы металлолома, конкурируют между собой и "лохотронщики"! Так при чем тут качество?

Качество и конкурентоспособность – совершенно разные вещи. Ведь и производитель "Роллс-Ройсов" как-то обанкротился, а эту машину некачественной еще никто не называл.

Чтобы не затрагивать патриотические струнки, возьмем в качестве примера американские оружейные фирмы. Вроде бы, продукция у них – традиционней для США нет. Но, как ни странно, в мире популярны бразильские, аргентинские, испанские револьверы и охотничьи ружья, их производство обходится существенно дешевле и они оказались конкурентоспособнее, хотя в среднем и хуже качеством. А ведь по объективным показателям оружие из Коннектикута (США) – лучше. Но многие оружейные фирмы из США на грани банкротства, а те, которые своевременно перевели свое производство в Латинскую Америку, процветают.

Итак, конкурентоспособность – это не качество продукции, это что-то другое. То есть вполне возможна ситуация, когда мы не сможем добиться конкурентоспособности на мировом рынке, даже если каждое российское изделие будет лучше качеством, чем у других производителей. Нужно что-то еще.

Может быть, в конкуренции побеждает тот, кто первый внедряет новые изобретения, новые технические решения? Отчасти это так, но есть и противоречащие этому подходу факты. Изобретатель персонального компьютера – фирма Эппл – проиграла в конкурентной борьбе Ай-Би-Эм. Так значит, дело в масштабах? Действительно, кто может тягаться с "голубым гигантом" (прозвище Ай-Би-Эм)?

Оказывается, тягаться можно. Малоизвестная у нас фирма "Компак" в 90-х годах превосходила Ай-Би-Эм по объему продаж персональных компьютеров в США. "Компак" – своеобразная фирма, был период, когда она не имела в США рекламных подразделений, потому что вообще не рекламировала свою продукцию. Оказывается, и такое бывает. Видимо, этот факт – сам по себе реклама. Есть фирма "Сан микросистемс" – тоже держится на рынке ЭВМ, хотя по масштабам не сравнима с "Ай-Би-Эм".

Так что дело не в масштабах.

И дело даже не в новых технологиях. Конкуренция работает и в традиционных отраслях, где не так уж много нововведений. Не так много нового в сельском хозяйстве, но одни фермеры разоряются, а другие процветают. Казалось бы – и тот производит пшеницу, и этот, пшеница совершенно одинаковая, технология тоже одна, но результаты для разных фермеров бывают разными.

Так может быть, конкуренция ведется путем "ценовой войны"? Достаточно предложить более низкую цену, и ты конкурентоспособен?

Ничего подобного. Такой путь ведет не к победе в конкуренции, а к разорению. Так бы все начали цены снижать, до нуля, кому же хочется остаться неконкурентоспособным? Но прибыль-то откуда возьмется в этом случае? Если на какой-то товар снижается цена, то цену снижают **все** производители этого товара.

Есть такое понятие: "совершенно конкурентная экономика". Это ситуация, когда совершенно идентичную продукцию производят многие производители, каждый из которых не может даже влиять на уровень цен продукта, так как его доля на рынке невелика. Типичный пример – мелкий фермер, производящий зерно. Выбросит он свою продукцию на рынок или нет – никто и не заметит. По сути, фермер просто сдает свою продукцию по строго определенной закупочной цене, а не торгует ею. Так вот и среди этих производителей тоже существует конкуренция. Так каков же критерий конкурентоспособности? Что же является критерием?

Критерий один – превышение доходов над расходами. Если за продукцию получаешь выручки больше, чем тратишь на ее производство и свое собственное существование, то ты на коне, ты конкурентоспособен. Если меньше – то приходится сначала снижать издержки, потом собственное потребление, потом залезать в долги, а то и избавляться от части основного капитала – это опасный путь, чреватый полным разорением.

Расходы на производство сейчас принято называть "издержками" (по-английски cost). У нас чаще используется слово "себестоимость", но обойдемся без него. В издержки, кстати, входит и стоимость специфического труда управляющих предприятиями и капиталами.

Вся современная конкуренция построена на сравнении между издержками и выручкой. Именно это называется "эффективностью". "Эффективность" в западном понимании – это не полезность. То есть никто не требует от фирм, чтобы они соревновались в полезности своей продукции, степени удовлетворения потребностей населения.

Основной принцип западной экономики – если производители соревнуются в "эффективности", то удовлетворение потребностей населения происходит автоматически, само собой. Это пока что гипотеза, теоретически она не подтверждена, но и не опровергнута. Она работает! Были в истории, в том числе и современной, попытки построить экономику на других принципах – но в этих экономиках накал соревнования (а "конкуренция" буквально означает “соревнование”, это одно и то же понятие) не обеспечил того же уровня благосостояния, который достигли страны Запада. Я говорю об экономике СССР. Соревнование в ней было, но не по критерию лучшего соотношения выручка/издержки.

Чем более “эффективно” (по критерию выручка/издержки) предприятие, тем оно конкурентоспособнее. Только это имеет значение, больше ничего. Ни качество продукции, ни полезность не имеют прямого отношения к конкурентоспособности!

Что же касается конкурентоспособности товаров, то они конкурируют в своих группах, которые объединяют товары, сходные по потребительским качествам. “Жигули” и “Феррари” – не конкуренты. Это разные товары! “Запорожцы” перестали покупать на Западе не потому, что они стали неконкурентоспособны, а потому что сам класс таких машин окончательно устарел, и даже бедняки не могли позволить себе выехать на улицу на такой машине. Но это не значит, что, когда на Западе “Запорожцы” продавались (а они продавались, и неплохо), они конкурировали с “Мерседесами”. Конкурировали они с автомобилями того же класса, просто мы о таких не знаем или забыли. Ведь конкурируют между собой и товары для бедняков.

Если товар хоть сколько-нибудь полезен, если он хоть в какой-то мере является товаром, то он может быть конкурентоспособен, а может и не быть.

Если производитель выпускает новую модель, с улучшенными качествами – она вступает в конкуренцию уже в другом классе товаров. А критерий тот же – главное, чтобы товар можно было продать за цену, превышающую издержки, и все.

И даже если товар уникален, если у него нет конкурентов – все равно, его производитель конкурирует со всей промышленностью – по критерию “выручка/издержки”.

У нас в широких массах не было понимания этого с советских времен – тогда за границей закупались лишь товары высокого качества, а продавались у нас по низкой цене. Сейчас-то мы знаем, что качество и у импортного товара бывает, мягко говоря, разное. Все уже знакомы с колбасой, произведенной по "западной технологии".

Интересно, что на нашем внутреннем рынке после 1991 года импортная продукция оказалась безусловно конкурентоспособней нашей, и не всегда из-за качества. Более того, и то, что начали производить на нашей территории западные компании, тоже оказалось конкурентоспособней нашего – сигареты, напитки, кондитерские изделия. Действительно, организация производства, технология, реклама – все оказалось лучше. Дело не в "секретных рецептах" – на этикетках состав приведен, да его по действующему законодательству и нельзя держать в секрете – все-таки пищевые продукты. Состав по сути тот же, что и у наших ситро и лимонадов – у "Спрайта", например – вода, сахар, углекислота, аскорбинка, лимонная кислота, цитрат натрия, бензоат натрия. Ну еще фирменные ароматизаторы – но, на самом деле, ничего сверхъестественного для нашей пищевой промышленности нет. В "Бонакве" вообще кроме воды и углекислоты только сода и смесь хлоридов калия и натрия – чем дворники тротуары посыпают. Но не поспоришь – в целом "их" производство оказалось выгодней, а наш производитель разорился. Хотя качество шоколада, например, не всегда было лучше!

Но – обратите внимание – вся эта продукция предназначена для внутреннего потребления, а не для экспорта из России. На внешний рынок ничего из произведенного "по западным технологиям" не поставляется. Мы не стали фабрикой для всего мира! **Российские филиалы западных фирм отнюдь не оказались конкурентоспособней иностранных производств.**

И большая часть якобы произведенного – на самом деле фасовка импорта. Якобы российские сигареты сделаны из импортного табака. Почему ввозят табак и фасуют его здесь? А пошлина меньше, чем на готовые сигареты. Почему "Пепси" производится в России? Это понятно – в основном она состоит из воды, есть смысл завозить сюда концентрат, а не готовый напиток. И в "российской" "Кока-коле" российские – сахар и вода, но не только концентрат везут к нам из Ирландии, даже банки – и те из Швеции.

В Россию, как ни удивительно, практически нет импорта телевизоров. Откуда же в каждой квартире импортный телевизор? Они собираются прямо на складах. Импортируются четыре детали – кинескоп, электронная плата, передняя и задняя детали корпуса, все свинчивается. Почему? А на запчасти пошлина в шесть раз меньше, чем на готовые телевизоры.

И вот так все – что можно сделать за пределами России – делается там. Поневоле, под влиянием таможенного законодательства, кое-что делается у нас. Но всех иностранных инвестиций в производство в России – на 7 млрд. долларов. Это при том, что просто в долг нам надавали не меньше чем на 140 млрд. долларов!

А раз все производимое реализуется у нас, то дополнительного притока валюты мы и не получили. Более того – прибыль вывозится из нашей страны. Так как формируется она в рублях, то ее конвертируют в валюту и вывозят. Вместо притока валюты в нашу страну идет ее отток. От того, что на нашей территории установлена линия по разливу "Миринды" – страна не становится богаче валютой, а наоборот.

Но это лирическое отступление. Отметим для нас главное – даже продукция, произведенная у нас по западным технологиям, с западным качеством, на мировой рынок не идет. Почему?

КОНКУРЕНЦИЯ

Мы рады сотрудничеству с вами!
А. Додсон, президент корпорации "Боливар"

Практически общепринято и среди экономистов и в обществе в целом, что если производители постоянно находятся под угрозой гибели из-за более высоких издержек, или слишком низкой выручки – то общество в целом выигрывает.

Поскольку лишь те наказания устрашают, которые время от времени применяются, то конкуренция лишь тогда действенна, когда она разоряет и губит отстающих.

А часто ли гибнут отстающие в конкурентной экономике?

Гибнут часто. Состав производителей любой продукции обновляется довольно значительно, и это касается не только прогрессивных отраслей, вроде программистских фирм. Разоряются и банки, и страховые компании, хотя этому бизнесу сотни лет. Масштабы этого явления даже больше, чем видно на первый взгляд – многие разорившиеся фирмы, продававшие популярную продукцию (бывает и такое) продают и торговую марку другим, поэтому потребитель не замечает этого. Так, владельцы некоторых голливудских кинофирм теперь японцы.

Оказывается, в США есть общественный слой, даже более обездоленный, чем безработные рабочие и служащие – это разорившиеся предприниматели. Ведь многие социальные программы их не касаются – у них нет трудового стажа.

Тем не менее, в устойчивой рыночной экономике, сколько погибло – столько и родилось.

И каков механизм гибели неконкурентоспособных предприятий?

За последнюю сотню лет тут произошли значительные изменения.

Очевидно, что наиболее быстрым бывает разорение тех, кто расходует больше, чем приносит выручки их продукция. Если нет резервов, и если такие "ножницы" – не разовое явление, то все скоро заканчивается. Но так было всегда, хотя бы и до нашей эры, при любом общественном строе.

А что бывает, если предприятие приносит прибыль, но конкурент просто более прибылен?

Когда-то такая ситуация приводила только к тому, что кто-то богател, а кто-то тоже богател, но медленнее. Пока предприятие приносило хоть какой-то доход, его владелец мог жить, не особенно беспокоясь, хотя ему и приходилось урезать собственное потребление. Если же предприятием владела компания владельцев, то одному из компаньонов, недовольному низкой прибылью, было нелегко изъять свою часть капитала или даже свою долю прибыли и вложить в предприятие более удачливого конкурента. Трудности были и юридические, и моральные.

Ситуация изменилась, когда появилась возможность относительно свободно и почти анонимно перемещать капиталы из предприятия в предприятие, из отрасли в отрасль, то есть когда появилась фондовая биржа. Более прибыльное предприятие имеет большую инвестиционную привлекательность, и из менее прибыльного владельцы капиталов пытаются их увести, чтобы купить долю в более прибыльном. Это не слишком легко – реализация значительной части акций предприятия снижает их цену. Тем не менее, отток капитала из отстающей фирмы неизбежен, и никто из акционеров не хочет остаться последним на тонущем корабле.

Поэтому свободное перемещение капиталов способствует усилению "естественного отбора" среди конкурирующих предприятий, конкурирующих отраслей промышленности. Этим современная экономика отличается от экономики даже прошлого века. И легкость перемещения капиталов все чудеснее – национальных границ для капиталов почти нет, а современные средства коммуникации в считанные минуты переправляют миллиардные капиталы к новому месту их применения.

Так пишется в популярных статьях про западную экономику, но при этом опускаются некоторые важные детали. Акционеру, чтобы спасти свои деньги из тонущего предприятия, надо найти кого-то, кому можно продать свои акции – это непросто и связано с денежными потерями. Просто "сдать" акции обратно компании, их выпустившей, нельзя. Ведь деньги уже потрачены – на них построен завод, куплены оборудование и сырье.

Поэтому мечта любого вкладчика – найти способ вложить деньги так, чтобы можно было их обратно в любой момент вернуть, а еще лучше, под гарантированный процент. А это непросто.

То есть, на самом деле, такого уж резкого исчезновения капитала на одном континенте и появления его на другом не бывает, все происходит постепенно. Вложить свободный капитал можно быстро, “вытащить” же уже не так легко.

Таким образом, настоящий инвестор должен быть очень осторожен при вложении денег – отменить сделку, если деньги вложены в неконкурентоспособное предприятие, физически нельзя.

Естественно, планируя свои вложения, необходимо рассчитывать шансы того или иного предприятия на выживание. Самый тупой метод – смотреть, на акции какого предприятия растет спрос (цена таких акций растет), и вкладывать деньги в него. Но в этом случае много не выиграешь – “сливки” снимает тот, кто первым распознал прибыльность предприятия – да можно и ошибиться: попасться на удочку биржевых спекулянтов. Да, на спекуляциях некоторые “делают” миллиарды – но оставим эту тему в стороне. Настоящие инвесторы играми и не занимаются – мы ведь говорим о серьезных вложениях в реальное производство, а не о спекуляциях на бирже.

Конечно, во многом может помочь интуиция – какое дело может оказаться выгодным. Можно вложить деньги в удачное предприятие, если знаешь о нем что-то важное – например, что на какую-то продукцию будет крупный государственный заказ, или что новая технология в десять раз удешевит какой-нибудь популярный продукт. Но появление революционно новых отраслей или изобретений – редкость, рядовой инвестор может ни разу в жизни не вложить своих денег в никому не известный товар.

Основным же инструментом при оценке предприятия является метод оценки производственных издержек. Это рутинная, мелочная работа, но свободные средства обычно вкладываются именно на основе такого анализа. Если удастся оценить, каков уровень издержек при производстве единицы продукта на том или ином предприятии – то мы можем достоверно предположить, какой будет его судьба.

Именно с помощью этого метода определяется инвестиционная привлекательность предприятий в совершенно конкурентной экономике. Надо лишь грамотно провести анализ затрат на производство, не забыв ни одной мелочи, и картина будет ясна. Если одна ферма на литр молока расходует два килограмма комбикорма, а вторая – три килограмма, то которому фермеру вы одолжите денег на расширение хозяйства?

Но не следует думать, что конкуренция действует как естественный отбор в устойчивой популяции каких-либо зверьков, устраняя лишь уродов и неудачников. В мировой экономике устойчивое состояние еще не достигнуто, поэтому в некоторых странах иногда вымирают целые отрасли, на время или навсегда.

И рынок, и фондовые биржи не решают всех проблем сами по себе. Так, был период, когда оказалось, что производить текстиль выгоднее не в США, и текстильная промышленность вымерла (сейчас она возрождена в автоматизированном виде). Многие работники переориентировались, но не все, и каково было даже менеджерам и организаторам производства, чьи профессиональные навыки вдруг оказались не нужны? Не переезжать же им в Пакистан вместе с текстильной промышленностью?

То есть в период, когда это вымирание началось, применять метод расчета издержек в приложении к отдельным текстильным фабрикам США было совершенно бессмысленно. Фабрика-победительница просто закрылась чуть позже остальных. Так что считать производственные издержки лишь внутри национальной экономики – неоправданное ограничение.

Сильная сторона американцев – то, что они не жалуются на общественный строй, а рассматривают трагедии такого типа как свою личную вину, даже если виновата действительно "система". Во времена Великой Депрессии многие отцы семейств просто ушли из жизни, чтобы хоть страховкой поддержать свои семьи. И сейчас, когда Клинтон гордо говорит, что три компьютерных кита – Интел, Ай-Би-Эм и Майкрософт – стоят дороже, чем автомобильная, химическая, авиационная и текстильная промышленности США вместе взятые, это значит, что и в самой богатой стране мира у очень многих людей были большие проблемы. Можно ведь и по-другому посмотреть – традиционные отрасли промышленности США настолько съежились, что стали меньше, чем три высокоспециализированных компании. А ведь опасно строить благосостояние страны на одной отрасли! Впрочем, это дело американцев и их правительства.

На меня сильное впечатление произвела история из одного компьютерного журнала, рассказанная самим ее героем. Он был президентом небольшой техасской нефтяной фирмы, но нефтяной кризис сделал его нищим. Он уехал в Лос-Анджелес, жил там в своей машине, голодал, и ему каким-то чудом удалось найти работу – писать компьютерные программы для фильма "Звездные войны". За день до сдачи первой программы он был на грани самоубийства – программа получилась слишком медленной, и за нее не заплатили бы, но он встретил рекламу программного средства Фоксбейз (FoxBase), которое позволило сделать его программу быстродействующей. Он преуспел в бизнесе, работает в фирме–производителе Фоксбейз, и считает, что это средство спасло ему жизнь. И такие вещи происходили не в 30-е, а в 70-е годы! Сейчас, правда, права на Фоксбейз куплены корпорацией Майкрософт, чтобы избавиться от сильного конкурента. Какова судьба этого счастливца сейчас?..

Так что система свободного перемещения капиталов в условиях конкуренции не только способствует росту, но может создавать проблемы даже в самой сильной и богатой стране мира.

А может ли эта система обескровить не одну отрасль, а экономику целой страны? Может. Именно эта система перемещения капиталов в более прибыльные отрасли буквально обескровила нашу экономику.

Еще раз подчеркну – если предприятие участвует в системе свободного перемещения капиталов, то оно может резко преуспеть, но может и погибнуть, будучи не убыточным даже, а просто менее прибыльным, чем другие. Владельцы капиталов зорко следят за прибылями предприятий, обращая внимание на разницу в доли процента.

А какое-то семейное, патриархальное дело при невысокой норме прибыли может почти процветать, во всяком случае, нормально существовать в той же самой экономике. Необходимо лишь, чтобы вовлеченные в дело капиталы нельзя было из него вывести. Но это теоретически, реально же западные фермерские хозяйства вовлечены в систему перемещения капиталов путем неизбежных банковских кредитов под залог хозяйства. Чуть сбавил обороты в хозяйстве, не заплатил проценты по закладной – и готово дело, на ферму приходит новый хозяин, тоже состоящий в долговом рабстве у банка.

Да, конкуренция – одно из самых популярных слов в экономическом лексиконе. О ней написано много книг. Повторюсь: когда речь идет о конкуренции между фирмами, то главный, чуть ли не единственный метод выявления преимуществ одной фирмы перед другой – сравнение объема затрат на единицу готовой продукции. Тот, кто меньше тратит – выходит победителем в конкуренции. Такая фирма инвестиционно привлекательнее.

Но вот парадокс – когда речь идет о сравнении экономик целых стран, критерии применяются совершенно другие. Рекомендуется учитывать какие-то странные вещи – уровень гражданских свобод, наличие свободы печати, разработанность законодательства и т. д. На основании этих непонятно как рассчитываемых показателей ведется рейтинг инвестиционной привлекательности стран.

Отсюда делается вывод, что достаточно принять правильные законы, отменить смертную казнь, окончательно освободить от всякой ответственности печать, отменить прописку, развить гражданские свободы (например, свободу совести) – и инвестиционная привлекательность нашей страны вырастет.

Правда, так описывается состояние дел в учебниках, издаваемых в нашей стране в последние годы. Они издаются как бы для туземцев, в странах Запада взгляды несколько другие.

Ведь, несмотря на то, что свобод на Тайване вроде бы меньше, чем в США, промышленность перемещается из США на Тайвань, а не наоборот. Южная Корея известна подавлением некоторых основных прав человека (например, за посещение Северной Кореи там с ходу дают 10 лет, а хранение даже охотничьих ружей запрещено), но там вовсю разворачивается производство самой современной техники. В Таиланде за хранение наркотиков вешают даже американцев, но именно в Таиланде производятся теперь прославленные японские фотоаппараты Nikon.

Значит, дело не в гражданских свободах. Плохи они или хороши, но на инвестиционный климат их наличие прямо не влияет.

А почему бы нам не сравнить национальные экономики России и других стран по тому же критерию издержек, так же, как сравниваются отдельные фирмы? Это будет вопреки книжкам по экономике, издаваемым у нас на гранты Сороса, ну и что?

ТАК КАК ЖЕ НАМ ПРИВЛЕЧЬ ИНВЕСТИЦИИ?

Нельзя починить то, что не сломано.
Первый закон ремонта (из "Законов Мерфи")

Ключевым моментом для понимания ситуации в нашей стране является вопрос о привлечении иностранных инвестиций.

Все годы перестройки и реформ практически на любой газетной странице, посвященной проблемам экономики, можно было встретить минимум два-три совета, что нужно сделать для привлечения иностранных инвестиций в экономику России.

На инвестиции был весь расчет. Не было только иностранных денег, а все остальное было – заводы, оборудование, технологии, квалифицированные рабочие и инженеры, богатейшие ресурсы.

"Приидите и володейте!"

И вот уже “мир капитала” нам не враг, а партнер. Двери открыты – можно купить почти любые предприятия, вложить доллары в фермы, шахты, нефтяные месторождения. И не одни мы – бывшие соцстраны открылись тоже. Вся Чехия скуплена немцами на корню!

Конечно, кое-какие иностранные деньги у нас все же были – от продажи довольно широкого диапазона товаров. Даже микросхемы мы продавали, хотя сырье в экспорте превалировало.

И, заметьте, вырученные от продажи наших ресурсов доллары тоже оказалось легко вложить. В государственные облигации США, в производство электроники в Юго-Восточной Азии, в туристический бизнес Италии и недвижимость Испании. Ведь дверь для капиталов открыта в обе стороны! Об этом не говорили пропагандисты мирового рынка, непонятно почему. Надо было хотя бы предупредить о такой неприятной особенности экономической свободы.

Годы шли, а инвестиций в российскую экономику все не было и не было. Иностранцы везли импорт, скупали ресурсы, вплоть до хоккеистов и одаренных школьников, замучили советами, как реформировать экономику. Кое во что вложили – скупили сигаретную, водочную промышленность, системы связи. Но для экономики в целом это почему-то ничего не дало. Предлагают для инвестирования газ Ямала – инвесторов нет. Предлагают автомобильные заводы – дальше протоколов о намерениях дело не идет.

Вопрос об инвестициях использовался для политического давления. “Не снимайте Гайдара – а то не дадим 24 миллиарда”. “Разгоните парламент – будут инвестиции”. “Не выберете Зюганова – и экономика расцветет”. И это действовало.

Помню тогдашние беседы с оппозиционерами – “ничего сделать нельзя, Запад вложит деньги, и в России будет капитализм”. Говорил им, успокаивал (люди все хорошие): “Не беспокойтесь, не будет инвестиций, гарантирую” – не верили, боятся западных инвестиций до сих пор, уж скоро десять лет.

В 98-м году тон западных советов стал более меланхоличен. Это легко объяснимо – не только иностранных инвестиций в производство не было, но и отечественные инвесторы предпочитали так или иначе вывозить капиталы за границу, а не вкладывать в производство. Инвестиции из России пошли на Запад! Даже люди, которые просто способствовали вывозу капиталов, приобрели виллы и круглые банковские счета, что же говорить о владельцах этих капиталов? Во Франции и Германии на русские деньги были скуплены целые отрасли хозяйства. Какой-то таинственный "инженер Владимир Пономаренко" привез во Францию 40 млрд. долларов! А в нашу экономику вложено за все время реформ по самым оптимистичным оценкам 7 млрд. долларов. Всего! При нашем ежегодном экспорте на 50-70 млрд.!

Так почему же этим глупым иностранным инвесторам не понравились наши заводы, наши рабочие, наши инженеры? Ведь они умеют делать то, что Западу и не снилось. К тому же эти самые рабочие, инженеры и ученые сами согласились пойти в рабство к западным "партнерам". Но их не взяли, вот чудеса!

А тут еще грянуло 17-е августа, и вообще все рухнуло.

Почему же это произошло?

Ответ есть, и он несложен:

привлечь иностранные инвестиции в российское промышленное производство нельзя никак, никакими силами.

Трудно поверить столь категоричному утверждению, а, тем не менее, оно верно, по крайней мере, соответствует практике.

Для осознания же его правомерности нам придется немного подумать, и даже не просто подумать, а доказать одну теорему. Теоремы бывают в математике, а сейчас мы будем иметь дело с экономикой.

Экономика вообще состоит из математики пополам с психологией. Поэтому для того, чтобы доказать эту теорему, мы должны провести психологический опыт – "влезть в шкуру" инвестора – Джона или Бориса. Все равно кого – в основном вопросе их психологии одинаковы.

ИНВЕСТИЦИИ

> Чем больше затраты на выполнение плана, тем меньше шансов отказаться от него – даже если он окажется несостоятельным.
>
> *Теорема неизбежности Бахмана.*

Для начала попробуем разобраться, что же такое инвестиции, зачем они нам нужны? В противном случае меры по их привлечению – это типичный "манок на слонопотамов". Если не знать, кто они такие, то можно назвать так любую дудку – как проверить, действует или нет?

Инвестиции – это не просто долг. Долги (кредиты) мы должны возвращать независимо от того, как и куда мы их потратили.

Инвестиции – это "долгосрочные вложения капитала в отрасли промышленности". И только. Почему долгосрочные? Имеется в виду, что на эти инвестиции должно быть развернуто производство, оно должно начать выдавать продукцию, и лишь когда начнет поступать выручка за нее, только тогда инвестор начнет получать отдачу – сначала он возместит свои вложения, затем начнет получать и прибыль.

Но главное отличие инвестиций от дачи денег в долг состоит в том, что **инвестор рассчитывает только на прибыль от производства**. Если прибыли не будет, то это проблемы инвестора, значит, он просто потерял свои деньги.

Теоретически инвестиции можно застраховать, но сути дела это не меняет, просто риск перекладывается на страховую компанию.

Если наше, российское предприятие уговорит иностранный банк выделить кредит – то это инвестиции? Нет. Кредит, он и есть кредит. Если у предприятия ничего не получится, банк получит деньги обратно, хотя бы и после распродажи имущества предприятия.

То есть инвестиции – это долг, который мы не обязаны возвращать. Интерес инвестора заключается в получении прибыли от организованного на его деньги производства. И прежде чем осуществить инвестиции, инвестор оценивает ситуацию – удастся ему вернуть вложения с прибылью, или нет – и на основании оценки принимает решение.

Более того – первоначально имелось в виду, что инвестиции должны обеспечить развертывание в нашей стране не просто конкурентоспособного производства, а такого, продукция которого должна была продаваться на мировом рынке и увеличивать поступление валюты в страну. Ради этого все начиналось!

В Советском Союзе Госплан не только решал, какими деньгами оплатить строительство нового завода, но и где взять материальные и людские ресурсы для строительства и работы завода. В "мировой экономике" ситуация проще – достаточно поднять над головой пачку долларов – и со всех сторон сбегаются рабочие и менеджеры, волоча за собой станки и конторские столы. Резерв рабочей силы и других факторов производства в мире всегда есть. Почему нам и требовались именно иностранные инвестиции – в мире можно было купить то, чего у нас в стране не было. А своей, заработанной нами валюты не хватало для модернизации промышленности, по крайней мере, нам так объясняли. В тридцатые годы хватало, а вот тут хватать перестало.

И при описании самого понятия инвестиций надо хорошо представлять себе следующее: просто покупка и эксплуатация нашего завода иностранцем – это еще не инвестиции. Это просто смена хозяина. Выплаченные деньги идут продавцу, и он на них скорее всего купит виллу в Коста-Браво и "Хаммер" красного цвета. То есть вовсе не любая пачка долларов, вброшенная в нашу страну, является инвестициями. Чтобы заслужить гордое звание "инвестиций", эти доллары **должны быть использованы только на развертывание или расширение производства.**

Инвестиции – это не просто ввоз в страну некоторого количества долларов. Инвестиции – это не только и не столько деньги. Инвестиции в конечном итоге должны быть материальны – это строительство, закупка нового оборудования, смена технологий. Немаловажно и отношение к персоналу предприятий – проходит ли он обучение, делаются ли пенсионные вклады, вообще – заботится ли новый владелец о своей репутации, надеется ли он долго присутствовать на выбранном участке рынка.

Если же новый владелец какого-нибудь купленного завода интенсивно использует здания и сооружения, а "инвестиции" свелись к установке линии по фасовке чего-то импортного, да еще с нормативным сроком эксплуатации 2-3 года, да еще, самое главное, прибыль не идет в производство, а уходит из страны – значит, дело сомнительное. Значит, наоборот, за счет износа наших основных фондов делаются инвестиции куда-то еще. Наши рабочие и служащие не задумываются о будущем, радуясь, что получают неплохую зарплату. У них нет опыта – у нас в СССР еще ни один честный работник без пенсии не оставался.

Это обычное дело в мировой практике: если предприятие неконкурентоспособно, то, в преддверии его краха, руководители, если они уловили тенденцию, начинают эксплуатировать предприятие на износ – не вкладывают в него прибыль, а расходуют ее на расширение другого производства. Если присмотреться, то такое предприятие хорошо различимо – оно не расширяется, не внедряются новые технологии, ликвидируются работающие на перспективу подразделения, персонал не отправляется на повышение квалификации, работодатель не заботится о пенсионном обеспечении своих работников – значит, в него инвестиции не идут, на самом деле за счет такого предприятия инвестируется какое-то другое.

Поэтому одного факта покупки какого-то завода иностранцами мало, чтобы считать это иностранными инвестициями – может быть, покупатели просто подсчитали, что окупят траты и даже получат прибыль фактически за счет ликвидации завода.

Аналогично, когда авианосец приобретают на металлолом, это не инвестиции в военно-морской флот России. Тут то же самое – приобретается оставшийся ресурс оборудования и сооружений и используется.

Иногда вопрос с инвестициями намеренно или ненамеренно запутывается. Скороговоркой говорится, что нам необходимы "инвестиции, "ноу-хау", современные технологии и т. д.". ("Ноу-хау" – дословно "знаю как" – это тоже технологии, они так называются, чтобы звучало непонятно, по-научному.) Но давайте разделим – мухи отдельно, компот отдельно. А почему мы не можем технологии или "ноу-хау" эти просто купить, за валюту? Ведь валюту мы зарабатываем?

ОТКУДА БЕРЕТСЯ В РОССИИ ВАЛЮТА?

А откуда у нас в стране берется валюта? Источников только два: продажа сырья и иностранные кредиты. Все годы реформ в Центробанке шли так называемые "торги", в которых участвовали Центробанк и коммерческие банки. Но поток долларов шел на самом деле только в одну сторону: из Центробанка – в коммерческие банки, а оттуда – в обменники, в торговые фирмы или прямо за границу. Частный сектор только вывозил доллары! И челноки, и оптовые импортеры – это на самом деле мощный насос по откачке долларов за границу. Ввоз же долларов в страну шел со скрипом – частные экспортеры крайне неохотно сдавали государству его часть выручки, а свою часть старались оставить за границей.

Вот посмотрите, сколько всего мы получаем валюты и за что:

Таблица 1

СТРУКТУРА ЭКСПОРТА ТОВАРОВ В СТРАНЫ ДАЛЬНЕГО ЗАРУБЕЖЬЯ
(в фактически действовавших ценах)

	1990		1991		1992		1993		1994	
	Млрд долл. США	%	Млрд долл. США	%	Млрд долл. США	%	Млрд долл. США	%	Млрд долл. США	%
Экспорт – всего	71,1	100	50,9	100	42,4	100	44,3	100	50,1	100
в том числе:										
машины, оборудование и транспортные средства	12,5	17,6	5,2	10,2	3,8	8,9	2,9	6,5	2,5	4,9
минеральные продукты (в т. ч. нефть и газ)	32.3	45,4	26,3	51,7	22.0	52,1	20,7	46,7	21,9	43,8
металлы, драгоценные камни и изделия из них	9,2	12,9	7,3	14,3	7,0	16,4	10,3	23,2	13,1	26,3
продукция химической промышленности, каучук	3,3	4,6	3,4	6,6	2.6	6,1	2,6	6,0	3,9	7,7
древесина и целлюлозно-бумажные изделия	3,1	4,4	2,4	4,7	1,6	3,7	1,9	4,2	2,1	4,2
текстиль и текстильные изделия	0,7	1,0	0,5	0,9	0,3	0,6	0,2	0,4	0,4	0,9
кожевенное сырье, пушнина и изделия из них	0,1	0,2	0.1	0,3	0,1	0,2	0,1	0,2	0,2	0,3
продовольственные товары и сельскохозяйственное сырье (кроме текстильного)	1,5	2.1	1,3	2,6	1,6	3,9	1,6	3,8	2,1	4.2
прочие	8,4	11,8	4,4	8,7	3,4	8,1	4,0	9,0	3,9	7,7

Без учета неорганизованной торговли, по данным таможенной статистики.

(Российский статистический ежегодник, 1995 год)

Вот только на это мы с вами можем твердо рассчитывать. Еще примерно на 10 млрд. мы экспортируем в страны СНГ (без Балтии) – они сами нищие, еще от 2 до 7 млрд. – экспорт военной техники. И все! Поступление кредитов – штука ненадежная, фактически все, что мы берем – тут же отдаем за предыдущие долги.

Обратите внимание: к 1994 году структура российского экспорта уже "устоялась", экономика России пришла в "нормальное" состояние. Осталось только сырье, из экспорта почти исчезли атавизмы советского периода – машины и оборудование. Их всего на 2 млрд. 500 млн. долл. – против 13 млрд. в 1990 году. Да и из этой суммы, увы, значительную часть составляют запчасти к тому, что продавалось раньше (даже на 3 миллиона – запчасти к ЭВМ), а также авиационная техника и суда после капремонта, построенные еще при советской власти. Сейчас сырьевая ориентация экспорта – почти 100%.

Запомните цифру наших ежегодных поступлений – 40-50 млрд. долларов. И имейте в виду – отнюдь не все эти деньги поступают в казну. У нас совершенно официально экспортируют сырье частники, и государству поступает лишь часть валюты. Какая? Если бы знать. При этом официальный импорт товаров и услуг – 30-35 млрд. долл. (их надо вычитать из экспорта), а сколько долларов вывозят "челноки" и туристы – Аллах ведает.

Если чуть более конкретно, то за 1994 год, например, на счета предприятий и организаций России (частных и государственных – всего) поступило 20 млрд. долларов. При экспорте 50 млрд.! В статистических справочниках не говорится, что из этих 20-ти попало в госбюджет. Доход от внешнеторговой деятельности считается почему-то в рублях – 19 167 млрд. рублей. Так как в тот год курс рубля вырос примерно с полутора тысяч до трех с половиной тысяч за доллар, то эта цифра может означать что угодно. Прикидочно это около 8 млрд. долларов, но ведь еще и расходы на внешнеторговую деятельность были, и немаленькие – около 2 млрд. долл. Итого прибыль госбюджета при экспорте на 50 млрд. долл. всего около 6 млрд. долл.!

За все время реформ нового источника валюты не появилось. Ведь зачем требовались инвестиции? Планировалось, что за их счет в нашей стране будут развернуты конкурентоспособные производства, часть продукции которых будет продаваться на внешнем рынке, и это даст валюту. Достанется, дескать, и инвесторам, и нам. Но как раз этого не произошло! Да, у нас производятся и "Дирол", и "Кока-кола", но не на внешний рынок. Вы думаете, у нас раньше не производились "западные товары"? Ничего подобного. У нас производилась и "Пепси-кола", и даже шились (на внешний рынок) "фирменные" джинсы. Почему их можно было встретить в Италии, но не у нас? Это отдельный вопрос, но, что касается инвестиций, то за период "открытости" инвестиции с целью производства товаров на экспорт к нам не хлынули.

Я хотел бы специально отметить – в этой книге вы не найдете ответов на вопросы типа: "почему при советской власти не выпускали жвачку?" или "почему в магазине не было колбасы?". Это отдельные, очень интересные темы. Эти проблемы в будущем обязательно дождутся своего исследователя, скорее всего, не меня. Но пока мы будем разбирать другую проблему – почему у нас в стране не увенчался успехом капиталистический эксперимент. А "ключиком" к этому разбору и послужит вопрос: "почему в производство на территории России не пошли иностранные инвестиции?".

Ведь мы в СССР свободно получали с Запада почти все, что угодно, кроме военных технологий. Как делать автомобили, стиральные машины и т. д. – от нас не засекречивалось.

Приобрели мы, например, систему цветного телевидения SECAM, строили нам и заводы – наши "Жигули" – это "Фиат", стиральная машина "Вятка" делалась по итальянской технологии. Примеров – масса, но вот на что никогда не удавалось раскрутить западных партнеров – это на оплату производства у нас в стране.

Так вот, оказывается, никто не против и сейчас продавать нам технологии или оборудование, полным-полно желающих строить у нас все, что угодно, есть и согласные организовать у нас производство. Как шутили раньше, "мы вам и коммунизм построим, только заплатите". И в долг готовы дать, под гарантии государства.

Но никто не хочет вкладывать в производство у нас свои капиталы. Все, что угодно, только не это! В чем же дело?

Дело вовсе не в политической нестабильности. Посмотрите на историю с 17-м августа: оказывается, множество акул и китов банковского бизнеса не побоялись вложить огромные, даже по западным масштабам, деньги в ГКО. "Дойче банк" (а это имя!) вложил в ГКО 40% своих активов! Не боясь Зюганова! Значит, при фиксированном, заранее обещанном проценте – вкладывали, и с удовольствием. А в производство – нет. И не в риске дело – все финансисты прекрасно понимали, что ГКО – чрезвычайно рискованное дело. Когда обещают 80% годовых при разваливающейся экономике – и дураку ясно, что "пирамида" рухнет. Тем не менее, в ГКО играли банки и компании, названия которых, что называется, на слуху: "Брансвик" (Великобритания), "Чейз Манхеттен банк" (США), "Кредит Сюисс ферст Бостон" (США), "Меррилл Линч" (США), "Морган Гринфел" (Великобритания), "Морган Стэнлей" (США), "Соломон Бразерз" (США), "Смит нью корт" (Великобритания). И их вложения в ГКО в несколько раз больше, чем прямые инвестиции в производство за все время реформ! По минимальным оценкам – на 70 млрд. долл. по курсу до 17 августа 1998 года.

Видимо, потенциальные инвесторы не надеялись и не надеются, что наши предприятия принесут прибыль. А какие же у них основания так думать? Сразу скажу, основания есть.

Очевидно, что, вкладывая иностранные деньги, инвестор хочет получить прибыль, и тоже в иностранных деньгах, то есть в валюте.

То есть либо полученную продукцию можно будет продавать за границей, тогда она должна быть конкурентоспособной на мировом рынке, либо продукция будет продаваться у нас. В первом случае прибыль будет получаться за счет иностранного потребителя, и частично и мы будем ее получать – в валюте. Во втором случае прибыль образуется внутри страны, за наш счет, а, так как инвесторы прибыль забирают себе, то мы платим им за эту продукцию валюту, заработанную нами другими способами – продажей сырья, например, или получением кредитов.

Если иностранцы собираются конкурировать на нашем, российском рынке, то на какую выручку они могут рассчитывать? Интересно, что об объемах "теневого" вывоза валюты пишут и говорят у нас часто, а вот о легальном – сколько инвесторы вывозят от нас прибыли – как-то умалчивают. Но наш платежеспособный рынок невелик – разница между экспортом и импортом в 1992-1994 гг. колебалась от 5 до 10 млрд. долл., да и в последующие годы она не выросла. Вот и все, на что могут рассчитывать иностранные инвесторы внутри России. Удивительно ли, что на освоение такого бедного рынка они не особенно и стремятся?

Но главное: если продукция конкурентоспособна только у нас – та ли это конкурентоспособность?

То есть даже в лучшем случае, если иностранец развертывает у нас производство конкурентоспособной продукции, то он продает ее нам же, конвертирует выручку в валюту и вывозит. Какой нам выигрыш? Ведь вместо притока валюты идет ее отток!

Намного ли "Золотая Ява" лучше нашей прежней "явской Явы"? А ведь за каждую пачку "Золотой" мы платим теперь компании Бритиш-Американ Тобакко, а за ту, старую, платили государству. Выручка за "Золотую" конвертируется в валюту и вывозится, а за ту – оставалась в стране. Якобы привлекая инвестиции, мы все равно платим валютой, как если бы покупали импортные сигареты.

Намного ли мороженое "За 48 копеек" фирмы Nestle вкуснее того, старого, настоящего "за 48 копеек"? Оно выпускается по той же технологии, на тех же заводах, из того же сырья и тем же персоналом. Но теперь мы за него платим валютой иностранным дядям и тетям, потому что производство и товарная марка принадлежат теперь иностранцам.

Но это – лирическое отступление. Нас ведь иностранные инвестиции интересуют в том смысле, чтобы с их помощью развернуть в стране конкурентоспособное производство, то есть производство, продукция которого может быть конкурентоспособной в мире, а не только у нас в стране. Так почему же этого не происходит? Почему в Аргентину и Бразилию были вложения в сотни миллиардов, а нам – фига без масла?

Может быть, причины политические? Может, они русских не любят? Может быть. Но что если причины не морально-романтические, а экономические? Так давайте не будем гадать по ромашке. Давайте сделаем "инженерную прикидку".

МАНОК НА ИНВЕСТОРА

Из предыдущей главы мы знаем, как трепетно должны относиться инвесторы к вложению своего капитала. Чуть промахнулся – и каюк.

Чем руководствуется инвестор при принятии решения? Примем в качестве аксиомы, что инвестиции делаются только исходя из экономической целесообразности, а из всех возможных вариантов выбирается наивыгоднейший. Эта аксиома никем не оспаривается, и, видимо, она верна. Никакие другие соображения – политические, романтические – во внимание не принимаются. "Уговорить" нормального инвестора расстаться со своими деньгами нельзя.

Это приходится подчеркивать, потому что заинтересованные лица у нас упорно путают займы и инвестиции. Повторяю: инвестиции – не займы! Инвестициями рискует сам инвестор. А займы надо отдавать нам, и рискуем мы (мы – это российские граждане). И вернуть займы с процентами мы обязаны в любом случае, независимо от судьбы инвестиционного проекта. Поэтому займы нам давали.

Добавлю, что есть, увы, в современной российской политике люди, путающие понятия "инвестиции" и "подаяние убогим", или "инвестиции" и "тридцать сребреников". Ну, тут уж просто неприлично разъяснять разницу.

Так вот:

в конкурентной борьбе за инвестиции, если игра ведется по правилам свободного мирового рынка, почти любое российское предприятие заведомо обречено на проигрыш.

Попробуем если не математически точно, то наглядно доказать эту чрезвычайно горькую теорему. С ней нелегко примириться, но, не поняв проблему, решить ее нельзя.

Сначала договоримся о понятиях. **Под свободным мировым рынком понимаем ситуацию, когда товары и капиталы могут свободно перемещаться по всему миру, валюты свободно конвертируются, пошлины на границах невелики, или вообще ни пошлин, ни границ нет, и предприятия, независимо от формы собственности, торгуют самостоятельно.**

Такое определение не очень научно, но, по сути, я думаю, правильно.

При этом курс обмена валют, если в нашей стране продолжает ходить своя валюта, разумный, правильный. То есть если батон белого хлеба можно купить в США за доллар, а у нас в стране за 5 рублей, то и обменный курс поддерживается – доллар за пять рублей.

Представим себе, с чего начинает инвестор, имеющий средства и желающий вложить их в производство?

Первое, что в этом случае делается, это подсчитывается возможный приход-расход. Если между приходом и расходом есть положительная разница, то предприятие оказывается прибыльным.

Так вот приход во всем мире оказывается примерно одинаковым. Готовая продукция стоит примерно одинаково во всем мире. Ведь рынок-то свободный! Если где-то можно продать что-то чуть подороже, туда этого навезут со всего мира, цена и подравняется.

А вот расход (затраты, издержки) в разных местах разный.

Выгодность производства определяется разницей между мировой ценой произведенного продукта и местными уровнями затрат на его производство. Например, на станции Беллинсгаузен в Антарктиде в принципе можно построить ткацкую фабрику. И хотя транспортировка туда хлопка и оттуда готовых тканей морем не очень дорога, все равно никто этого не сделал и не сделает. Дороговато эта ткань обойдется, а продать ее дороже только на том основании, что она антарктическая, вряд ли удастся.

Мировые цены на продукцию во всем мире примерно одинаковы, в этом вся прелесть свободного рынка. А вот местные условия в мире различны и постоянно меняются, поэтому капиталы и “перетекают” из одной страны в другую. Теперь уже точно известно, что направление перемещения капитала у нас в стране одно – за границу. Это может быть только в том случае, если затраты на производство выше, чем в других странах. Вот мы сейчас это и проверим.

В этом нам поможет редкий случай – мы можем сравнить расходы в сопоставимых ценах. Такое в нашей истории случается не часто, одна из проблем при проведении экономического анализа в советские времена в этом и состояла. Все сравнения того времени были спекулятивными, и беззубая советская пропаганда, и зубастая антисоветская – правды не говорили.

Наши цены нельзя было напрямую сравнить с мировыми – например, в советские времена можно было купить качественный фотоаппарат по цене трех тысяч поездок на московском метро, а в Англии этот же аппарат можно было купить за цену двадцати поездок на лондонском. Затраты на жилье и энергию у нас были незаметны, а колготки и электроника были относительно дороги. И вообще соотношение цен у нас сильно отличалось от мирового.

Вот поэтому в начале перестройки товары шли в обе стороны, и реальная картина сравнительной конкурентоспособности экономик была еще неясна. Когда границы уже открылись, но обмена валюты еще не было, тогдашнее челночничество включало в себя не только закупку ширпотреба в Турции. Раньше челноки также вывозили из страны дешевые у нас ликвидные (то есть такие, которые было легко продать) товары – фотоаппараты, поливитамины, титановые лопаты, электроинструменты и т. д., даже гвозди, а ввозили те, которые легко было продать у нас.

Опытным путем была найдена максимально эффективная комбинация – какой-то садовый насос, стоивший у нас в советское время 28 рублей, при вывозе за границу оборачивался двумя видеомагнитофонами. Естественно, так дешево он стоил у нас не потому, что затраты на производство у нас были малы – просто цена на него устанавливалась без нормального экономического расчета. Уверен, что, если эти насосы у нас сейчас производятся, то они и стоят как два видеомагнитофона.

Но вот уже несколько лет челноки только ввозят товары, а вывозят только доллары, при том, что доллары у нас не производятся! То есть вопрос о конкурентоспособности экономик решен рыночной стихией, и не в нашу пользу. И сейчас мы поймем почему.

Вернемся к оценке затрат на производство. При этом отрешимся от тех цен, которые мы помним по советским временам – те цены зачастую были унаследованы от старых времен.

Итак: во что обходится производство в нашей стране?

Из чего же складываются затраты на производство вообще? Наши хозяйственники издавна руководствуются специальным документом, именуемым “Положение о составе затрат по производству продукции (работ, услуг)…”. Оно иногда слегка пересматривается. Так, сейчас действует новый вариант, утвержденный каким-то Е.Гайдаром в 1992 году. В этом “Положении…” затраты делятся на пять элементов:

– материальные затраты;

– затраты на оплату труда;

– отчисления на социальные нужды;

– амортизация основных фондов;

– прочие затраты.

Каждый из элементов в свою очередь состоит из многих возможных затрат – чего только не включают, например, “прочие затраты”.

Но для простоты рассуждений немного перегруппируем элементы затрат.

1. Надо построить здание завода.

2. Надо купить оборудование, сырье и комплектующие.

3. Надо оплатить накладные расходы (отнесем сюда транспортные расходы и расходы на энергию).

4. Надо заплатить наемным работникам.

5. Надо заплатить налоги и кое-что еще.

Попробуем пройти по пунктам списка затрат и выяснить, где российские предприятия имеют преимущества перед предприятиями в других странах, а где уступают.

Хуже всего при решении любого вопроса беспредметность. Оказалось, что сделать шаг в решении проблемы можно, если рассматривать конкретную страну – Россию. Но рассматривать не в отрыве от остального мира – необходим масштаб, необходимо сравнение с другими странами мира. И все становится ясно.

А ГДЕ ЖЕ МЫ ЖИВЕМ?

Обмороженных больше, чем ошпаренных.
“Краткое описание климата России”,
А. Пляц, М., 1998 г.

Кто не знает, что мы живем в самой холодной стране в мире? Это знают все. Но все ли представляют, насколько она холодна?

Многие ли даже образованные люди поверят, что в столице Англии Лондоне растут пальмы и бамбук? Забавно, но со мной спорил по этому поводу человек, недавно вернувшийся из турпоездки в Англию, пока я не показал

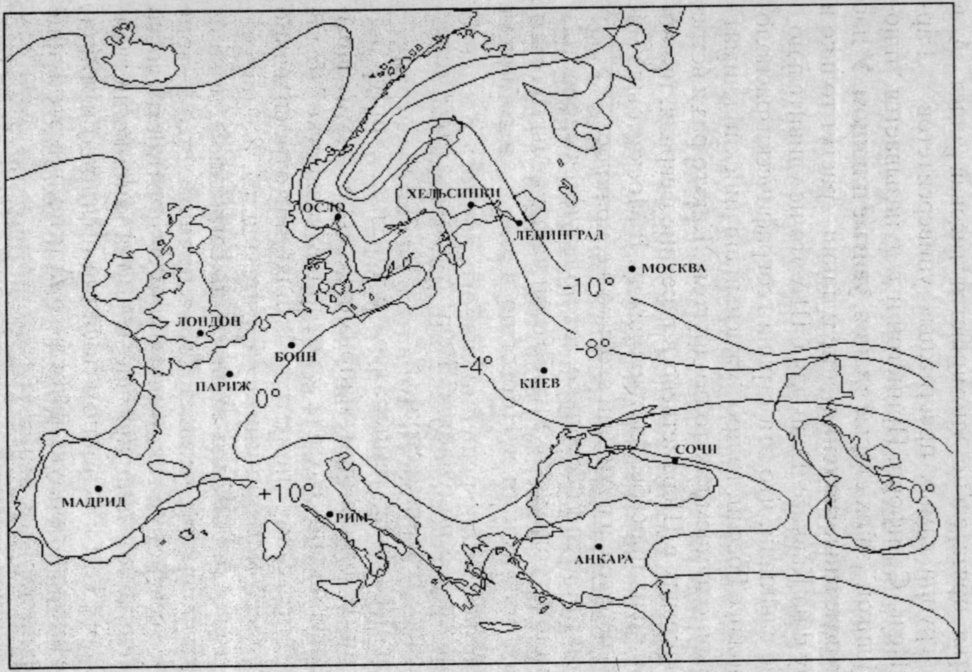

Илл. 1. Изотермы (линии равных температур) января на территории Европы (построены на основании климатических карт «Атласа офицера» (М., Воениздат, 1978 г.) и Большого настольного атласа Маркса (М., изд-во Маркса, 1904 г.)

ему в его фотоальбоме его же собственную фотокарточку на фоне пальмы. Ну не заметил, бывает.

Если вы читаете английские детективы, то, наверно, заметили, что при описании классического английского поместья обязательно упоминается тисовая аллея. А в США группа самых престижных университетов – Гарвард, Йель, Стэнфорд, Принстон и т. д. называется "плющевой лигой" за их старые здания, увитые плющом. У нас эти вечнозеленые растения – тис и плющ – растут только в Крыму и на Кавказе. Если для США это не удивительно – многие слышали, что эта страна географически расположена южнее России, то про "ужасный английский климат" мы обычно думаем как-то по-другому. Как-то раз я встречал знакомых в Шереметьево в середине февраля, привозил им, по их просьбе, теплую одежду. В Москве было минус 20 градусов, а в Англии столько же, но плюс.

Мои приятели несколько лет пользуются своеобразным видом туризма – с отработкой части цены путевки. Так вот они ездили в Норвегию в мае … а собирали клубнику.

Как же это получается? Ведь Англия, а, тем более, Норвегия – северные страны?

Среднегодовая температура в России – минус 5,5° Цельсия. В Финляндии, например, – плюс 1,5°С. Помню, в журнале "Охота и охотничье хозяйство" была как-то дискуссия – почему в Финляндии относительно много лосей (на единицу лесной площади), а у нас мало. Сначала валили, как водится, на социализм, пока не нашелся знающий человек, объяснивший, что в зоне тайги – северо-восток Финляндии – плотность лосей как у нас, а вот западная часть – зона широколиственных лесов. Там в основном лоси (да и финны) и живут, биологическая продуктивность леса и поля в этой зоне чуть не на порядок выше.

И средняя годовая температура – еще не все. Есть еще такое понятие, как суровость климата – то есть разность летней и зимней температур, да и разность ночной и дневной. Тут мы вне конкуренции. Ведь замерзает-то человек зимой, пусть даже летом у нас и жарко.

Мы построили свое государство там, где больше никто не живет.

Это частность? Не совсем. По большому счету только это отличает нас от “нормальных людей”, в остальном мы такие же дети Адама.

Климатические пояса в Европе расположены парадоксально. Климат становится более холодным не с юга на север, а с запада на восток, и иногда даже наоборот – с севера на юг, а точнее, с побережий вглубь континента. Обратите внимание: в Ленинграде теплее, чем в Москве, а ведь он километров на 400 севернее. А в Хельсинки зимой теплее, чем в Орле, хотя Хельсинки на 1000 км севернее. Под Вильнюсом в июне поспевает черешня, а в Московской области – нет, потому что вымерзает зимой. Широта почти та же, но Вильнюс на 1000 км западнее. В Латвии бедняки отказываются от отопления и горячей воды (из-за дороговизны). Холодно, конечно, но пока выживают. Попробуйте хотя бы даже в Курске на зиму отопление отключить! А ведь Латвия существенно севернее.

Западная Европа, по нашим понятиям, субтропики. Причина известна еще со школьной скамьи – Гольфстрим. Благодаря ему зима в Европе выше нуля, а весна начинается в январе-феврале, и почти всегда в одно и то же время. У нас же весна может наступить и в конце марта, и на месяц позже. Почему? Если нет с запада вторжений теплого воздуха, то прогрев идет только за счет излучения солнца. Оказывается, в этом случае в Подмосковье снег сходит в конце апреля, а если ветер с запада – то в начале. В Западной Европе теплый ветер дует всегда, поэтому, к тому же, (внимание, садоводы и огородники) не бывает заморозков (!!!).

Вот что на эту тему пишут географы (здесь и далее цитаты по: *Алисов Б.П.* Климатические области зарубежных стран. М., 1950; приводятся из монографии Л.В.Милова “Великорусский пахарь”):

“Западная и Центральная Европа… образуют Атлантико-Европейскую климатическую область, где ведущими факторами влияния выступает как атлантиче-

ский морской, так и европейский континентальный воздух (прогретый, но не влажный). Вместе с тем на Западе Европы влияние Атлантики сильнее, и здесь не бывает крупных очагов континентального воздуха... Иначе говоря, здесь не бывает или почти не бывает длительных похолоданий или жары... частота вхождений атлантического воздуха и сила его влияния столь велики, что зимою изотермы в Европе, за исключением Севера, идут в меридиональном, а не в широтном направлении.

...Засухи здесь редкое явление. Среднегодовая сумма осадков в Западной Европе 500–1000 мм.

...Чем ближе к зиме, тем морской воздух теплее..."

Что значит, что "изотермы идут в меридиональном направлении"?

Это значит, что по суровости зимнего климата одинаковы: обитаемая часть Норвегии, юг Швеции, Дания, Нидерланды, Бельгия, Западная Германия (кроме Баварии), Восточная и Центральная Франция, север Италии, Хорватия, Албания, северная Греция, приморские районы Турции, Южный берег Крыма и побережье Кавказа. Средняя температура января там выше нуля. А ведь Норвегия больше чем на 3 000 км севернее Греции!

Англия, Западная Франция, Испания, Португалия, юг Италии и Греции – еще теплее и между собой также примерно равноценны. В январе там плюс 5 – плюс 10 градусов.

Западная Европа представляет собой уникальный регион. Нигде на Земле нет места, расположенного так близко к полюсу и столь теплого.

Все США, сравнимые по климату с Западной Европой, географически находятся южнее Кубани. Нью-Йорк – примерно на широте Сочи.

Столь милые нашему сердцу просторы малопригодны для жизни. Да, по территории мы до сих пор самая большая страна в мире. Но есть такое понятие, как "эффективная площадь", то есть территория, пригодная для жизни. Французский географ прошлого века Жан Элизе Реклю в своем труде "Земля и люди. Всеобщая география" назвал "эффективной" территорию, которая находится ниже 2000 метров над уровнем моря, со среднегодовой температурой не ниже минус 2 градусов Цельсия. Считается, да и весь опыт человечества это подтверждает, что лишь на эффективной территории возможна относительно нормальная человеческая деятельность.

Так вот по эффективной площади мы на пятом месте в мире, а не на первом. Лишь треть нашей земли – "эффективная". Но и наша эффективная площадь – самая холодная в мире. Мы не Индия, не Китай, и даже не Канада.

Представьте себе природную среду, где человек без специальных защитных приспособлений неизбежно погибает через несколько десятков минут. Это не жерло вулкана, это наша страна зимой. Просто эти защитные приспособления называются "теплой одеждой" и "отапливаемыми помещениями". Оказавшийся на улице человек, так сказать, в своем натуральном обличье, имеет не больше шансов уцелеть, чем выпавший за борт корабля посреди океана.

Мы просто не замечаем той ситуации, в которой живем. Оленьих пастбищ в нашей стране (19% площади) существенно больше, чем пригодных для сельского хозяйства земель (13%), а нашей пашни (около 100 млн. га) едва ли хватит для самообеспечения России хлебом.

Сколько раз вы слышали, что Канада и Скандинавия такие же холодные страны, как Россия? Это совсем не так.

Даже Аляска по сравнению с Чукоткой – курорт. Когда наши казаки открывали Америку с нашей стороны, они руководствовались рассказами чукчей о земле, "где растут большие деревья". Там, откуда казаки отплывали, больших деревьев не было.

Не могу не отметить, что на наших обобщенных климатических картах, которые встречаются в школьных атласах, и Оймякон, и Ялта отнесены к одному климатическому поясу – "умеренному", обозначенному веселеньким светло-зеленым цветом. Понимаете, почему все вышеизложенное воспринимается немного странно?

ТАК ПОХОЖЕ НА КАНАДУ, ТОЛЬКО ВСЕ ЖЕ НЕ КАНАДА

Канада похожа на Россию, только все же она – совсем не Россия.

Хотя Канада на карте выглядит довольно компактной страной, реально люди там живут в двух разобщенных регионах: восточном – у Атлантики и Великих озер, и западном – на Тихоокеанском побережье. По сравнению со всей территорией Канады – это крошечные пятачки, прижавшиеся к южной границе. В 30-е годы даже сообщение между этими регионами было только по территории США.

"...кратко охарактеризуем климат Северной Америки, имея в виду прежде всего Канаду. Дело в том, что значительно меньший, чем Евразия, Североамериканский континент не имеет резко континентального климата... сильная и постоянная в течение года циклоническая деятельность ослабляет континентальность климата. Здесь не бывает замкнутых застойных областей ни низких, ни высоких температур. И это является кардинальным отличием от Востока Европы (не говоря о Сибири). Зимы в Канаде суровы, и температурный минимум может достигать -45°, но морозы нестойки. В среднем же зимняя температура на 15–20 градусов выше, чем в наиболее суровых районах Восточной Сибири. Следовательно, и грунт земли не промерзает так, как в Сибири и в ряде районов Восточной Европы. Особенно важно подчеркнуть изобилие снежных осадков..."

Дело в том, что обитаемая часть Канады – значительно более благоприятная страна, чем Центральная Россия. Средняя годовая температура в Москве +3,8° градуса, в Ленинграде +4,3°. В Ванкувере, например +9,8° (как в Вене, Одессе, Софии), в Монреале – +6,7° (как в Варшаве). Вообще один градус средней годовой температуры – это на самом деле очень чувствительно. Обитаемая Канада – это вполне Западная Европа, а не Московская область, и, хотя лето там попрохладней, зима в Монреале мягче, чем даже в Польше.

Действительно, есть там города даже в более холодном (в среднем) климате, чем Москва: например, Эдмонтон – +2,7°, Виннипег +2,5°, то есть примерно как у нас в Иваново. Но посмотрите на карту промышленности, хоть из школьного атласа – это чисто сырьевые районы: нефтехимия, лесообработка. А на широте Москвы в Канаде расположены только поселки с "говорящими" названиями, вроде Ураниум-Сити или Радий-Порт.

Даже в относительно (по канадским понятиям) холодных районах для сельского хозяйства более благоприятные климатические условия, чем в Центральной России. Для растений имеет значение не только среднегодовая температура, но и такой показатель, как сумма положительных температур, или, как иногда считают, сумма температур выше +10° С. Эти показатели для с/х районов Канады существенно лучше, чем в России. Особенно это касается таких культур, которые сеют весной, и которым не надо зимовать под снегом, то есть яровых.

Городскому жителю, конечно, трудно осознать вот такой факт: Канада в промышленных масштабах производит такие культуры, как соя и кукуруза. Напомню (мало кто знает), что в Московской области кукуруза достигла спелости лишь один раз за больше чем сто лет выращивания, а именно в 1996 году. А о сое и не слыхивали. У нас эта культура растет только на самом Юге, ближе к Черному морю. Но вообще-то урожайность зерновых в Канаде по западным меркам невелика – чуть больше 20 центнеров с гектара. Для сравнения: в Англии, Голландии, Швеции – 70-80 ц/га!

Подведу итог. Канада – большая страна с незначительным населением и отличными транспортными возможностями, т. е. выходом к океану. Климат обитаемой, индустриально развитой части Канады примерно соответствует климату Ростовской области и Краснодарского края, но он более влажный.

Этой обитаемой части вполне достаточно для населения Канады – примерно 24 млн. человек. Остальная территория – только добыча сырья и туризм. Собственно, именно такой страной и хотело бы видеть Россию "мировое сообщество".

Есть и еще такой момент: Канада – фактически провинция США, по сути, это северная периферия самой богатой страны мира. Попробую провести аналогию: североамериканские эскимосы имеют более высокий уровень жизни, чем российские, но это не значит, что они более трудолюбивы или умны – для них действуют правительственные программы развития. Примерно то же, в разных формах, касается и канадцев.

И Скандинавия – не такая Сибирь, как думают.

"...Как известно, Скандинавский полуостров и Финляндия составляют особую Атлантико-Арктическую климатическую область. Зимы здесь отличаются частыми циклонами, идущими из Атлантики, ...даже морозные зимы сопровождаются сильным влиянием Атлантики, что вызывает резкие потепления.

...Весьма важно отметить, что здесь не бывает весенних "возвратов холодов", то есть заморозков, и поэтому земледельческие работы начинаются довольно рано. Летом в Северной Европе регулярно образуется зона низкого давления, поэтому засух здесь не бывает, а большое количество весенне-летних пасмурных дней (в частности, в Финляндии) не угнетает вегетацию растений, поскольку компенсируется удлинением светового дня. Это характерно для всей Северной Европы".

Швеция теплее Финляндии, а о Финляндии у нас сложилось неверное мнение по периоду советско-финской войны, которая велась в Карелии (а это не Финляндия) в самую холодную зиму столетия. Та зима 1939-1940 г. на территории Центральной России была еще суровей, большинство российских яблоневых садов ее не пережили. На самом деле климат южной (обитаемой) Финляндии примерно соответствует климату Эстонии.

Напомню, что перед Зимней Олимпиадой в горном Лиллехаммере (Норвегия) там три года подряд не выпадало снега. В Бергене (далеко не самый юг Норвегии) средняя

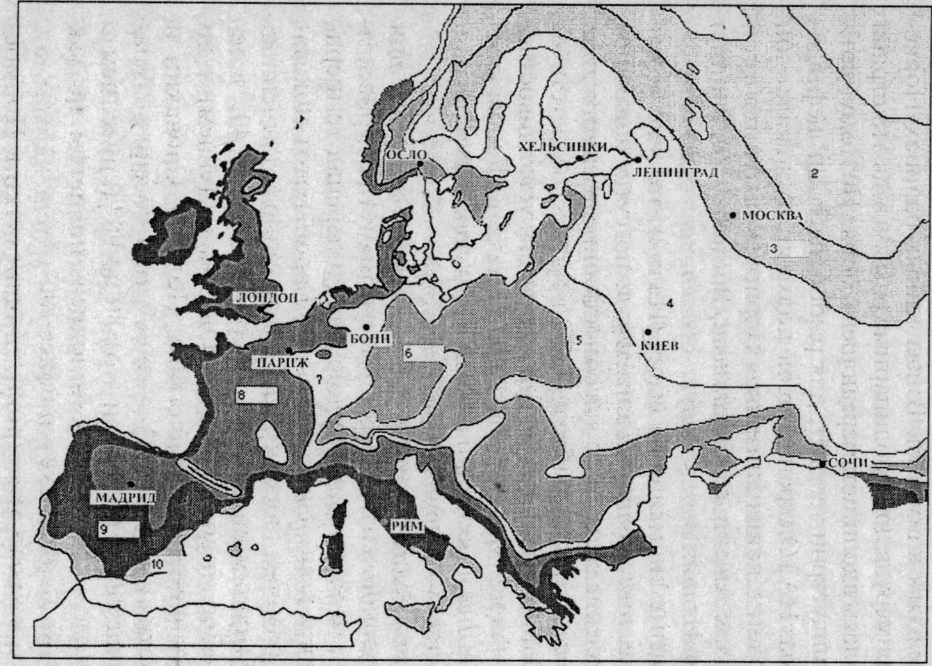

Илл. 2. Схема зон сравнительной благоприятности для плодоводства (из книги Х. Бейкера «Плодовые культуры». М., Мир, 1990, дополнена по материалам книги Е. Ярославцева и др. «Ваш сад». М., Агропромиздат, 1992)

температура +7,8° С, как в Мюнхене. По какому-то поводу Берген недавно показывали по ящику – там прямо на домах растет этот самый пресловутый плющ. Климат там существенно мягче, чем в Калининградской области – а из российских областей именно Калининградская обладает самым мягким климатом. В населенных районах Норвегии, к примеру, в домах одинарные рамы – ведь эта страна протянулась вдоль незамерзающего моря. Поэтому, хотя особой индустрии там нет, для рыбообработки, нефтедобычи и баз НАТО страна вполне подходит. А по карте зон плодоводства, кстати, низинная Норвегия находится в той же зоне, где Англия с ее пальмами, Восточная Франция и Северная Италия.

Обратите внимание на схему (Илл. 2): это уже не отвлеченная информация о климате, а, по сути, наглядное представление сведений о выгодности определенного вида хозяйственной деятельности. Каждая зона соответствует определенному набору культур и сортов, и устойчивость и продуктивность их (и прибыльность) падает от зоны к зоне. В Швеции и Болгарии еще можно разводить виноград, но он будет хуже, чем во Франции.

Кроме средней температуры, большое значение для хозяйственной жизни имеет уже упомянутая суровость климата, то есть, кроме холода, еще и перепад температур. Если в прибрежных районах Европы этот показатель – разница абсолютных когда-либо отмеченных максимумов и минимумов температур – около 40°, в остальной Западной Европе (за Одером и Дунаем) – до 50°, в Финляндии, Прибалтике, Польше, Словакии и европейских странах СНГ – до 60°, то в России до Урала – свыше 70°, а в Сибири – от 80 до 90° (круче, чем в Антарктиде – зимой там холодней, но летом не так жарко). А в Верхоянске – и более 100°.

Когда я писал эти строки, за одни сутки в Подмосковье был перепад температур от плюс 30° с лишним днем до плюс 5° ночью. А в Западной Европе есть места, где за всю историю наблюдений разница температур между **самой низкой** зимней температурой и **самой высокой** летней – чуть более 30 градусов!

“Абсолютный минимум” в Бергене (Норвегия) и Стамбуле (Турция) – одинаков (-16,1°С), а в Лондоне никогда в истории не было мороза в 10°С!

Если в качестве критерия “суровости” использовать разницу **средних** январских и июльских температур, то цифры будут иными, но картина будет та же.

Но разница температур еще не дает полной картины: жара – не холод. Плюс 50° человек может выносить довольно долго, а переохладиться и умереть можно и при +10°!

Толстые стены приходится строить главным образом не из-за средней температуры, а из-за месяца-двух морозов. Пусть в Сибири кое-где летом жарко (в Минусинской котловине арбузы выращивают), но озимые культуры не растут – убиваются зимой морозами.

Из двухсот стран мира по суровости климата с нами может сравниться только Монголия. В Улан-Баторе в среднем холоднее, чем на прибрежных научных станциях Антарктиды.

В Западной Европе кратковременное похолодание до каких-нибудь минус 10°С (раз в 20 лет) вызывает полную дезорганизацию хозяйственной жизни. А в центре России -10°С – это средняя температура января, то есть совершенно обычное дело. Это важно для планирования хозяйственной деятельности? Важно. Но карту зональности по критерию сравнительной суровости климата я нашел только в дореволюционном атласе.

Так вот, как влияет наш климат в денежном выражении? Точно никто не знает, поскольку, похоже, это никого не интересует. Но влияет очень сильно.

Есть эмпирические данные для оценки стоимости обустройства рабочего места в зависимости от зимних температур; так вот, для отрицательных температур с каждым градусом эта стоимость растет на десятки процентов. Встречал я и утверждение, что при среднегодовых температурах ниже минус 2° – даже вдвое с каждым новым градусом.

Что же с погодой происходит у нас?

"…Обширная часть Европейской России вплоть до южной границы лесов принадлежит Атлантико-континентальной климатической области. … Важнейший фактор здешнего климата – атлантические циклоны с очень длительными осадками летом и оттепелями зимой. …Вместе с тем для этой зоны характерно и мощное влияние арктического воздуха с севера. Стойкие арктические антициклоны или малоподвижные области высокого давления приводят к частым суровым зимам, в итоге которых гибнут такие деревья, как ясень, клен, орешник и дуб... Потепление, означающее исход зимы, чаще всего наступает с третьей декады марта (центр страны, в частности, Подмосковье) вследствие вторжений воздушных масс со Средиземноморья. Однако процесс потепления тормозится, а то и вовсе прерывается вторжением арктических ветров. Поэтому весна здесь бывает и ранняя, и поздняя (со второй половины апреля). Причем поздняя весна есть следствие нарастания влияния солнечного излучения и местной конвекции… Практически ежегодно в первой декаде мая происходит вторжение арктических масс воздуха, что чаще всего ведет к ночным заморозкам.

Лето в Подмосковье начинается с середины июня… и завершается в середине сентября. Весьма часто оно холодное и дождливое. Длительные периоды обложной облачности ведут к тому, что все растет медленно. В жаркое лето при длительном антициклоне бывает острый дефицит влаги, хотя испарения вызывают некоторое выпадение осадков. Летний температурный максимум достигает +32°, +35° (что бывает очень редко). Средняя же температура июля колеблется от +17° до +19°. Общее количество летних осадков достигает 180–240 мм, а годовое – 600 мм".

(Давыдова М.И., Каменский А.И., Неклюдова Н.П., Тушинский Г.К. Физическая география СССР. 2-е изд. М., 1966. С. 240–318).

То есть если летом жарко, то не хватает влаги, если дождей много, то нет тепла. И в том, и в том случаях урожаи невысоки. В царской России – около 7 ц/га, в советские времена – до 20 ц/га, в 1992-1997 гг. – около 14 ц/га.

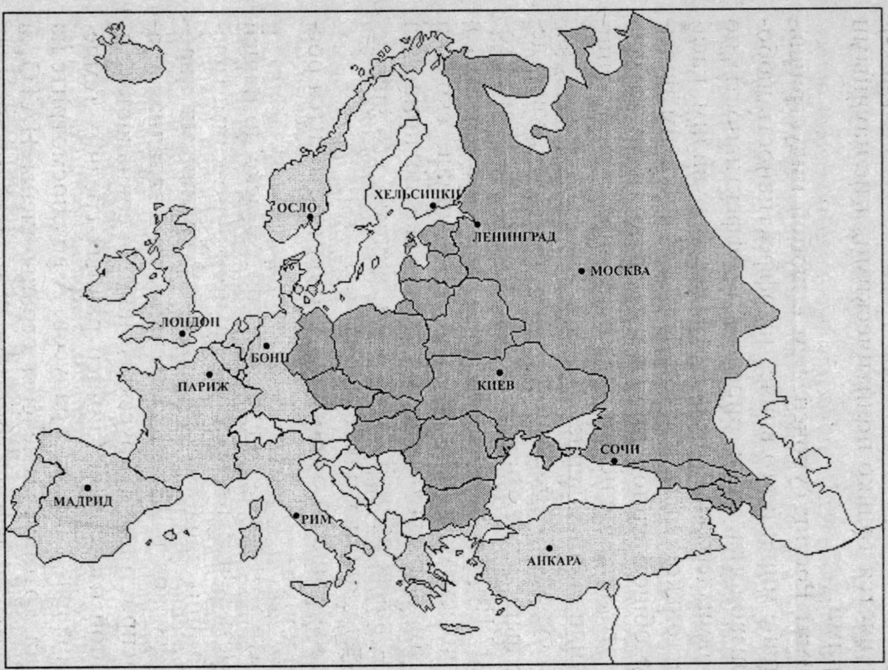

Илл. 3. Распределение европейских стран по военно-политическим блокам на момент распада Варшавского договора (республики СССР, Югославии и Чехословакии помечены как государства). Схема составлена по контурам карт Европы из коллекции карт Microsoft Office 97

В обществе, и даже среди экономистов процветает элементарное (не обижайтесь, дорогие читатели) незнание географии, а особенно экономической. И вы в этом не виноваты, поскольку невнятное изложение, можно сказать, замалчивание некоторых экономгеографических вопросов носит политический характер и объясняется только политическими, а не научными причинами.

Климат России суровей, чем в любой индустриальной стране мира, и это влияет на эффективность любого производства, если определять эффективность по критерию издержки/выгоды. Это, как мы увидим, касается не только сельского хозяйства. И никаким повышением общественной производительности труда устранить это влияние нельзя, коммунизм там у нас, капитализм или рабовладение.

И у суровости российского климата есть, увы, денежное выражение. Знаете ли вы, что все на свете что-то стоит? Пора привыкать, что это так. Еще Геродот в географическом описании Египта оценивал, сколько стоит там вырастить ребенка. Он даже не приводил сравнительных данных по Греции, видимо, его читатели – греки – знали это и без него.

Вот мы сейчас и оценим, во что нам обходится российский климат.

Кстати, тот же Геродот еще в пятом веке до нашей эры заметил, что по воле богов природно-климатические границы зачастую совпадают с границами народов и государств. И действительно, юго-западная граница распространения русского народа совпадает с определенной изотермой (линией равных средних температур) января – минус 6 градусов. А вот посмотрите на карту, на которой отмечены страны-члены НАТО, а также нейтральные и "соцстраны" на момент развала Варшавского Договора (Илл. 3).

Сравните с картой зимних изотерм (Илл. 1). Легко видеть, что все столицы стран НАТО лежат в "плюсовом" климатическом поясе, а столицы соцстран и "нейтралов", кроме Албании – в "минусовом". Забавно, что

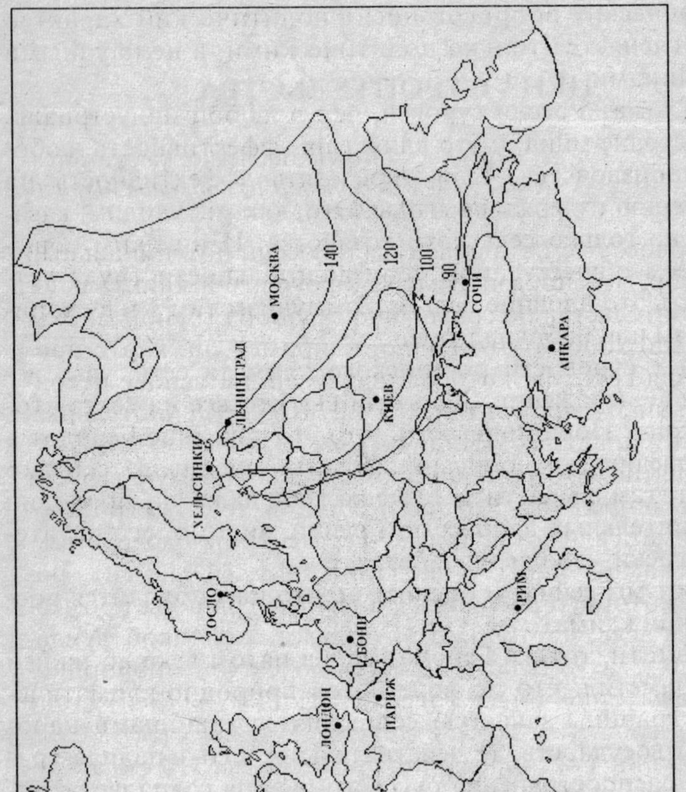

Илл. 4. Границы глубины промерзания грунта (по книге А. Шепелева «Как построить сельский дом». М., Строительство, 1980)

из "новых" стран столица весьма "прозападной" Словении – тоже в "плюсе". Откуда такие странные совпадения? Причины не мистические, а совершенно материальные. Но об этом позже. Кстати, столица единой Германии, переехав в Берлин, окажется в "минусе".

ЦЕНА СТРОИТЕЛЬСТВА

Все не так легко, как кажется.
Следствие 1 из "Законов Мэрфи"

Первое, с чем сталкивается в России потенциальный инвестор, это поразительная дороговизна капитального строительства по сравнению с любой страной мира.

Очень хорошо это видно, например, на карте промерзания грунтов, которая построена на основе исходных данных, приведенных в СНиП – "Строительных нормах и правилах" (Илл. 4).

Понятно, что глубина промерзания впрямую зависит от силы и продолжительности морозов, то есть особенности климата влияют не только на развитие плодоводства.

Согласно СНиП у нас необходим фундамент, подошва которого расположена глубже границы промерзания, а ведь чем глубже он залегает, тем такой фундамент дороже, и цена его растет более чем пропорционально глубине. Вдвое более глубокий фундамент стоит дороже минимум втрое-вчетверо. У нас на юго-западной границе России глубина промерзания 110 см, а ближе к Поволжью – уже 170. Стоимость даже простого фундамента под легкий садовый домик составляет у нас 30% от общей стоимости строительства.

Думаете, заводские корпуса всегда строятся массивными, и фундамент везде делается глубоким? Не скажите. Чтобы построить завод, например, в Ирландии или Малайзии, достаточно заасфальтировать площадку и поставить каркасную конструкцию типа выставочного павильона. Фундамента на непромерзающем грунте практически не нужно, достаточно срезать дерн.

Именно такими современные заводы и строятся, одноэтажными. Ведь если земля не дорога, то при одинаковой полезной площади многоэтажные здания дороже одноэтажных и существенно сложнее, одни перекрытия сколько стоят. По моей просьбе мои знакомые поинтересовались, как строятся двухэтажные здания в Баварии – оказалось, что на твердом грунте – вообще без фундамента. В английском руководстве по индивидуальному строительству приведены разрезы типичных особняков – там без фундамента строятся и трехэтажные здания.

А сколько стоят инженерные коммуникации? В Англии водопровод и канализация идут практически по поверхности земли, а у нас? Со стороны кажется, что копка канав – наша национальная забава, но это для нас неизбежно. По тем же СНиП трубы должны идти не мельче глубины промерзания, даже газовые, чтобы не выперло на поверхность.

Естественно, зимой любые строительные работы трудны и дороги. Те же канавы обходятся минимум в три раза дороже. Для дорожного покрытия даже нынешние гнилые зимы смертельны – колебания температуры вокруг нуля, с таянием и замерзанием воды в трещинах асфальта, как раз и добавляют впечатлений водителям и хлопот дорожникам. Для западноевропейцев эти проблемы непонятны. Помню, трассу в Домодедово строили немцы – получилась, как стол, едешь, как на месте стоишь. Но через пару лет дорожное покрытие "обрусело" полностью, так что дело не в немецкой аккуратности.

То же самое касается крыш – из-за снеговой нагрузки. Верно говорят, что человеческий разум берет одну преграду за другой, а глупость вообще не знает препятствий. Сколько денег вылетело в трубу из-за идиотского пристрастия Хрущева к субтропической архитектуре! Сколько невозобновляемых ресурсов сожжено из-за тонких бетонных стен! Горький опыт постепенно отучает от плоских крыш, введенных этим "оттепельщиком". Не знаю статистики строительных катастроф, но они есть, мне приходилось видеть одноэтажные здания, сплюснутые до фундамента после снегопада. И по мере старения несущего каркаса зданий опасность этого повышается.

В любом случае, даже при плоской кровле, ее устройство у нас сложнее, чем в Западной Европе. Особенно это касается уникальных конструкций, наподобие крыш над спортивными сооружениями. Разница в их стоимости у нас и в Европе – примерно на порядок – нагрузка по-другому рассчитывается. Кстати, кровля в снежных регионах должна быть совсем другая, чем там, где только дождь – всякие желоба и ложбины нежелательны, и т. д.

Остекление. Не только на юге Норвегии оконные рамы – одинарные. В Лондоне двойные рамы являются предметом роскоши и всегда упоминаются при продаже квартиры или сдаче внаем. А в Финляндии, хотя она и гораздо теплее России, делают и тройные рамы. Это дороже, но позволяет существенно экономить на другом. На чем? Увидим впоследствии.

Но где деньги текут буквально струей, так это при кладке стен.

В Англии достаточна толщина стены в 1 кирпич (английский кирпич – 20 см). Там стены выполняют только несущую функцию. А вот в средней полосе России нужно минимум 3,5 кирпича (90 см). Конечно, это зависит от района, от материала, но и на Кубани 2 кирпича (50 см) – не роскошь.

А вот в Малайзии и Таиланде, при средней температуре января и июля – +28°С – стены нужны только от ветра, и делаются они из металлического, шиферного или пластикового листа.

Под массивную стену нужен и более прочный, а значит, и дорогой фундамент. Наш одноэтажный кирпичный дом весит как английский трехэтажный.

Посмотрите на последствия очередного урагана в Штатах или Японии – по ветру летят стены, по капитальности сходные со стенами курятника. Не надо быть Терминатором, чтобы, разбежавшись, пройти такой дом насквозь. Главное лишь не споткнуться о кошку. Такой дом в Штатах может быть втрое больше, но дешевле нашего дома для постоянного проживания. Обратите, кстати, внимание, что после "улета" такого особняка не остается печки и дымовой трубы. Как вы думаете, почему?

В современных городских домах и заводских корпусах у нас с 60-х годов более тонкие стены делаются из бетона, но это не облегчает нашу ситуацию, а осложняет. И без того огромные затраты энергоносителей из-за бетонных стен стали еще чудовищней, об этом – в следующих главах.

И инженерное оборудование – водопровод, канализация, отопление, электроснабжение – все в России дороже.

Конечно, применительно к конкретным условиям России, при организации нового производства можно некоторое время использовать ранее построенные здания и сооружения, что иногда и делается. Но надо выплачивать амортизационные платежи, да к тому же все изнашивается, а любой ремонт или переделка, отвечающие природным условиям, стоят в России дороже. Ведь перепад в 70-90 градусов – не для всякого материала. Даже морозостойкие краски и конструкционные металлы стоят дороже обычных. Вот у нас тут "новые русские" сгоряча заменили в своих квартирах оконные блоки на импортные из ПВХ. Хорошие, удобные, дорогие... но простояли до первого мороза. А если ставить из того же ПВХ, но морозостойкого, то это еще дороже.

Это касается и других видов капитального, да и временного строительства. Оборудование скважин, инфраструктура нефтяных и других сооружений в Сибири и на Севере – это сумасшедшие по мировым критериям деньги. Все это построено в советские времена, но сейчас нет охотников повторять наши подвиги.

Подведем итог.

В зависимости от вида строительства его стоимость выше, чем в Западной Европе, в 2-3 раза. По сравнению с субтропиками - в несколько раз. Соответственно выше и амортизационные выплаты, а здания менее долговечны. Построить здание или арендовать уже построенное в России существенно дороже, чем в других странах мира.

РЕСУРСЫ

Ресурсы – это сырье, комплектующие, оборудование, лицензии, технологии.

Очевидно, что в условиях мирового рынка цена на все покупное во всем мире примерно одинакова. В этом и состоит привлекательность свободного мирового рынка. Но это значит, что разворачивать на территории России какое-нибудь производство из покупного сырья ничуть не выгоднее, чем в любом другом месте.

Может быть, свое сырье обойдется дешевле? А что значит "свое"? В условиях рынка никто не занимается благотворительностью, и все потребители, кто бы они ни были, находятся перед продавцом в равных условиях. Сейчас нет "наших" ресурсов – все сколько-нибудь ценное принадлежит кому-то конкретному, и этот "кто-то" хочет получить из своего месторождения максимум возможного. Как правило, досталось это владельцу в ходе ожесточенной борьбы, и среди таких личностей особо сентиментальных нет.

И управляющий частной нефтяной компании, и директор хозрасчетного государственного предприятия не могут продавать кому-то свою продукцию дешевле только потому, что покупатель – россиянин. В бизнесе нельзя ориентироваться на "патриотизм", там действуют законы рынка. Не подчиняешься им – разоришься. Помните – "эффективность"? Поэтому для российских потребителей российское же сырье обойдется в ту же цену, что и для иностранных. Все существующие от этого правила отклонения – временны. Так что экономии за счет дешевизны сырья, если играем по правилам мирового рынка, вообще нигде не должно быть.

Может быть, в России российское сырье дешевле хотя бы потому, что ближе? А вот и нет. К сожалению, с точки зрения транспортных расходов, источники сырья для российской промышленности не ближе, чем для западно-европейской или южно-азиатской. Российское сырье находится в Азии, а российские промышленность и рабочие – в основном в Европе.

Беда в том, что сухопутный транспорт существенно, на порядок, дороже морского, и отвезти морем норильский никель в Лондон и даже Куала-Лумпур не дороже, а дешевле, чем в Москву, из-за перевалки и длинного железнодорожного плеча. Морские транспортные тарифы в мире на порядок ниже любых сухопутных.

Если построить условную карту мира, на которой расстояния от источников сырья до потребителей будут заменены на стоимость доставки, то все океаны "стянутся" в небольшое пятно, и все приморские страны окажутся рядом друг с другом, зато центр России будет значительно удален от всех стран мира.

Доставка даже тюменской нефти в центр России обходится в принципе ненамного дешевле, чем в Западную Европу. Правда, сейчас значительная часть затрат на транспортировку приходится на оплату транзита через маленькие участки территории наших новых соседей. Фактически, мы кормим за счет транзита некоторые пограничные с нами страны, но тут причины не экономические.

Таким образом, "свои" ресурсы для каждого конкретного пользователя не будут более дешевыми, чем для других, иностранных, потребителей.

А вот теперь – самое главное.

В представлении многих мы все еще "одна шестая часть суши". Увы, мы уже только "одна седьмая". И суша эта уже не та. Мы потеряли половину пахотных земель (причем лучшую половину) и большую часть минеральных ресурсов.

Говорят, что у нас много сырья. Это миф, а говоря по-русски, вранье.

У нас не так много природных ресурсов, как утверждают экспортеры и их продажные и невежественные проститутки (не буду конкретизировать, кто это). Если мы попытаемся жить за счет их продажи (ресурсов, разумеется), то даже при разумной эксплуатации их хватит лишь на сверхнищенское существование 150-миллионного народа, и всего-то на несколько лет.

И о серьезности ситуации серьезные специалисты предупреждают (цит. по книге "Путь в XXI век", под ред. ак. Д.С.Львова, М., Экономика, 1999 г.):

"...К настоящему времени выявлены, разведаны и предварительно оценены крупные запасы полезных ископаемых, потенциальная денежная ценность которых в текущих мировых ценах составляет около 30 трлн. долл. Из них 32,2% приходится на долю газа, 23,3% – на уголь и горючие сланцы, 15,7% – на нефть, 14,7% – на нерудное сырье, 6,8% – на черные металлы, 6,3% – на цветные и редкие металлы и 1,0% – на золото, платину, серебро и алмазы. (Данная оценка – одна из многих и не претендует на точность. Это обусловлено разными обстоятельствами, в том числе и таким очевидным, как подверженность мировых цен на минеральное сырье резким и часто непредсказуемым изменениям.)

Значительно выше (140,2 трлн. долл.) оценивают прогнозный потенциал. В его структуре полностью доминирует твердое топливо (79,5%), далее следуют газ (6,9%) и нефть (6,5%). На долю всех остальных видов полезных ископаемых приходится в совокупности 7,1%. Такое разительное отличие от структуры балансовых запасов обусловлено в первую очередь колоссальными, несопоставимыми с другими полезными ископаемыми по величине геологическими запасами углей на территории России (главным образом – восточнее Урала – *А.П.*).

Необходимо подчеркнуть, что собственно величина запасов, даже подготовленных к промышленному использованию, играет довольно ограниченную роль. Во-первых, опережающий рост внутренних издержек на освоение и эксплуатацию месторождений (в связи с переходом на мировые цены – *А.П.*) *неизбежно ведет к уменьшению балансовых запасов, и наоборот...".*

Тут необходимо пояснение. Под балансовой стоимостью понимается вероятный доход – то есть сколько мы получим от продажи этих ресурсов по мировым ценам. И все дело идет к тому, что дальние месторождения углей, например, потребуют на разработку и добычу больше, чем дадут выручки. То есть их не удастся добыть! Для наших горнодобывающих организаций, похоже, оказалось сюрпризом, сколько же они тратят на добычу и сколько стоит добытое – по мировым ценам. Вполне возможно, что разведанные запасы сейчас уже правильнее оценивать в 5-10 трлн. долларов, а прогнозные – не дороже разведанных. Авторы приведенной оценки об этом не говорят прямо, но недвусмысленно намекают!

Ориентировочные сведения об основных видах собственных запасов полезных ископаемых Российской Федерации представлены в табл. 2, приведенной там же. Расчет проведен, исходя из уровня добычи 1991 г.

Таблица 2

ОБЕСПЕЧЕННОСТЬ РОССИИ
РАЗВЕДАННЫМИ ЗАПАСАМИ НЕКОТОРЫХ ВИДОВ
ПОЛЕЗНЫХ ИСКОПАЕМЫХ

ИСКОПАЕМЫЕ	КОЛИЧЕСТВО ЛЕТ
Нефть	35
Природный газ	81
Уголь	60-180
Железные руды	42
Ниобий	43
Медь	40
Никель	40
Молибден	40
Вольфрам	37
Цинк	18
Свинец	15
Сурьма	14
Золото: россыпное	12
Золото: коренное	37
Фосфаты	52
Калийные соли	112

Ну и что мы будем делать через 35 лет, когда нефть кончится? Попросим обратно ту, что за границу прокачали? И чем платить будем?

Данные в разных источниках, и даже в одном источнике, как здесь, довольно противоречивы. В популярной же прессе встречается оценка наших ресурсов даже в 400 триллионов долларов. Такой разнобой оценок – очень грозный признак. Где рассказы об этих "циклопических богатствах" мелькают? В СМИ. А кому СМИ принадлежат? Случайно не сырьевым экспортерам? А не наглое ли вранье эти оптимистические оценки?

Чтобы лучше уяснить масштаб разведанных запасов, представим, что мы решили всей страной жить только за счет продажи ресурсов. Так вот если на каждого "россиянца" расходовать по 2000 долл. в год (166 долл. в месяц), то наших разведанных ресурсов (пусть даже 30 триллионов долларов) хватит ровно на 100 лет. Казалось бы, при нынешнем уровне экспорта, составляющем менее 300 долл. в год на человека, мы шестьсот лет могли бы не беспокоиться. Но не все так просто.

Во-первых, значительная часть разведанных ресурсов, а тем более перспективных – это низкосортный уголь, да к тому же залегающий в Сибири. Как вы представляете себе строительство в нынешних условиях нового Кузбасса? Со старым-то непонятно что делать.

Во-вторых, мы не можем увеличить сырьевой экспорт в семь раз, даже если бы мы этого захотели. Более того, представим гипотетическую ситуацию, ну, например, что нас оккупировали западные страны и установили абсолютно западный капитализм. Думаете, начнется разграбление ресурсов, то есть добыча сырья резко увеличится? Нет, как раз наоборот, как это ни удивительно. Причина – дорого.

Сейчас продается все, что в принципе можно продать, но минеральных ресурсов – не более чем на 40 млрд. долларов ежегодно. Так что же, олигархи удовлетворяются одной тысячной от нашего богатства? Почему же они не развивают добычу? Что их лимитирует?

Просто в России не так уж много сырьевых месторождений, пригодных для разработки в условиях мирового рынка. Восточно-Европейская равнина вообще не очень геологически изобильный район, кроме железных руд Курской магнитной аномалии есть только низкосортный уголь. А ресурсы Азиатской России чрезвычайно дороги для разработки. Поймите ситуацию! На Луне, например, есть места, где в грунте 11% титана. Почему его там не добывают? Думаете, нельзя построить там фабрику? При нынешнем уровне развития техники – можно. Но слишком дорого! И большинство наших месторождений золота, например, требует больше затрат на разработку, чем стоят запасы. Таких ресурсов все равно, что нет. То, что было пригодно для разработки в советской модели экономики, сейчас уже не привлечет инвесторов. Нынешние "инвесторы" просто расходуют сделанные когда-то советские инвестиции!

Наше сырье с удовольствием берут, но инвестиций нет даже в сырьевые отрасли. Примеры? Уйма. В последние годы часто пишут о бедственном состоянии золотодобычи. Помню, приводился пример одного рудника с перечислением ориентировочных запасов и потребных инвестиций. Инвестиций нужно было ровно в три раза больше, чем стоило перспективное золото этого рудника по мировым ценам. И журналист еще выражал детское удивление, что с инвестициями никто не спешит. Может быть, этот рудник исключение? Нет, наоборот. Обратных примеров нет!

И ничего удивительного. Цена добычи золота Сибири на 80-90% определяется энергозатратами. И не только золота. Производство меди и никеля в Норильске полностью зависит от близлежащих газовых месторождений. Иссякнут они – а это вполне возможно – и цена добытых металлов станет запредельной. Ничего необычного в этом нет: несколько лет назад из-за падения мировых цен на медь прекратилась добыча на высокогорных медных месторождениях в Чили. А ведь эти месторождения гораздо более доступны для разработки, чем наши.

Например, урановые руды рассматриваются в качестве промышленных только в том случае, если себестоимость полученного из них урана не дороже 80 долларов за килограмм (“НГ”, 12.09.96). Поэтому доступные запасы урана у нас близки к исчерпанию, и те, кто за бесценок продает в США оружейный уран, совершают государственную измену, понимают они это или нет.

Так что мало того, что запасы у нас не слишком велики. Они еще могут и оказаться недоступны! Звучит неправдоподобно, но даже нефтяные месторождения России экономически мало привлекательны для западных инвесторов. Одно дело кувейтская нефть, которую прямо из скважины качают в танкер, другое – тюменская, для которой надо на вечной мерзлоте строить тысячи километров дорог и нефтепроводов. Себестоимость добычи кувейтской нефти – 4 доллара за баррель, нашей – 14 долларов (по курсу весны 1998 года). Добычи! Не разведки и обустройства новых месторождений, а добычи! А если цена окажется ниже себестоимости, то где взять деньги на добычу?

Особенно тревожна ситуация с прогнозными запасами. Напомню, что, хотя они и существенно больше разведанных, 80% из них – это уголь и сланцы, добывать которые просто нерентабельно. Поэтому из этих 140 триллионов долларов прогнозных запасов по крайней мере 112 трлн. можно не учитывать. И часть из оставшихся 28 триллионов – такие же. Значительная часть российских газа и нефти доступны не более, чем метановая атмосфера Юпитера.

Наше сырье из освоенных месторождений с удовольствием берут, но даже в их поддержание в рабочем состоянии средств не вкладывают. Инфраструктура изношена, знаменитая “труба” (система нефтепроводов из Сибири в Европу) выслужила все сроки. Все трубопроводы уже нуждаются в замене! В лучшем случае, при непрерывном и дорогом ремонте они продержатся еще 10 лет. Кстати, именно для обустройства нефтегазовых месторождений и были взяты Советским Союзом в свое время кредиты примерно в 20 млрд. долларов. Но то были долги, а сейчас-то хочется инвестиций, а где они?

Газ Ямала дожидается инвесторов, но не дождется никогда. Освоение, добыча и транспортировка съедят всю прибыль, и это хорошо известно потенциальным инвесторам. Газпром сам осваивает Ямал, без помощи инвесторов. Это, кстати, один из доводов против незаменимости иностранных инвестиций.

И "Роснефть", которую пытались выставить на торги в 1998 году, не так уж привлекательна для инвесторов, даже если отдать ее даром. Предположительно, конкурентоспособны месторождения на шельфе Южного Сахалина, поэтому для того, чтобы передать их иностранцам уже на законной основе и проталкивался "Закон о разделе продукции".

Напомню, что приватизация российской нефти частными лицами осуществлена без всякого закона в 1992 году. Значительная часть обустроенных месторождений попали в руки западных компаний, но геологоразведка, например, при разгосударствлении отрасли была выделена в отдельную организацию... и разорилась! Никто не стал вкладывать в нее деньги. Это говорит о том, что даже в разведке на нефть западные инвесторы не заинтересованы. Единственная причина такого поведения – они не собираются заниматься освоением новых месторождений, поэтому и не ищут их.

Для развития кризиса российской рыночной экономики роль детонатора сыграло падение цен на нефть в начале 1998 года. И экспортеры, и, тем более, госбюджет потеряли миллиарды долларов.

То, что мировой спрос на нефть снизился, возможно, не так уж и плохо в далекой перспективе. Дело в том, что добыча нефти у нас упала с более чем 500 млн. тонн в 1990 году до 280 млн. тонн в 1998 из-за исчерпания разработанных месторождений и износа инфраструктуры. Можно смело прогнозировать, что лет через десять в земле нефть останется, но ее добычи хватит разве что на отопление городов. Вот поэтому, может, и хорошо, что добыча снижается – хоть внукам что-то останется.

ЗАПАС КАРМАН НЕ ТЯНЕТ

Точные данные о запасах нефти у нас на самом деле почему-то секретны, хотя для оценки месторождений привлекаются американские аудиторские фирмы. По зарубежным оценкам у нас 7% мировых. Много это? Это мало. Это мизер! У Венесуэлы – 8%, а Венесуэла поменьше и потеплее России. Даже кот Матроскин знал, что продавать надо что-то ненужное, а нужнее теплоносителей в России ничего нет. У нас города отапливаются мазутом, ведь мы не Венесуэла.

Так что наше богатство теплоносителями весьма относительно. Ведь теплоносители нужны не сами по себе, нас интересует тепло, а не вонючие жидкости и газы. Да, у нас есть нефть, но в Индии достаточно открыть окно, чтобы согреть помещение. Так кто богаче теплоносителями?

Кроме того, есть вполне обоснованные подозрения, что реальные запасы нефти и газа у нас даже меньше, чем значится официально. Как правило, оказывается, что разведанные запасы оказываются при разработке значительно ниже, чем предполагалось. Такое произошло с Уренгоем – первоначальная оценка оказалась завышена почти в два раза. Причиной тому – своеобразная методика оценки объема запасов. Оказывается, у нас было принято ставить размер премий за открытие месторождения в зависимость от его объема, и поэтому был стимул этот объем при оценке завышать. Я об этом не читал официальных сообщений, а слышал от геологов очень давно, но слух достоверный – все исчерпанные к настоящему моменту месторождения дали в два-три раза меньше, чем выходило по первоначальным оценкам.

Надо упомянуть о серьезности ситуации с нашими ресурсами, хотя это не касается напрямую нашей темы. После распада Союза многих цветных и редких металлов, необходимых для серьезной промышленности, в России просто нет. Вернусь к цитированию:

"...есть виды минерального сырья, запасы которых либо незначительны, либо малоэффективны. Потребность промышленности России в марганце, хроме, ртути, сурьме, титане и ряде других полезных ископаемых ранее почти полностью покрывалась поставками из республик бывшего СССР..."

Марганец остался на Украине и в Грузии. Хром Казахстана сейчас принадлежит японской фирме, которая нам его просто не продает. Не продает и все! Хорошо, что у нас сталь сейчас не варят, а если бы варили? Без хрома и марганца какая сталь? Только на гвозди, или, как выражается один мой знакомый, свиньям на подковы.

С развалом Союза наша экономика перестала быть самодостаточной. Например, хлопка у нас теперь нет и не будет, даже при восстановлении Союза. Поливные земли Средней Азии в связи с ростом населения заняты сейчас под продовольственные культуры, и даже этого им не хватает.

И такая ситуация не только с минеральными ресурсами. Наши "неисчерпаемые" леса дают примерно по 4 куба ежегодного прироста древесины на человека. А даже дров из этого прироста получится разве что куба три. Вот и решайте, использовать ли прирост на дрова, на строительство или на экспорт. Кто строил дачу или топил печку, тот знает, что в любом случае это немного, особенно если учесть, что основной породой наших лесов является лиственница Сибири. Она труднодоступна, так как не поддается сплаву (тонет). Доступные же леса Европейской России, где расположены лучшие лесозаводы, уже хищнически выкошены.

Мифы о “неисчерпаемости” внедряются людьми, имеющими процент от продажи нефти и урана из боеголовок. Это, уважаемый читатель, пора уже понимать.

Кстати, есть тенденция сырьевых регионов выделиться из России. Это касается Якутии-Саха, Татарстана, нефтяных регионов Тюменской области, некоторых других областей. Это можно понять – зачем им московские банкиры? Необходимые при торговле нефтью финансовые операции могут проделывать и американцы, и гораздо лучше. Но отделение не решит проблем и для этих территорий. Инвестиции могут быть вначале, но только из политических соображений. Как только нужда в борьбе с Русским государством отпадет, никто не будет давать денег на починку выходящих из строя трубопроводов. Слишком, по мировым понятиям, дорого.

В общем, нет у нас ничего такого, что Западу необходимо позарез. Все или кончается, или отвалилось вместе с Назарбаевым, или дорого добывать. Те, кто считают, что предел падения нашей страны – это превращение страны в “сырьевой придаток” Запада – неисправимые оптимисты. Хватит наконец иллюзий, товарищи патриоты. Мы можем стать “сырьевым придатком” всего на пять-десять лет. А ведь и пенсионеры планируют прожить немного дольше!

Итак, по разделу сырья и комплектующих наша обрабатывающая промышленность никакого выигрыша не имеет, и эта статья затрат привлекательности в глазах инвесторов не добавляет.

Теперь о технологиях – считается, что у нас есть уникальные технологии – а это тоже ресурс, вроде сырья или оборудования. На самом деле подавляющее количество товаров массового потребления делаются не по секретным патентам – джинсы строчить можно в любой точке мира. Ничего секретного в холодильнике нет! В принципе любую технологию можно и купить – технологии продаются и покупаются, как любые ресурсы, хотя есть и исключения. Нету у нас форы в технологиях для мирового рынка, нету!

В настоящее время нельзя говорить, что технологически мы можем вырваться вперед по сравнению с кем-то – за десять лет "открытости" все сколько-нибудь ценное стало всем известно. Технологии – это первое, что у нас купили в начале "открытости". Наши НИИ и КБ продались за гроши, уже и американские фрегаты несут на борту уникальные РЛС советской разработки. А вот нам вряд ли кто-то передаст технологию производства лазерных проигрывателей DVD или "медную технологию" производства микропроцессоров.

Тем не менее, о разнице в уровне технологий мы поговорим немного дальше.

Но итог неутешителен – по пункту "сырье и комплектующие" у нашего производителя, точнее, производителя на территории России, выигрыша нет.

И последнее – для тех, кто всерьез принял мой расчет – по сколько долларов придется на каждого россиянина в виде платы за российское сырье. Недра уже не государственные и не общественные – а частные! "Священные и неприкосновенные". Губы можно закатать.

ЭНЕРГИЯ И ТРАНСПОРТ

> Независимо от того, куда вы едете, –
> это в гору и против ветра!
> *Первый закон езды на велосипеде*

Здесь я объединил два вида расходов, которые наиболее чувствительны для кармана инвестора. Это расходы на энергию и транспорт.

Дело в том, что уровни энергопотребления жителями разных стран мира очень сильно зависят от природных условий. Такой, очень интересный материал приводится, например, в работах профессора В.Клименко.

В его работах исследуются уровни энергопотребления, так сказать, для бытовых целей, а не для промышленного производства, но принципиальной разницы нет. Даже в относительно безлюдных производствах приходится поддерживать определенный температурный режим, будь то химическая реакция, перегонка нефти или обжиг цемента. Одно дело поднять температуру многотонной печи, начав с плюс 20 градусов, другое – с минус 20. Это обойдется в очень большой дополнительный расход топлива. А поддерживать температуру какой-нибудь ректификационной установки размером с многоэтажный дом? Если температура наружного кожуха какого-либо агрегата 100 градусов, то при температуре воздуха минус 30 градусов тепловые потери через стенку вдвое выше, чем при плюс 30. А чего стоит разогреть цистерну химического продукта или разгрузить вагон мерзлого угля? У нас в этом отношении выгодно только пельмени морозить.

Но безлюдных производств мало. А когда разница между температурой внутри здания и снаружи достигает 40-50 градусов, то расходы на отопление, т. е. на создание условий, пригодных для обитания, становятся сравнимы с остальными производственными издержками. Но насколько сравнимы?

При подготовке этой книги я пытался, насколько возможно, использовать данные Госкомстата, в результате чего сделал вывод, что в нашей статистике положение еще более неблагополучное, чем в экономической науке. По ядовитому замечанию В.Морозова, выпустившего своими силами (!) обзор нашей экономики к 1996 году, яйценоскости кур-несушек в ежегоднике Госкомстата посвящено 3 страницы, а исполнению госбюджета – только одна.

Так вот о производстве и расходе тепловой энергии в промышленности, или хотя бы о ценах на нее в сопоставимых единицах, в ежегоднике Госкомстата за 1995 год не говорится. Не буду приводить полученные партизанскими способами данные – сколько бы гигакалорий тепла ни расходовали наши промышленные предприятия, и сколько бы ни стоила у нас эта самая гигакалория – во многих-многих странах эти гигакалории берутся просто из воздуха, бесплатно. Приятно посмотреть на климатическую карту Юго-Восточной Азии – в Таиланде и Малайзии средняя температура июля + 28 градусов, и января +28 градусов.

Для средней полосы России доля отопления в объеме общих энергозатрат промышленности составляет три четверти. А ведь у нас еще и затраты на освещение повыше!

То есть когда мы говорим о "неисчерпаемых запасах топливных ресурсов в России", то надо понимать, что нефть, уголь и газ как раз исчерпаемы, да к тому же их надо добыть, привезти к месту потребления и сжечь. А в большинстве стран мира достаточно открыть окно, чтобы получить доступ к действительно неисчерпаемым тепловым ресурсам. Ведь они кончатся, только когда погаснет Солнце или сдвинется земная ось!

Представьте себе, что вы – иностранный инвестор. И у вас есть выбор – построить завод в России и 7-8 месяцев в году расходовать деньги на его отопление, или в другом месте, где топить не надо совсем. И какие деньги! В четыре-восемь раз больше, чем затраты на энергию где-нибудь в Сирии.

Так где вы его построите?

Вот тут-то и зарыта главная собака! Всего несколько лет назад сама мысль о том, что производство может быть невыгодным или даже остановлено из-за платы за электроэнергию или тепло, просто не укладывалась в голове. Сейчас рынок вот уж действительно все расставил по местам.

Пока у нас чрезвычайно дешевая электроэнергия – для бытовых целей, например в Центре – около 3 центов за кВтч (с осени 1998 г. – около 1 цента), на Дальнем Востоке – 5-6 (2-3). В Западной же Европе, в среднем, около 12-15. Но из-за огромного энергопотребления и такая цена не спасает, а главное, есть тенденция к ее росту. Откуда берется электричество? Это ведь в основном те же уголь, мазут, природный газ и уран. Их можно продать по мировым ценам. Почему же на наших станциях из этого сырья получается электричество, в пять раз дешевле мировой цены? Где государство находит таких поставщиков? Все очень просто – энергокомплекс страны пока составляет единый механизм, поставщики поставляют топливо себе в убыток, по обязанности, под угрозой отключения от экспортной "трубы". Стоить разбить этот комплекс на отдельные предприятия – и цепочка разорвется в самом начале. Зачем поставлять топливо на электростанцию, если она за него не заплатит? Не лучше ли продать сразу за рубеж?

Кстати, приведение наших внутренних цен на энергию и энергоносители к уровню мировых – одно из основных требований наших кредиторов.

Сказать по совести, это требование не кажется мне необоснованным. Мы должны точно знать, сколько энергии мы потребляем, и во что это обходится. Производство энергии у нас вряд ли обходится много дешевле, чем в других странах. В основном наша тепловая и электроэнергия вырабатываются из топливного мазута, как во всем мире, откуда же разница в цене? Очевидно, государство покрывает эту разницу, то есть бесплатно выделяет мазут и отопительный газ. Мы жжем достояние страны, мало того, жжем, не замечая этого.

Вот такой достаточно тривиальный пример, взятый из интервью по радио одного нашего художника. Он живет в Израиле, а на зиму приезжает в Москву. Почему? В Израиле отопление стоит дорого. Представляете? В январе там +10°, и отопление ему дорого обходится. В Москве – минус 20°, а отопление обходится дешево! Конечно, пусть приезжает, милости просим, но в ситуации явственно просматривается какой-то логический дефект.

Даже просто давать возможность нашим потребителям конкурировать за топливо с иностранцами – опасно. Что будет, если какой-нибудь уральский город оставить зимой на неделю без топлива? Да хотя бы среднерусский? Думаю, он после этого будет уже непригоден для проживания. Но пятьдесят лет безбедной жизни отучили наше население беспокоиться о чем бы то ни было, никто не верит в какую-либо катастрофу. Власти что-нибудь придумают!

Гринписовцы любят поговорить об "экологически чистых источниках энергии". Так вот что касается неисчерпаемых ресурсов – солнечной энергии и энергии рек – то для гелиостанций нет более неподходящей страны, чем Россия. У нас много пасмурных дней (в Москве – больше половины, около 200 в году), а когда энергия особенно нужна – зимой – и дни коротки. К тому же нынешние технологии получения солнечной электроэнергии дают электричество, в сотни раз более дорогое, чем полученное другими способами. И солнечные панели дороги, и какие-то аккумуляторы нужны – ведь неудобно пользоваться электрическим освещением только днем, не правда ли? Если вы автомобилист, представьте себе габариты аккумулятора для Москвы.

Наши гидроресурсы довольно специфичны. Зимой, когда расход электричества максимальный, замерзшие реки мелеют. Россия – плоская как стол, равнинная страна. Если не считать территории национальных республик, то максимальная высота над уровнем моря в России – 2519 м – гора Барун-Шабартуй в Читинской области. Перепад высот на наших реках невелик, в европейской части – меньше, чем даже в Западной Европе, поэтому огромное Рыбинское водохранилище мелкое и питает несуразно маломощную гидростанцию. А сибирские реки-гиганты удалены от основных потребителей электроэнергии. Везет же китайцам! Вот незамерзающая Янцзы, например, имеет солидный перепад высот, а по расходу воды превышает Обь и Енисей, вместе взятые.

Была у нас при Сталине программа строительства небольших "колхозных" ГЭС. Когда плывешь на байдарке по небольшим рекам, кое-где приходится обносить полуразрушенные плотины. Спасибо хрущевской политике! А ведь когда-то они делали наше село хоть частично независимым от сибирского мазута. И рыбку там ловили.

Так что, несмотря на то, что в Сибири нефть и газ пока есть, это не дает нашим предприятиям никаких преимуществ. Им придется платить за топливо поставщику этого топлива, и, что самое грустное, топлива этого будет уходить гораздо больше, чем на аналогичных предприятиях в Западной Европе или "третьем мире". У нас нет предприятия или поселка без котельной – в отличие от почти всего остального мира.

Теперь транспорт. Плотность населения напрямую влияет на транспортные расходы. Если, например, равномерно разместить население каждой страны на ее территории, то англичане, немцы, японцы окажутся на расстоянии около 60 метров друг от друга, тайцы и французы – в 100 метрах. А вот между русскими расстояние будет 570 метров.

Даже если мы будем учитывать только так называемую "эффективную" площадь страны, т. е. ту треть России, на которой среднегодовая температура выше минус 2 градусов Цельсия и где сконцентрировано все ее население, то среднее расстояние сократится примерно до 200 метров. Да и эта "эффективная" площадь России – не круг или квадрат, а узкая полоса, вытянутая в широтном направлении на тысячи километров. Вот и прикиньте, во что в России обходится дорожное строительство, связь и транспортные тарифы.

Кроме того, распространенные у нас виды транспорта – трубопроводный и автомобильный – чрезвычайно дороги и энергоемки. Так, очень дорого обходится транспортировка нефти из Сибири в Европейскую Россию. Наша нефть вязкая, ее трудно перекачивать и приходится подогревать, особенно зимой. На подогрев и перекачку расходуется, по сути, значительная часть добытых энергоносителей.

Самый дешевый вид транспорта – морской. Именно его у нас нет. Следующий по дешевизне – речной. Доступ к внутренним районам Индии, Китая или Аргентины возможен даже на океанских судах довольно далеко в глубь материка, по рекам, каналам, озерам и водохранилищам. И Панамский канал в основном идет по пресноводным водоемам.

А у нас дешевых незамерзающих водных путей тоже нет, в последние годы и замерзающие выходят из строя. Увы, прекратилось движение судов по многим рекам, фарватеры не чищены несколько лет по "экономическим соображениям", то есть из-за правления реформаторов.

У нас всегда пользовались реками и каналами, само рождение нашей нации связано с ними. Русская нация образовалась из довольно разнородных племен, оказавшихся вдоль речных путей из Балтийского моря в Каспийское и Черное, "из варяг в греки и сарацины", и объединенных больше экономикой, чем общим происхождением. Так, Москва оказалась на ее месте в основном потому, что контролировала волок из окского бассейна в клязьминский. Чтобы попасть из Киева во Владимир и Суздаль, надо было из Днепра перебраться в верховья Оки, оттуда войти в Москва-реку (у Коломны), затем в Яузу, а в районе Мытищ ("Мытищи" означает место, где собирают "мыт" – пошлину), точнее в районе нынешнего города Королев, перетащить ладью в Клязьму. Волок всего около километра длиной был отмечен еще на моей памяти пирамидкой из белого камня на берегу Клязьмы. Другого такого удобного места нет.

Таково же происхождение многих других городов, и все наши города стоят на судоходных реках. И открытие Сибири проходило по рекам. Землепроходцы, начиная свой путь от Устюга Великого, спускались и поднимались по рекам, переволакивали свои суденышки, даже через Урал, зимовали, строили новые суда, шли дальше. Эпопея великого движения к Тихому океану труднопредставима – в истории человечества с ней сравнима разве что экспедиция Магеллана. У нас о ней забыли, и подвижнические труды С. Маркова по ее описанию малоизвестны.

В 30-х годах у нас начали реализовывать грандиозную систему дешевого транспорта. Была спроектирована система судоходных каналов, которая охватывала всю территорию СССР и должна была доходить до каждого уголка. При Хрущеве идея была похоронена – при нем предпочли жечь топливо, истреблять природные ресурсы.

Но даже если бы у нас существовала всеобъемлющая сеть речного транспорта, перевозки внутри страны были бы дороже, например, западноевропейских, из-за сезонного ритма наших водоемов. Но что об этом сейчас говорить – водных путей у нас мало.

Пока в нашей стране соотношение себестоимости по видам транспорта несколько парадоксально: так, по ценам 1994 года грузовой тариф для морского транспорта – 91,8 руб. за 10 тоннокилометров (ткм), для речного – 152,6 руб., для железнодорожного – 118,8 руб., для автомобильного – 1330,4 руб., воздушного – 6628,1 руб. Железнодорожный у нас дешевле речного – но это связано с тем, что, во-первых, железнодорожный транспорт электрифицирован, а наши внутренние цены на электроэнергию в 10-15 раз дешевле себестоимости (дотируются государством), а во-вторых – речной транспорт не может использоваться эффективно из-за короткого периода навигации и массы проблем с зимовкой флота. Ну и пресловутый ценовой перекос – тяжелое наследие хрущевского волюнтаризма.

В предыдущей главе я утверждал, что наценка на транспортировку сырья, если мы его завозим, невелика, а здесь я говорю, что затраты на транспорт в процессе производства велики. Противоречия тут нет. Привоз сырья или готовой продукции – процедура однократная, а вот в процессе производства, в зависимости от количества переделов исходного сырья, транспортировать большие объемы приходится несколько раз. Сконцентрировать всю промышленность в один компактный регион? Ну, не знаю. В любом случае, если уголь в Воркуте, а железная руда – под Курском, то как их сконцентрируешь?

Транспортные расходы у нас в стране велики, и даже по одной этой причине производство у нас в стране невыгодно.

Есть в невероятной энергоемкости нашей экономики и субъективная составляющая. По резонному замечанию профессора А.И.Уткина (это известный современный историк, а как раз историки сейчас почему-то лучшие экономисты), наша экономика открылась мировому рынку, не будучи готова к конкуренции. Экономия энергии не вошла у нас в плоть и кровь. Чья в этом вина? Я еще помню, что на кухнях стояли газовые счетчики, в конце 50-х их сняли. Жги – не хочу. Видел я раз, как одного иностранца чуть кондратий не хватил, когда он увидел, что московская семья постоянно держит включенной газовую конфорку ради экономии спичек. Шофер, который на холостом ходу когда-то выжигал "лишний" бензин (бывало раньше и такое!), не скоро научится его экономить.

Помню, попадались и сейчас попадаются в газетах насмешки над бережливыми немцами, у которых в подъездах стоят автоматы, выключающие свет, когда жилец входит в квартиру. Над чем смеемся?

Иногда всплывают отдельные заводы с высоким энергопотреблением, вроде бы процветающие и в России. Но почему они процветают? В некоторых, очень редких производствах, энергия расходуется главным образом не на компенсацию сурового климата, а напрямую на производство конечного продукта. Например, алюминиевая промышленность, ныне принадлежащая израильтянам братьям Черным, более-менее работает и сейчас по принципу “толлинга”. Это означает, что к нам везут импортные бокситы из Туниса, у нас выплавляют из них алюминий, который затем вывозится. Странная схема (что, трудно в Тунисе завод поставить?), если не знать, что у нас киловаттчас стоит 1-2 цента, а во всем мире – 12-15. Братья Черные просто вывозят даровую электроэнергию! Ведь с точки зрения цены, алюминий – это твердое электричество. А низкая цена на электричество у нас поддерживается искусственно, за счет всей экономики. Черные тут не слишком виноваты, они действуют, как и должны действовать капиталисты, не они, так был бы кто-то другой. Но “толлинг”, как и вообще экспорт алюминия, – фактически грабеж нашей экономики.

Кстати, эта история с “толлингом” лишний раз показывает ситуацию с конкурентоспособностью даже нашего сырьевого производства. Ведь у нас довольно много бокситов – и на Кольском полуострове, и под Волховом, и в Приуралье – и тем не менее более выгодно купить их в Тунисе и привезти на Алтай. Не верится? Ну объясните братьям Черным, что они плохо считали. Только не получится, они на этой странной схеме уже миллиарды сделали.

Примерно таким же образом у нас функционируют производства электростали и аммиака. Аммиак – третья статья в нашем экспорте, после нефти и газа, но ничего хорошего в этом нет. Фактически, при экспорте килограмма таких энергоемких продуктов мы даем впридачу несколько килограммов топлива бесплатно. Русский бизнес!

Пока у нас процветает частная торговля, требование о господдержке низких цен на энергоносители является благоглупостью. Государство будет просто субсидировать хищников-спекулянтов, торгующих на мировом рынке. А такие призывы раздаются, причем и из патриотического стана.

Резюмирую.

В целом по разделу “Энергия и транспорт” производство чего бы то ни было в России не просто невыгодно, а крайне невыгодно. В принципе, дальше можно было бы не считать. Даже производители сырья говорят, что без расходов на отопление их продукция могла бы быть конкурентоспособна, но стоит учесть в себестоимости счета за отопление – и о прибыли можно забыть.

Так что, никто об этом не знал, когда призывал открыться мировой экономике?

Есть такое "золотое правило", или "бритва Хеллона" – не ищи злого умысла там, где все объяснимо глупостью. Я потому это говорю, что эта ситуация, похоже, вначале была непонятна некоторым известным реформаторам. Во времена растащиловки некоторые приватизировали не нефть, а заводы. А ведь стоило посчитать стоимость отопления заводских корпусов за уральскую зиму по мировым ценам на тепло – и энтузиазма у него поубавилось бы. Интересно, насколько выгоден Кахе Бендукидзе оказался подарок Чубайса – "Уралмаш"? И это пока у нас цены на тепло еще не достигли мировых.

Есть подозрение, что на самом деле наши реформаторы не являются неумелыми учениками западных менторов. Те с самого начала требовали довести внутренние цены на энергоносители до уровня мировых, а наши упираются до сих пор. Видимо, западные консультанты не понимают особой ситуации в нашей экономике, а реформаторы все отлично понимают. И знают, что уравняй цены с мировыми – и наша страна останется без топлива на зиму. У городов не найдется средств, чтобы купить мазут у нефтяных компаний – ведь города ничего не производят, откуда же возьмутся деньги? Либеральный эксперимент давно кончился бы, а, значит, кончился бы и экспорт. Вот чтобы сохранять экспорт, энергоэкспортеры и делятся теплом с городами!

Кстати, если с нефтеэкспортеров брать за перекачку нефти среднемировую плату, то вся их выручка будет уходить на "трубу".

НАЛОГИ

Кто платит меньше всех, больше всех жалуется.
Закон профессиональной практики Дрю

Для простоты назовем все нерыночные издержки, или, как их называют, “прочие затраты”, налогами. Это не только “налоги, сборы, платежи и другие обязательные отчисления, производимые в соответствии с установленным законодательством порядком”. То есть теоретически налоги – это то, что установлено законом. В законе нет, значит платить не обязательно. Но так ли в жизни?

Чем является какой-нибудь принудительный сбор в какой-нибудь конторе, которую, хочешь не хочешь, руководитель фирмы должен посетить? Закона на его оплату нет, значит, это не налог, но собирает государственная контора, значит это не бандитский побор. Например, местная власть просит о “спонсорстве” – и попробуй откажи. А у нас и налогов хватает – наша страна вообще держит первенство в мире по количеству налогов, хотя их абсолютная величина на самом деле невелика.

Кроме налогов, собираемых на основе государственного закона, в государстве (имеется в виду не только Россия) может существовать еще уйма поборов, расположенных в шкале законности от настоящих налогов до обычного рэкета. Определяют их административные правила, муниципальные акты, в конце концов, местные обычаи. Нарушение их может быть небезопасно, выполнение же наносит ущерб кошельку.

На себестоимость продукции у нас совершенно официально относятся, например, представительские расходы. Раньше, когда это не было законно, выписывались фиктивные премии, суть дела от этого не менялась.

Предпринимателю, в принципе, все равно, как называются те суммы, которые ему приходится “отстегивать” местным властям по местным правилам, ему даже все равно, называется ли адресат этих сумм муниципалитетом или авторитетом.

Но не надо думать, что предпринимателю лучше живется там, где контроль за его доходами не слишком строг и можно уклоняться от уплаты налогов, хотя иногда это называют преимуществом нынешней России перед другими странами. Именно в таких случаях, то есть если предприниматель укрывается от государственных и местных поборов, обычно находятся люди, которые как бы заменяют собой налоговую полицию. Доходит до анекдотов. Один мой знакомый, программист, работая в торговой фирме, удивился, что дотошный ревизор немного странно выглядит и очень часто приходит в офис, подолгу просиживая с бухгалтером за компьютером и просматривая финансовые документы. Оказалось, это ревизор из местной банды.

А вот при четкой государственной системе контроля над коммерческой деятельностью у мафии нет экономического базиса. Там, где настоящие ревизоры жестко проверяют бухгалтерскую отчетность, просто неоткуда взяться оплате бандитской "крыши".

Для утешения сограждан замечу, что мафия в той или иной форме представляет собой неизбежное зло и существует даже в благополучных странах. Даже в индустрии США у них есть экологические ниши: например, вывозом промышленного мусора занимаются отнюдь не бойскауты. Там, где возможны приписки и сокрытия денежных потоков, независимо от общественного строя, там есть и почва для бандитов. (Традиционно к таким областям относится строительство, особенно дорожное. Причина именно та, что проверить объемы работ государственным контролерам в некоторых видах производства труднее, чем в других. Подрядчик показывает площадку и говорит, что выкопана вот такая яма и засыпана щебенкой. Вообще говоря, нелегко проверить такие утверждения с точностью до процентов.)

Так ниже у нас издержки этой группы или выше, чем в мире? Этот пункт нашего бизнес-плана наиболее труден для определения. Но можно с высокой степенью достоверности предположить, что не ниже. Во всяком случае, я не слышал ни от кого, что объединенный налогово-криминальный пресс у нас легче, чем в других странах. Такова, во всяком случае, была ситуация в период реформ, с 1991 года до бесславного краха 1998 года.

Но проведем один мысленный эксперимент. Предположим, мы провели "правильные" реформы и установили лучшую в мире налоговую систему. Или, если у вас другие взгляды, предположим, что к власти пришли настоящие коммунисты и тоже установили лучшую в мире налоговую систему. Прикинем, будет ли у нас в этом случае выигрыш по налогам перед другими странами. Есть ли резерв для налоговых льгот? Ведь когда говорят о "создании благоприятного климата для инвестиций", обычно имеют в виду снижение налогов. Можем ли мы брать самые низкие налоги в мире?

Конечно, теоретически можно избавиться от налогов вообще, но как бы мы ни радели за интересы предпринимателя, надо хорошо понимать, что страна без государственного аппарата, минимальной инфраструктуры и хотя бы полиции не представляет интереса для инвесторов. А ведь эти вещи существуют только благодаря налогам! Кроме того, есть еще налоги на социальные цели, на оборону, на экологию.

Конечно, для инвестора более привлекательны страны, в которых нет профсоюзов и левых партий, и трудящиеся не требуют лишнего, вроде оплачиваемых отпусков и социального страхования, и о сохранении природы никто не беспокоится, но какие-то налоги все равно неизбежны. Ведь если не хочешь платить лишнего рабочим, то придется оплатить и военную диктатуру, и "эскадроны смерти", которые только и могут обеспечить столь райский инвестиционный климат. В период подготовки Аргентины к управлению Международным Валютным Фондом (80-е годы) там бесследно исчезло несколько тысяч человек – профсоюзных лидеров, врачей, учителей, адвокатов. Бесплатно такие вещи не делаются.

Куда идут налоги в настоящем рыночном государстве? Это армия, государственный аппарат, содержание всяких национальных символов, типа царствующей династии, воронов Тауэра или всенародноизбранного.

Пусть даже образование и медобслуживание в расчет не принимаем. Предполагаем, что у нас рынок, все это не за счет бюджета, а платное. В некоторых странах предприятия практически не платят в социальные фонды. Ну и что? В этом случае соответствующие расходы идут по статье "зарплата". Люди же все равно лечатся и уходят на пенсию, если не считать "идеальных" для инвестора стран, вроде Чили, где Пиночет после переворота пять лет не платил пенсий.

Так вот будут ли в "идеальной России" государственные расходы ниже, чем в других государствах мира? Ох, вряд ли.

Можно ли считать, что армия стоит везде одинаково? Известно, что оружие, обмундирование и рационы в "полярном" исполнении существенно дороже обычных. А что такое "полярное"? Во всем мире так называют то, что пригодно для условий России. В обычном бундесверовском спальном мешке я почти дал дуба, ночуя в Подмосковье на природе в середине мая. Японские военные за службу на Хоккайдо получают тройной оклад, за суровость климата. А по нашим понятиям, Хоккайдо – субтропики. Так что только за счет ватников наша армия будет подороже.

А можно ли обойтись совсем без армии, если не гоняться за "глобальными интересами"? Некоторое время можно, если считать, что все вокруг дураки, а мы одни умные – у всех армия есть, а у нас нет.

Такое умонастроение будет недолгим. К нам много претензий и у соседей, и у довольно далеких стран. Причем претензии предъявляются к самым продуктивным землям, к самым ценным участкам территории, акватории и шельфа, к стратегически важным пунктам.

Если нет армии – нет и неисчерпаемых природных ресурсов. Почему московские интеллигенты считают, что рыба Охотского моря, или золото Колымы, или нефть Южного Сахалина, или леса Карелии принадлежат им? Чем обосновывается эта уверенность? В мире есть люди, готовые задать такой вопрос, и такой вопрос будет поставлен. Этот мир довольно жесток к слабым.

А что касается нашего госаппарата, то вряд ли он у нас обходится дешевле по сравнению с другими странами. Я уж не буду конкретизировать.

И вернемся к пенсиям, хотя это будет трудное и неприятное замечание. Несмотря на то, что продолжительность жизни у нас мала, тем не менее, численность пенсионеров по сравнению с работающими у нас очень высока, выше, чем даже в развитых странах Запада. Не буду делать никаких выводов, но не сказать об этом нельзя.

Кстати, за счет небольших налогов нельзя будет и содержать самую большую в мире армию врачей и учителей. Придется переходить на количество "койко-мест", соответствующее мировым, точнее, "третье-мировым" стандартам.

Вопрос об уровнях налогов в нашей стране можно поставить по-другому, еще и так: как мы, с нашими-то государственными долгами, можем добиться более низкого уровня бюджетных расходов по сравнению с другими странами? Разве не из бюджета нам придется платить долги и проценты по ним? А из чего бюджет-то формируется, не из налогов разве?

В общем, мы вместе с потенциальным инвестором, хоть и несколько субъективно, но уверенно заключаем, что по налогам и другим нерыночным издержкам в России выигрыша ожидать нельзя.

ЗАРПЛАТА

> В иерархической системе оплата труда прямо пропорциональна привлекательности и легкости выполняемой работы.
>
> *Исходный принцип социо-экономики*

И последняя составляющая расходов на производство – это зарплата наемного персонала.

Говорят, что наша рабочая сила дешевая и квалифицированная, и вот тут-то наша козырная карта. За счет рабочего и инженера, согласного работать за гроши, и вырастет новая Россия!

Попробуем разобраться.

Квалифицированная? Будем считать, что да. Была. За десять лет плюрализма, согласитесь, произошла определенная деквалификация, а новых рабочих никто не научил. Чему хорошему могут научить демократы?

А что дешевая – давайте-ка поподробней.

Считается, что зарплата в России низкая. А так ли это? Насколько она ниже среднемировой?

Увы, доступная информация ненадежна. В справочниках Госкомстата есть раздел "международные сравнения", там сравниваются даже "надои молока на одну корову" в разных странах, а вот "среднюю зарплату работника промышленности" не узнаешь. Видимо, для Госкомстата человек – не корова, что в каком-то смысле верно. Есть "средний доход" – весьма сомнительный параметр. Сколько рабочему в час платят, вот что нас интересует, ведь инвестор будет рабочих нанимать, а не только киллеров и "новых русских".

Но вот слышал, что представитель фирмы Самсунг в России получает якобы существенно больше, чем сравнимый по рангу менеджер той же фирмы у себя на родине. Почему? Если платить, как в Южной Корее, у нас в стране не много найдешь желающих работать представителем фирмы. Ничего себе. Значит, мы – богачи? Странная история. Как ее проверить? Ведь в конвертик с долларами, который традиционно получают сотрудники инофирм, не заглянешь. Нет, конечно, если проверить официальные платежные ведомости, с которых рассчитываются налоги, то зарплата у наших фирмачей еще до 17 августа 1998 года была нищенская.

По официальным данным в начале реформ средняя зарплата в стране была около 5 долларов, а затем, с 1993 по 1998 год колебалась, грубо говоря, в районе 100 долларов. Эти цифры не учитывают, с одной стороны, невыплат, а с другой – этих самых "конвертиков", то есть утайки выплат от налогов и, естественно, от статистики.

Во многих странах-производителях "товаров народного потребления" (Юго-Восточная и Южная Азия, Латинская Америка) вполне приличной считается почасовая оплата 20 центов в час. Это примерно 40 долларов в месяц. Мало? Почему же? Ведь это три наших "минималки" (до 98-го года)! Для китайской швеи 40 долларов очень даже неплохо. Квалифицированный служащий, например, бухгалтер небольшой фирмы в Южной Азии, может получать 120 долларов, и это нормально. К началу "аргентинского чуда" зарплата строительного рабочего в Буэнос-Айресе упала до 20 долларов, и в ходе реформы Кавальо она не индексировалась. Вот к такой зарплате и инвесторы потянулись!

Надо только учитывать, что по азиатским традициям работники главных сборочных конвейеров известных фирм могут получать на порядок выше рабочих фирм-субподрядчиков, но такой "рабочей аристократии" немного даже в Японии, а именно их зарплатой лет десять назад и козыряли.

У нас зарплата в промышленности отличалась, в зависимости от того, в какой отрасли выплачивалась. В нефтяной, электроэнергетической, металлургической была побольше, 200-300 долларов, в швейной – около 60. Это я привожу данные за 1993-1998 годы. Последнее “докризисное” значение средней зарплаты за май 1998 года – 160 долларов.

Так что зарплата у нас, там, где ее платили, была не ниже, а выше среднемировой. И это неизбежно. Ниже она и не может быть, так как не обеспечит в наших условиях физического выживания, просто не хватит на отопление, теплую одежду и питание. А ведь у нас цены на коммунальные услуги пока что ниже мировых раз в пять – десять! Если их учесть, то средняя зарплата горожанина у нас, можно сказать, выше еще раза в два-три!

Сейчас “денежная составляющая” зарплаты у нас упала почти до уровня “третьего мира” – за май 1999 года – 70 долларов. Возникла ли для инвестора благоприятная ситуация? Да, но ненадолго. Впереди маячит более серьезный кризис потребительского рынка – рублевые цены на ликвидные товары должны подпрыгнуть до мировых уровней. Литр бензина, батон хлеба и 7 киловатт-час электроэнергии должны стоить доллар. Мы не потянем такие цены с “третье-мировой зарплатой”. Сейчас и должно решиться – мы в мировом рынке или выходим из него. МВФ агитирует за первое (написано в мае 1999 года).

Но откуда же взялся миф о “низкой цене рабочей силы в России”? Выскажу предположение – излишняя информация об уровнях зарплаты в производящих странах третьего мира могла повредить пропаганде реформ. Так сказать, “грамота фраеру вредна”. До нас доводилась лишь зарплата американского рабочего.

Почему этот миф так популярен у нас?

Во-первых, кто же согласится, что он много получает? Да нет такого человека! Все, от уборщицы до генерала, считают, что ему платят мало.

Во-вторых, в силу ряда причин у нас принято ориентироваться на зарплату в “развитых странах Запада”.

Но США, Япония, Западная Европа, Израиль – это "золотой миллиард". Мы-то туда не входим!

То, что получает (пока) европейский и североамериканский рабочий – это не экономическая категория, не плата за его рабочую силу, это нечто другое. По смыслу это ближе к таким вещам, как, например, денежное содержание английской королевской семьи. И когда "социальная база реформ" пускает слюни и сопли по поводу "зарплаты в Америке" – это грустное и смешное подобие осла перед морковкой. Мечты нашего рабочего получать западную зарплату несколько сходны с мечтами стать английской королевой, вероятность таких событий одинакова.

И еще интересный момент.

При попытке сравнить нашу зарплату в производящих отраслях с аналогичной зарплатой в США сталкиваешься с некоторыми странностями. Не с чем сравнивать!

Не с чем сравнивать зарплату нашей швеи – в Штатах почти ничего не шьют. Американские джинсы шьют в Таиланде.

Нельзя узнать, сколько получает американский сборщик радиоэлектронной аппаратуры – вся электроника производится в ЮВА.

А какова зарплата американского оружейника? Трудно сказать, ведь "Ремингтоны" и "Моссберги" уже давно собираются в Бразилии и Мексике!

Ну хоть сколько сейчас получает оптик с завода "Практика", известного нам по бывшей ГДР? Увы, фотоаппараты "Практика" собирают теперь на Тайване.

Не буду объяснять почему, но зарплата американского рабочего – это не совсем зарплата, это, скорее, доля от эксплуатации всего мира. Она определяется не только и не столько рынком, но и, как говорится, административно-командным способом, то есть законом. По-моему, это что-то вроде 6 долларов в час. В любом случае нам ее не видать, и потенциальный инвестор ориентируется на среднемировую цену рабочей силы, а не на зарплату в США. Все-таки Америка правит миром. Должно же это в чем-то выражаться для ее граждан!

Самое же существенное то, что Америка не является сейчас мировым производителем ширпотреба. Не потому она богата сейчас, не благодаря производству. Если бы в современной модели экономики наиболее прибыльным было непосредственное производство, то самыми богатыми людьми в странах Запада были бы слесари и токари. Но это, как вы догадываетесь, не так.

Вот это главная причина, почему процветают в том числе и страны, близкие к нам по неблагоприятным условиям – Канада, Швеция. Не за счет производства живет хорошо западный мир!

Мы же, открываясь мировому рынку, не собирались побить Запад в банковском бизнесе? Не Голливуд же собирались разорить фильмами Сокурова и Муратовой? Мы же хотели достичь конкурентоспособности именно в производстве.

Так вот, даже если мы интегрируемся в мировую экономику, мы не можем рассчитывать на уровень зарплаты, принятый в западных странах и Японии. Мы должны смотреть на зарплату в Пакистане, Индии, Бразилии, Аргентине. Причем это не касается бюджетников – в этих странах бюджетников гораздо меньше, чем у нас. На что будут жить наши врачи и учителя, если мы перейдем в мировую экономическую систему, я даже и не скажу. Такого количества врачей и учителей, к которому мы привыкли, не будет.

Чтобы вопрос с зарплатой был совсем ясен, углубимся немного в мысленный эксперимент.

Нельзя сказать, что рабочей силы в мире сейчас не хватает. Хватает, даже еще остается. Так вот представим себе, что рабочие из разных стран, готовясь к конкурсу на освободившееся рабочее место, прикидывают, до какого уровня они могут торговаться с работодателем, снижая свои запросы.

Естественно, им придется посчитать свои расходы, а так как рынок мировой, то и цены на потребности будут мировыми. А вот набор потребностей будет отличаться, и рабочий из России с ужасом увидит, что его совершенно необходимые потребности чрезвычайно по мировым меркам велики.

Той зарплаты, на которую согласен и может прожить среднемировой промышленный рабочий, в наших условиях не хватит не то что на расширенное, но и на простое воспроизводство рабочей силы. В переводе с марксистского речекряка это означает, что нашему рабочему среднемировой зарплаты не хватит не только, чтобы вырастить детей, но и чтобы прокормиться самому.

Ведь что такое зарплата?

Это для наемного работника все – еда, одежда, жилье, образование, лечение, отдых. И это предприниматель должен ему обеспечить. Что минимально нужно, скажем, малайцу? Сандалии, трусы, рубашку, бейсболку. Крышу от дождя. Когда чувство голода становится нестерпимым – сникерс. Ну и семье тоже. А россиянину? В придачу к вышеперечисленному еще штаны, телогрейку, шапку и т. д. А это дороже. И питание. Трагизм ситуации в том, что россиянин много ест.

Даже средний рацион россиянина (татарина, русского, осетина) существенно дороже среднемирового. Белка мы должны потреблять столько же, сколько любой человек, а жиров и углеводов – существенно больше, примерно втрое. Климат, знаете. Вообще-то о структуре питания в России и остальном мире хорошо говорится в книге Ю. Мухина "Наука управлять людьми".

Низкие температуры вызывают усиленное потребление продуктов. Когда Фидель Кастро вернулся на Кубу из первого визита к нам, он делал шестичасовой доклад, из которого кубинцев больше всего поразил факт, сколько мы едим, особенно мучного. Килограмм хлеба и мучного в день! Немыслимо! А тем не менее, это факт – столько было заложено в рацион советского солдата, и он в советские времена реально потреблялся. Для справки, солдатский рацион (т. н. "Норма № 1") – около 2,7 кг в день, из них мучные изделия и крупы – 1 кг, столько же – овощи и картофель.

По свидетельствам знающих людей, того, что при возможности съедает средний русский, семье из Южного Китая хватит на неделю. Даже такой момент – в ЮВА народ помельче, для точных работ производительность та же или выше, а еды потребляет меньше.

К сожалению, несмотря на обилие статистических данных по этому вопросу, приходится предполагать, что приводимые официальные данные малодостоверны. Так, в справочнике-ежегоднике Госкомстата за 1995 год, в разделе "Международные сравнения", приводятся такие цифры, что итальянцы едят больше русских. Очень сомнительно, ведь вспомните – на отдыхе в Крыму есть-то совсем не хочется, а Крым куда суровей Италии. Скорее методика подсчета в разных странах разная.

В советские времена в России ели в три раза больше сливочного масла, чем американцы. Это не значит, конечно, что американцы едят мало, много зависит от культуры питания. По голливудским фильмам может показаться, что американские женщины все поголовно как манекенщицы, тем сильнее шок побывавших а Америке наших граждан. Первое, что потрясает – сколько же там толстух. Впрочем, не обязательно ездить в США – посмотрите телепередачу "Телефон спасения 911", где снимаются реальные люди, а не силиконовые куклы, и оцените габариты настоящих американок. Американцы питаются с большими излишествами. Впрочем, мы же говорим о рабочих в промышленном производстве, а мы знаем, что промышленное производство сейчас не в Америке.

Кстати, возвращаясь на минутку к одежде. Я тоже думал в советские времена, что телогрейка – самая дешевая одежда, чего там, от 7 до 12 рублей. Думал я так до тех пор, пока мне в руки не попал шведский каталог туристского снаряжения, на немецком языке, с ценами на каждый предмет. Перевожу раздел про спальные мешки – и не пойму, может с переводом напутал? Оказывается, мешки с х/б покрышкой дороже нейлоновых очень существенно. Самые дорогие – у которых х/б ткань и снаружи, и изнутри. Оказывается, хлопок – очень дорого. Опять-таки, из того, что у нас вата была дешева, отнюдь не следует, что издержки на получение хлопка у нас были невелики. Все стоит столько, сколько стоит, если цена была занижена, значит издержки компенсировались из бюджета, то есть отнимались у других производителей.

Совершенно неизбежная статья расходов россиянина – это жилье.

Русские по сравнению с остальным миром живут в более дорогих, хоть и менее комфортабельных домах. Показывали поселок в Таиланде – обычные железные транспортные контейнеры поставлены на столбах, под контейнером – стоянка для автомашины. Проведен свет и телефон. Живи – не хочу!

Ну сколько стоит такое жилье? Недорого. А наше – даже северный барак – гораздо дороже. Мы не знаем этого, потому что за наши квартиры мы платим неосознанно. Точнее, считается, что платит государство, но на самом-то деле все равно платим мы.

Это в советской модели экономики можно было за квартиру не платить. У меня сложилось впечатление, что у нашего потенциального инвестора такое просто не укладывалось в голове, и, оценивая стоимость жилья для рабочих, он на такую ситуацию "не закладывался".

Пока что люди у нас кое-как дышали, так как на коммунальные услуги была дотация, и топливо в стране было относительно монополизировано. Именно эти защитные механизмы и требовал разрушить МВФ, но на это не решился даже Чубайс.

А что для нас значат коммунальные услуги?

Вот тут необходима цитата из статьи профессора В. Клименко "Россия: тупик в конце тоннеля?", "Общественные науки", № 5, 1995 год: *"Чем холоднее климат и чем больше территория страны, тем выше уровень удельного потребления, обеспечивающий жителям данной страны приемлемые условия существования".*

Размер территории, на мой взгляд, тут совсем ни при чем, в этом я профессора Клименко не понимаю, а вот плотность заселения территории, конечно, влияет. Но что касается холода, то тут все верно.

Если в странах с почти идеальным климатом (к ним относятся, например, Иордания, Кипр, Таиланд, Малайзия, Зимбабве) расходуется на создание "единицы комфорта" одна "единица энергии", то в других странах удельный расход выше. Насколько?

Оказывается, в Мексике – в 1,6 раза, в Южной Корее, Японии, Австралии, западноевропейских странах – от 2 до 2,5 раза, в США – в 5 раз, в России (обитаемая часть) – в 8 раз. (Числовые выкладки сделаны мной по данным профессора В. Клименко.)

Правда, для США коэффициент, возможно, рассчитан для всей территории, а значит, несколько завышен – население и производство там сосредоточено на двух побережьях с мягким климатом (океаны не замерзают). В центре и на севере, а тем более на Аляске, плотность и того и другого невысока, то есть реальный коэффициент, видимо, значительно ниже. То есть на самом деле удельный расход энергии в хозяйстве США – как в западноевропейских странах. Естественно: Нью-Йорк и Вашингтон – это почти субтропики (под Вашингтоном хлопок растет), а Лос-Анджелес – почти тропики.

Действительно, у россиянина в список необходимых расходов входит еще и 7-месячный отопительный сезон. Никто ведь у нас не знает, сколько гигакалорий расходуется на обогрев его квартиры, и сколько стоит эта гигакалория. Но даже для европейца то, что мы расходуем на отопление – чувствительная сумма, а для промышленного рабочего "третьего мира" – целое состояние. На отопление жителя Москвы расходуется в год 4 тонны условного топлива. Бог его знает, сколько стоит в Европе или Сингапуре тонна условного топлива, но если приравнять к цене отопительного мазута, то это не менее 2000 долларов на семью из 4 человек – как раз годовая зарплата всей семьи из "третьего мира". В наших городах не редкость и горячее водоснабжение – в отличие от всего мира.

А вот спросите любого человека, который ездил туристом или в командировку в Голландию или Бельгию – они подтвердят, что в зданиях там вообще не предусмотрены системы отопления. В Австрии и Баварии – есть, и, обязательно – с регуляторами на батареях, чтобы не платить лишнего. Это при том, что в Баварии в апреле расцветают магнолии, хоть это и горная страна. На что спорим – не знали про магнолии?

То есть стоимость жилья и коммунальных услуг в нашей стране чрезвычайно по мировым меркам высока, если считать ее точно, учитывая, что пока за нас платит государство. Да, мы можем согласиться на меньший уровень комфорта, чем американцы. Но тут нет линейной зависимости, в этом данные профессора Клименко не совсем точны. Он считает, что чем меньше потребление энергии, тем ниже уровень комфорта. Но у нас не так. Есть такой минимум комфорта, за которым в наших условиях следует сразу смерть. Хотим мы или не хотим, мы вынуждены расходовать довольно много энергии.

Как только пища и отопление жилищ пойдут по мировым ценам – все сразу станет ясно нам так же, как это с самого начала было ясно потенциальным инвесторам.

То есть зарплата наших людей всегда была по мировым меркам довольно высока, доказательством этого служит тот факт, что они живы. Простое выживание в наших условиях дорого стоит.

Поэтому из наших зарплат остается меньше на маленькие радости жизни – автомобили, круизы, дорогую бытовую технику... но что сделаешь, мы, в отличие от пакистанцев, слишком много тратим энергии.

У нас все еще любят сравнивать себя с западноевропейцами и американцами. Вот в Америке рабочий получает больше!

Да, там рабочий получает больше. Потому что по праву рождения входит в “золотой миллиард”, потому что тамошний буржуй уже сто пятьдесят лет как пуган Марксом, а потом и Советской Россией, и платит поэтому своего рода добровольный налог на социальный мир. Но, кстати, буржуй есть буржуй, и не в последнюю очередь из-за стоимости рабочей силы производство перемещается в развивающиеся страны. Например, американцы уже заметили, что с производством у них не все ладно, и собираются брать дополнительные налоги с фирм, переводящих производство из США. Сам процесс перемещения производств в более выгодные регионы получил на Западе наименование “глобализации экономики”.

В общем даже если наш рабочий будет для буржуя выгоднее английского (а это вряд ли), то уж перед малайским никакого выигрыша, мягко говоря, нет. Конечно, наш рабочий может урезать свои запросы, но не ниже определенного прожиточного минимума. А у нас другой минимум, чем на Филиппинах! Житель фавел с окраины Рио может предъявить работодателю более выгодные условия, чем Саша с Уралмаша.

Чтобы победить жителя “третьего мира” в конкурентной борьбе за рабочее место, наш рабочий должен согласиться на месячную зарплату, эквивалентную одной заправке бензобака высокооктановым бензином!

Так что наш рабочий в конкурентной борьбе за рабочее место, конечно, проиграет рабочему из ЮВА и Латинской Америки. Я подскажу еще коечто, известное, но не акцентируемое. Рабочий в Западной Европе и США уже давно проиграл в этом соревновании. Но так как он “свой”, то ему нашли другое занятие, не связанное с производством. А нашему нового занятия никто и не собирался искать.

Но тс-с-с! Никто не должен об этом знать. Реформы еще не кончились.

Правда, в 1998 году и рабочий из ЮВА оказался в значительной степени не нужен. Но это совсем другая история.

ДОКАЗАТЕЛЬСТВО

> Если рассмотреть любую проблему достаточно внимательно, то вы увидите себя как часть этой проблемы.
>
> *Аксиома Дучарма*

Итак, закончим доказательство этой чрезвычайно горькой для моего народа теоремы.

Из пяти составляющих общего объема затрат на любое производство в условиях нашей страны две (сырье и нерыночные изъятия) – не ниже среднемировых, а три (капитальные вложения, накладные расходы и минимально необходимая зарплата) – существенно, в несколько раз, выше.

Поэтому **в условиях свободного перемещения капиталов ни один инвестор, ни наш, ни зарубежный, не будет вкладывать средства в развитие практически ни одного производства на территории России**. И дело не в отсутствии патриотизма у наших капиталистов, а также жуликов и коррупционеров – я вполне допускаю, что они горячие патриоты – дело в законах экономики, ориентированной на прибыль.

Никаких инвестиций в нашу промышленность нет и не будет. То есть каждый буржуй понимает, что значительная часть его денег, вложенная в российскую промышленность, будет потрачена просто на борьбу с неблагоприятными условиями, без всякой пользы для конечного продукта. Если этого не понимает инвестор, то понимает банкир, дающий инвестору кредит и проверяющий его бизнесплан. А что бывает с промышленностью без инвестиций, мы знаем.

"Хотят русские жить в холодильнике - пусть живут. Причем тут мои доллары?" - так думает наш буржуй, и он абсолютно прав. И напрасно ждать, что вывезенные из России капиталы (по-русски говоря, краденое или выручка от продажи краденого) вернутся в Россию. Это может произойти разве что под конвоем, а наш конвой туда не пустят.

Конечно, мы вольны выбирать экономическую модель развития общества, что и сделали несколько лет назад. Но при этом мы должны были хорошо представлять, что значительные отрасли нашей экономики (вся обрабатывающая промышленность, все товарное сельское хозяйство, большая часть сырьевой) попадут при вхождении в мировое экономическое пространство под уничтожающий удар действующих там экономических законов. Почему не представляли? Это отдельный вопрос.

И ведь не поспоришь. А если у нас кто-то захочет поспорить, спросим для уточнения диагноза - согласен ли он лично жить и работать в здании из кровельного железа без отопления, на работу ездить в шортах и безрукавке, а рацион чтобы был как у вьетнамца на его родине (проконсультируйтесь на ближайшем вещевом рынке).

Если согласен - значит демократ в российском смысле этого слова, т. е. сторонник свободного мирового рынка (в остальном мире эти идеи называют либеральными). Если задумался и начал дополнительные вопросы задавать - не безнадежен. Насчет демократа я ничуть не ерничаю. Сам читал весной 1996 года, перед президентскими выборами, интервью с каким-то пенсионером, который, фактически умирая с голоду, собирался голосовать за демократов. То же будет и в 1999-м, и в 2000-м. Такая самоотверженность, доходящая до идиотизма и даже далее, свойственна части нашей "интеллигенции", о чем как-то рассказал С.Кара-

Мурза в одной из своих публикаций. Но в качестве долговременной основы функционирования экономики приверженность демократическим ценностям не годится, так как человек без пищи не проживет даже 500 дней.

Путаница в понятиях пошла с первых перестроечных лет, когда отдельные предприятия прорывались со своей продукцией на мировой рынок, как те же шахтеры. Поди плохо – квартплата коммунистическая, лечат-учат коммунисты, транспорт, электроэнергия и лес – коммунистические, а уголь буржуям за доллары. Нужен был буржуям тот уголь – им нужно было Союз развалить – да разве можно было тогда объяснить? Тогда в массовом сознании зарплата слабо ассоциировалась с квартирой, садовым домиком, поликлиникой, школой, отпуском на море. Почему-то считалось, что это отдельно от зарплаты. Знали, что при рынке баран даром не чихнет? Знали. Но как-то не понимали. Ничего, это лечится, хотя и небезболезненно.

Каковы же следствия из этой теоремы? Если теорема горька, то и следствия не слаще.

1. Утверждения о том, что "инвесторы уже стоят в очереди" – либо свидетельство о профнепригодности, либо наглое вранье.

2. Обещания "создать благоприятный инвестиционный климат" в условиях свободного мирового рынка реальной почвы не имеют, если только обещающий не собирается направить Гольфстрим по Севморпути.

3. Жизнь из нашей экономики и общества будет уходить по мере износа инфраструктуры и основных фондов, донашивания и проедания запасов. А каждый появившийся у нас доллар немедленно побежит туда, где он сможет получить прибыль. Уцелеют только сырьевые предприятия, и то далеко не все.

Если говорить без скидок, то данное доказательство, не являясь абсолютно точным, в принципе отражает реальность. Конечно, свободного мирового рынка нет, это пропагандистский миф, реальный мировой рынок не свободен, отрегулирован, но не нами. Нам-то с того какая польза?

Те, кто его регулирует, делает это в своих интересах.

Никто не будет нам приплачивать за климат, растянутые коммуникации и отсутствие незамерзающих портов.

И небольшое пояснение. Нигде в тексте вы не найдете указаний, что теорема верна только для частных предприятий, а государственные обладают иммунитетом. Судьба "Уралмаша" и под руководством красного госдиректора, и Кахи Бендукидзе будет совершенно одинаковой. Другое дело, что предпринимателю проще, грубо говоря, продать в случае чего станки на металлолом, рабочих на колбасу и смыться на Канары.

* * *

Один мой знакомый советует: "прежде чем высказаться, подумай, а не дурак ли ты". Он, конечно, прав, но как проверить правильность мысли, на чей авторитет опереться? На мнение людей, по какому-то недоразумению именуемых "нашими ведущими экономистами"?

Да это просто опасно. С зарубежными тоже не все ладно, у них тоже свой интерес. Но некоторые подтверждения есть.

Очень давно во время визита к Горбачеву Тэтчер обронила фразу, которую перевели примерно так: "британские бизнесмены хотели бы инвестировать в российские горнодобывающую и лесообрабатывающую отрасли промышленности". Если бы переводчик озаботился смыслом этого высказывания, то непременно бы добавил: "а о вложениях в другие отрасли они и думать не собираются". И действительно, стоит понаблюдать за ситуацией, и эти слова полностью оправдываются.

Общий объем западных инвестиций в производство за весь период плюрализма – от 5 до 7 млрд. долларов. Да хотя бы и 10! Для нашей экономики это мизер.

Правда, некоторые вложения есть. Но чтобы не затуманивать реальной картины, с ними надо разобраться.

Во-первых, создаются предприятия, даются деньги с целью уничтожения ракет, боеголовок, бронетехники, сокращения нашего военного потенциала и создания системы контроля над ним, в частности под видом "конверсии" происходит выведение из строя объектов военной промышленности.

Во-вторых, под видом "инвестиций" идет скупка сырьевых ресурсов из уже созданных горнодобывающих предприятий. Как правило, сразу видно, что инвестиции эти рассчитаны не на десятки лет, а на два-три года – так, снятие сливок.

В-третьих, имеются вложения (крайне небольшие), внешне похожие на инвестиции для развития производства. Они ориентированы на вывоз ранее созданных материальных ценностей, на прекращение деятельности конкурирующих предприятий и на эксплуатацию пока действующих основных фондов.

Так вот, если откинуть от и без того мизерного объема вложений "инвестиции" этих трех видов, то останется тот самый шиш, который и должен был остаться.

Я сознательно не принимаю в расчет инвестиции в некоторые специфические виды промышленности, а именно табачную и алкогольную. Дело в том, что это не совсем промышленность. Испокон веков государства мира пополняют свои бюджеты за счет "налогов на пороки", так как прибыль от торговли сигаретами и водкой – это живые деньги. Оцените разницу: налоги надо собирать, а тут народ сам деньги несет! В свое время тот флот, что японцы утопили при Цусиме, был целиком построен на деньги от винной монополии государства.

И вот сейчас табачная промышленность скуплена тремя гигантскими концернами – Ротманс, Филип-Моррис и БАТ. Эти фирмы любезно согласились собирать "налог с порока" с российских граждан в свою пользу, ценой установки нескольких технологических линий по набивке сигарет. Причем ну никак нельзя сказать, что производится конкурентоспособная продукция. Она вся предназначена для нашего внутреннего рынка, прибыль будет конвертирована в валюту и вывезена из страны. Что реально получим мы? Рак легких. И никакая это не наша продукция – это просто фасовка импортного табака.

То же самое с пивом. Скандинавский концерн "Болтик си" производит у нас пиво "Балтика", опять-таки, в конечном итоге уменьшая наши валютные резервы. Это касается и многих других пивзаводов, как бы патриотично ни звучали названия сортов. И, кстати, ячменный солод, хмель или иногда пивной концентрат – тоже импортные. И спирт – для России делают фактически алкогольные напитки, а не пиво.

Есть еще займы, кредиты... Заинтересованные лица упорно называют их "инвестициями". К экономике это отношения не имеет, разве что со знаком минус. Займы ведь надо отдавать! А инвестиции – это не займы! При инвестиции буржуй рискует своими деньгами! А при займах его деньгами рискуем мы! И его деньги мы обязаны вернуть с процентами в любом случае, независимо от судьбы инвестиционного проекта!

Во что же выльется эта тенденция? Например, какое население сможет жить на территории России в условиях рынка? Сколько рынок сможет просто прокормить? Западные оценки разнятся – от 15 до 50 миллионов. Такие цифры иногда шокируют, а тем не менее никакой ереси в них нет. Ведь чтобы закупать продовольствие на нынешнее население за счет экспорта нефти, ее производство надо увеличить в 6-7 раз. Возможно ли это? Нет, конечно. Пропускная способность "трубы" 125 млн. тонн, и строили ее всем Союзом. Кто возьмется за такую стройку сейчас? Даже смешно спрашивать, ведь даже Туркмении западные эксперты порекомендовали не тянуть свой нефтепровод, а подключаться к российскому.

А почему придется переходить на покупную еду? Да потому что для сельского хозяйства действует аналогичная горькая теорема № 2.

Так что если увеличить сырьевой экспорт нельзя, то откуда взялись в докладе Тэтчер цифры о населении, понятно. Остальным просто на сникерсы не хватит. Кстати, цифры (увеличение экспорта нефти в 6-7 раз) верны только в том случае, если выручка от него останется в стране.

Реально рассчитать численность "рыночного", или "экономически эффективного по Тэтчер" населения просто – это численность занятых в горнодобывающем и лесохозяйственном комплексах плюс обслуга соответствующей инфраструктуры. Плюс их семьи. Управление этими комплексами вряд ли будет осуществляться с территории России, хотя бы просто из-за дороговизны проживания управленцев.

Вот они, те самые 15-20 миллионов жителей бывшего СССР, чье проживание на нашей территории экономически оправдано! Вот о чем говорила Тэтчер! Наш народ и мировой рынок промышленного капитала – несовместимы. Либо одно, либо другое. Призывая наших лидеров в личных беседах открыться мировому рынку, у себя они говорили правду. Практически не скрывалось, что наша экономика погибнет. Чем руководствовались наши руководители того времени (не один Горбачев), что им говорили их референты – Бог знает.

Достаточно было хотя бы просматривать в 80-х годах популярные журналы, типа "Тайм" или "Ньюсуик", чтобы понять настоящее мнение "мировой общественности" о перспективах нашей страны, когда мы приведем нашу экономику к мировым стандартам.

Неспроста в последние годы мы практически изолированы от источников информации из-за рубежа, в чем-то даже сильнее, чем в 70-е годы. Нет вещания всемирной сети новостей CNN, нет в продаже иностранных журналов и газет. Настоящий железный занавес. Что говорить, если даже пропагандистское вещание на нашу страну практически прекратилось. Даже журнал "Америка" закрылся, как выполнивший свою задачу. Но, судя по крохам доходящей информации, за ситуацией у нас следят внимательно и оценки довольно трезвые.

Какова же перспектива нашего рыночного хозяйства, "интегрированного в мировую экономическую систему"? Временные рыночные структуры, созданные для вывоза стратегических запасов, уже практически отмерли, горнодобывающая (конкурентоспособная), тоже не вечна, ей осталось лет с десяток, а вот лес будет расти практически всегда, так что посчитать просто.

Судьба же нерыночного населения не обязательно трагична. Те, кто смогут, вернутся к натуральному хозяйству. И это немалая часть населения. В начале 20 века нерыночное население России составляло несколько десятков миллионов человек и даже платило налоги зерном и солдатами. Так что вымрут, быстро или постепенно, только крупные и средние промышленные и политические центры, что с рыночной точки зрения совершеннейшие пустяки.

Этого мы хотели?

Причем – обратите внимание – такая судьба ждет нашу страну после подключения к мировому рынку любым способом. И если мы войдем в него сами в виде независимого государства, и если мы будем завоеваны "культурными" и "цивилизованными" нациями. В отношении наших перспектив врастания в эту модель экономики оба наших политических крыла – демократы и патриоты – делают одну и ту же ошибку. Они считают, что это врастание возможно, вся разница в отношении – демократы считают, что это желательно, а патриоты – что нежелательно.

Патриоты пугают народ, что мы будем сырьевым придатком, а демократы намекают, что и сырьевым придатком, и, возможно, еще и сборочным цехом.

Но дело-то в том, что это невозможно! Мы не можем стать ни сырьевым придатком, ни сборочным цехом! После исчерпания уже разработанных и обустроенных месторождений они будут заброшены. Никто не будет осуществлять "северный завоз" на ту территорию, которая когда-то была Советским Союзом – у нас нет ничего, что могло бы этот завоз окупить.

Итак.

Любое производство на территории России характеризуется чрезвычайно высоким уровнем издержек. Эти издержки выше, чем в любой другой промышленной зоне мира. Простейший анализ затрат на производство по статьям расходов показывает, что по каждой статье Россия проигрывает почти любой стране мира, а компенсировать излишние затраты нечем. В первую очередь это происходит из-за слишком сурового климата – производство, да и просто проживание в России требует большого расхода энергоносителей. Энергия стоит денег, поэтому наша продукция при прочих равных условиях получается более дорогой.

Из этого следуют два следствия. Во-первых, **наша промышленная продукция, аналогичная иностранной по потребительским характеристикам, оказывается выше по себестоимости и при реализации по мировым ценам приносит нам убыток, а не прибыль.**

Во-вторых, **наши предприятия оказываются невыгодным объектом для привлечения капиталовложений из-за рубежа, да и для отечественных инвесторов привлекательнее иностранные рынки капитала.**

Удивительная ситуация – то, что я изложил – легко понять. Опровергающих доводов я не слышал, да их, видимо, и нет. Практика мои рассуждения подтверждает. Тем не менее, самоубийственное стремление в мировой рынок не ослабевает.

Ни один нормальный человек не поставит все свое достояние на кон, играя в игру, правила которой ему незнакомы, тем более, если он не участвует в раздаче карт. А в мировой рынок мы кинулись! Ребята! Мало ли что на этом рынке продается! "Зъисть-то он зъист, да кто-ж ему дасть!". Может, правду говорят, что все русские – сумасшедшие? Да нет. Другие бывшие соцстраны тоже свое получат, вскоре после минования в них надобности.

Так что, если мы хотим выжить – то придется восстановить экономическую границу страны, а нет – “входим в мировой рынок” еще дальше и “углубляем реформы” еще глубже. Развязка не за горами.

ПРОВЕРЬТЕ ВАШИ ЗНАНИЯ

Первые два политических принципа Тодда

1. Неважно, что вам говорят – вам говорят не всю правду.

2. Неважно, о чем говорят – речь всегда идет о деньгах.

Не верите, что можно скрывать от людей вполне простые, очевидные вещи? При чьей-то заинтересованности – запросто. В это трудно поверить, но для доказательства приведу полуанекдотичный пример из географии.

Очень забавный тест – расспрашивать людей с высшим образованием, где проходит граница между Европой и Азией. Вроде бы – чистая география. Но про Уральский хребет и реку Урал знают все (и, как оказывается, неправильно), про Каспий, Черное море и Босфор тоже почти все, а вот где эта граница проходит между Каспием и Черным морем – тут заклинивает. Чего только не называют, даже бывшую границу СССР! Если отвечают про Кавказский хребет, то на дополнительный вопрос “Значит, Сочи – уже Азия?” обычно задумываются окончательно.

А ларчик открывается просто. Жители и руководители некоторых бывших советских республик (теперь независимых государств) очень не хотят считаться азиатами. И чтобы их не обижать, этот вопрос на всех наших картах и во всех наших справочниках “спускают на тормозах”, и границ Европы нигде не указывают. Даже в Большом Энциклопедическом Словаре. Точнее, там они есть, а то было бы совсем неприлично, но в статье "Азия".

И на картинках, входящих в комплект программ "Майкрософт Офис", к Европе отнесена и вся территория Турции. Таким образом, по милости Билла Гейтса Европе досталась Малая Азия, полуостров, по которому вся Азия получила свое название. Это уже чистейшая комедия, но понятно, почему так получилось – Турция и кандидат в члены ЕЭС, и член НАТО, и хочет считаться европейской страной.

Вообще-то граница проходит по Уральскому хребту, р. Эмба, Каспийскому морю, р. Кума, Кумо-Манычской впадине, р. Маныч, р. Дон, Азовскому морю, Черному морю и т. д. Что граница Европы и Азии проходит по "Меотийскому озеру", то есть Азову, знали еще древние греки. Значит, и Кубань, и Северный Кавказ, и Закавказье все-таки находятся в Азии.

Но это вопрос мелкий, простая деликатность, и касается чисто географии, то есть землеописания. В конце концов, можно и договориться, что граница пойдет по перешейку между Черным морем и Каспием, например, по Риони и Араксу, как предлагали некоторые древние географы, и станут грузины европейцами.

Но ведь есть такие вещи из истории, экономической географии, экономики, которые напрямую задевают чьи-то интересы. А если вмешивается экономика – то тут как тут и политика. Действительно, если честно признать, что по объективным причинам интеграция российской экономики в мировую невозможна, то как мировой экономике использовать накопленные в России стратегические запасы? Заставить – не получается. Лучше ввести русских в заблуждение, они откроют экономическую границу, и все пойдет самотеком. А когда начнет кончаться, можно спровоцировать обострение, сами русские и будут во всем виноваты!

Поэтому вопрос о границе Европы – это ерунда, но ерунда показательная.

Часть 2.
ПРОФЕССИОНАЛЬНОЕ МОЛЧАНИЕ

А ЭТО И НЕ СЕКРЕТ

Я развертывал книги о государственном хозяйстве, слыхал, как люди ученые судят о нынешнем хозяйственном состоянии России и замечал более слов – нежели мыслей, более мудрствований – нежели ясных понятий.

Н.М.Карамзин

То, что наши производства неконкурентоспособны, секретом не является. Секретом является то, что факторы, вызывающие ее, неустранимы.

В демократических СМИ о неконкурентоспособности говорят давно, но причиной этому считают сам факт существования русского народа, намекая, впрочем, что стоит к экономике прикоснуться волшебной палочкой в форме Гайдара, и все будет о'кей. Патриотическое крыло загипнотизировано "квалификацией и дешевизной русского рабочего" и "неисчерпаемыми ресурсами" и считает нашу неконкурентоспособность временным, преходящим явлением. Повыгоняем демократов, вернем вывезенные капиталы, снизим цены на газ, нефть и готовую продукцию – и все будет хорошо!

О реальной серьезности положения иногда писали, в основном в "патриотической" прессе, но, по-моему, либо излишне мягко, либо излишне научно, а главное – помалу. В основном идет поток дезинформации, вольной или невольной.

Но вот что только надо иметь в виду: в человеческой деятельности знание практическое и знание книжное – пересекаются очень незначительно. Так, в древности купцы со своими товарами забирались гораздо дальше, чем простирались описания географических трактатов. Зачем купцу было делиться информацией с каким-то досужим умником? И сейчас капитан браконьерского сейнера знает биологию промысловых рыб гораздо лучше любого университетского ихтиолога.

Поэтому практики ситуацию с конкурентоспособностью России знают гораздо лучше, чем теоретики. Кого я понимаю под "практиками"?

Во-первых, это наши и иностранные инвесторы. Всё они знают, может быть, на интуитивном уровне – это видно по их поведению. Вот, например, наш внутренний рынок вплоть до 1999 года был привлекателен для продавцов иномарок, но на готовые автомобили была столь высокая пошлина, что это вызвало необходимость создания примитивных сборочных производств. И где они были созданы? В Ростове, Таганроге и Калининграде. Сверьтесь с климатической картой. Одно исключение – джипы "Форд" собирают еще в Елабуге, но там уже был почти готовый завод еще с советских времен.

Правда, менее связанные с реальным производством деятели – финансовые спекулянты – порой бывают "не в курсе".

Также не секрет это и для западных СМИ и многих политиков, более того, они знали о наших проблемах еще до их начала. Но беда в том, что от их информации, предназначенной "для своих", мы изолированы сейчас гораздо сильнее, чем прежде.

Что касается отечественных практических деятелей, то, конечно, круг проблем, затронутых в книге, чужд импортерам ширпотреба, экспортерам сырья, банкирам, живущим спекуляцией валютой и т. д. Хотя общие тенденции и их интересуют – они же чувствуют, что покупательная способность населения снижается. И то, говорят, моя статья 1996 года повлияла на принятие решений о долгосрочных инвестициях в некоторых банках. Вот уж чего я, ей-богу, не добивался!

А вот реальные производители давно ситуацию поняли. Но они поневоле замкнуты в проблемах своего завода или отрасли, и подсознательно ищут выхода в том, чтобы переложить издержки на кого-то – государство, смежников, нефтяников, транспортников. Пусть они цены снизят! А сами-то, на свою-то продукцию – не снижают! Потому что не могут. В лучшем случае наиболее понимающие ситуацию требуют даже полной изоляции от мира – автаркии. Это уже лучше, но только полная изоляция России невозможна и не нужна.

Это я к тому, что профессионалы книжек не пишут, а писателям неизвестна суть дела. Я больше чем уверен, что ни один пишущий на русском языке "экономист" (я имею в виду "известных широкой публике") никогда не то что не принимал, но и не присутствовал при принятии решений о серьезных вложениях капитала, а поэтому и не знает, чем при этом руководствуются. И у нас, и в мире такие решения принимаются в обстановке величайшей секретности: вы можете сходить на экскурсию в Конгресс США и послушать там прения, но во время заседания руководства МВФ журналистов не подпускают даже близко к зданию.

Вот отчасти поэтому в литературе на тему инвестиционной привлекательности России идет "белый шум", а действительно серьезные вещи проскакивают в виде крошечных заметок где-нибудь в глубине газетных тетрадей.

Ну вот, например: как уже показано выше, основной и первой бедой для нашей экономики является утечка капитала. Что и как мы об этом узнаем?

Вывоз капитала – ключевой фактор кризиса

ЗА ПРЕДЕЛЫ России в период 1992-1997 гг. были нелегальным или полулегальным путем вывезены 200 млрд. долл., что составляет более трети российского ВВП и превышает внешний долг России, который составляет более 190 млрд. долл. Таковы данные исследования, проводившегося в течение двух лет совместно экономистами Российской академии наук и Университета Западного Онтарио. По дан-

ным российских и канадских экономистов, только за последние три года из России было нелегально или полулегально вывезено более 72 млрд. долл. По мнению ученых, часть "беглых" капиталов формировалась в том числе и за счет многомиллиардных кредитов Запада правительству России. Исследователи не идентифицируют причастных к этому лиц. Руководитель группы канадских экспертов профессор Университета Западного Онтарио Джон Уолза подчеркнул, что за последние годы из России нелегально или полулегально было вывезено столько валютных средств, что это можно считать одним из ключевых факторов нынешнего финансового кризиса.

РИА "Новости"
"Независимая газета" 15.09.98

Ну если это один из "ключевых факторов", так надо на первой странице печатать, и аршинными буквами! Но в такой постановке вопрос об утечке капиталов поднят едва ли не впервые. Увы, даже такая крошечная заметка могла появиться в российской печати только в обстановке паники после событий 17 августа.

Да и то – явление замечено, но не сказано, что процесс этот естественный, и пока будет возможность утечки капитала – он будет утекать. И что значит: "полулегально"? Сказали бы прямо: легально, то есть по законам, но эти законы – похабны. Но и то слава Богу. Подождем еще два года – может быть, Джон Уолза в своем Западном Онтарио догадается наконец, **почему** капиталы вывозятся из России, и РИА "Новости" нам об этом сообщит.

Что же касается российской пишущей братии, то автор все-таки не первый, кто отметил существование "базовых отличий" условий развития экономики в России и на Западе, то есть климата и расстояний.

Российские экономгеографы по крайней мере в прошлом веке, основываясь на влиянии наших условий ("базовых отличий"), делали очень обоснованные прогнозы о том, что привязка российской экономики к Европе опасна для российского капитализма (С.Ф.Шарапов, скончавшийся в 1911 г. – отнюдь не марксист, а издатель "черносотенной" газеты "Русский труд", экономист Нечволодов). К ним не прислушались, очень хотелось в Европу. Потом еще многие очень удивлялись революциям 1905 и 1917 годов. Да и в последние годы в прессе мелькали статьи с такими названиями, как "Субтропический капитализм и Россия" (профессор В.Сироткин, Дипакадемия), "Россия – тупик в конце туннеля" (профессор В.Клименко, ИБРЭА РАН), где на эти "базовые отличия" указывалось прямо. Было несколько публикаций ("Антирынок", 1994, и др.) проф. МГУ Б.Хорева. Интересно, что работы проф. Клименко и его лаборатории широко популяризировались такими массовыми изданиями, как "Огонек" и "МК". Выводы, правда, делались своеобразные – предсказывался развал страны на десятки независимых образований, каждое из которых все равно будет открыто мировому рынку. Странно, между собой границы, а с мировым сообществом границ нет. По-моему, уж что-то одно – или границы, или без границ, впрочем, границы бывают разные.

Но общая беда выступлений на эту тему в том, что механизм этого влияния ни у кого не раскрыт, и поэтому звучит все не очень убедительно. Причиной тому то, что об условиях России все знают, о неэффективности экономики тоже, но, во-первых, не хотят признать связь между этими явлениями – порой не со зла или глупости, просто у нас не любят признавать невозможность что-либо изменить. Во-вторых, современные экономисты загипнотизированы понятием "эффективности", на котором, как обычно считается, построена глобальная экономическая система, не понимая того, что эффективность субъективна, один и тот же процесс различается по эффективности для разных людей или групп. Для "Чейз Манхэттен Банк" русские ГКО были очень эффективны, а для России оказались не очень.

Вот это правильное понимание "эффективности" – ключ к правильной экономической стратегии. То, что для западных стран "эффективно", для нас означает смерть от голода и холода. Наша "эффективность" не должна базироваться на свободном перемещении капитала по всему миру в поисках наивыгоднейшего соотношения "выручка/издержки".

В наше время практически разоблачил само понятие "эффективности" М.М.Голанский, увы, недавно скончавшийся научный сотрудник Института Африки РАН. Он теоретически выделил группу стран, для которых правила "мировой экономики" неприемлемы. Правда, он использовал эмоционально окрашенный термин – "отсталые страны" – это те, которые не могут интегрироваться в мировую экономику. Вот цитата из его работы: "*целесообразность для отсталых стран закрытия убыточных и малорентабельных государственных предприятий представляется далеко не бесспорной. Все, что способствует сокращению производства в отсталой стране, объективно губительно, ибо оно фактически означает ее деиндустриализацию*". От себя добавлю – в таких "отсталых" странах нецелесообразно закрывать и частные предприятия, но защитить их от мирового рынка может, конечно, только государство.

Стоит отметить статьи профессора МГУ С.Кара-Мурзы. Он, пожалуй, единственный публицист, спокойно относящийся к обвинениям нашей экономики в "неэффективности". Цитирую по памяти: "да, – говорит он, – можно выгнать жену, если она вам не нравится ("неэффективна" – *А.П.*). Но Софи Лорен после этого автоматически у вас в постели не окажется".

И уже в 2000 г. я познакомился с доктором биологических наук А.Г. Малыгиным, который еще в 1993 – 1995 гг. опубликовал ряд статей, совершенно совпадающих с данной книгой по тематике и выводам. К сожалению Александру Георгиевичу не удалось в то время "пробить лбом стену".

К сожалению, принадлежность наших СМИ главным образом банкирам и сырьевым экспортерам неблагоприятно сказывается на интеллектуальном уровне публикаций по экономике. Хотя есть и исключения – были профессиональные и объективные статьи в "Независимой газете", вообще-то принадлежащей Б.Березовскому. Редактор "НГ" В.Т.Третьяков даже поместил в

1998 году на правах письма и мою заметку с крамольными словами: “*…Дело в том, что в условиях свободного перемещения капиталов ни один инвестор, ни наш, ни зарубежный, не будет вкладывать деньги в развитие практически ни одного производства на территории России, именно из-за “базовых отличий”. Ведь значительная часть инвестиций, вложенных в российскую промышленность, будет потрачена просто на борьбу с неблагоприятными условиями, безо всякой пользы для конечного продукта. В отличие от любого другого промышленного региона мира.*

Наша промышленность не нужна никому, кроме нас. Поэтому выбор пути реформ, базировавшийся на привлечении иностранных инвестиций, был порочен с самого начала…

Нельзя начинать рекламную кампанию по продаже “хороших реформ” сразу после краха “плохих”, не объяснив хотя бы причины этого краха. И объяснять эти причины пора, хотя, может быть, уже и поздно.

И единственный способ – это показать порочность выбранного в 1991 году пути реформ. При этом, как это ни неприятно, но придется сказать, что ныне действующие “экономисты” – либо шарлатаны, либо люди бесчестные или слабые, не нашедшие в себе мужества сказать вовремя некоторые очевидные вещи”.

Тем не менее, вопрос не стал ясен сам собой после событий 1998 года, хотя я на это и надеялся. Инерция “мирового рынка” в сознании общества осталась. И вина – на тех, кто по роду службы должен снабжать граждан правдивой информацией.

ОЧЕРЕДНАЯ ПОБЕДА НАУКИ НАД ЗДРАВЫМ СМЫСЛОМ

> Ученые настолько ушли с головой каждый в свое, что они не видят ни одного явления в целом, включая собственные исследования.
>
> *Принцип полноты картины*

Не подумайте также, что изложенное в этой книге – для экономистов (обычных, не телевизионных) какая-то тайна за семью печатями. В частных разговорах они высказывают вполне трезвые взгляды – и о реформах, и об экономической политике, но к газетным страницам и "ящику" их не допускают. Большинство учёных считает некоторых известных деятелей жуликами и невеждами, а вовсе не "ведущими экономистами". Они так же, как простые граждане, с отвращением смотрят на "экспертов", мелькающих на экране подобно заключенным на прогулке. Хотя, по моим наблюдениям, есть у многих идеалистический уклон – думают, что если сильно захотеть, то можно все трудности преодолеть. Не хватает трезвости в оценке обстановки. Конечно, встречаются и взгляды, основанные не на научном анализе (хотя бы "инженерной прикидке"), а на обыденном мышлении типа: "в современном мире нельзя изолироваться" и т. д.

А вот что пишут о конкурентоспособности России для учащихся? Мы-то вольны в выборе информации – хотим – читаем, хотим – нет, а студентам приходится поневоле. Особенно важно, что написано в учебниках для "будущей элиты" – студентов экономических специальностей. На них сейчас обрушивается водопад лести – их убеждают, что они вскоре встанут у руля государства. Если так – с какими взглядами выйдут в жизнь будущие наши правители?

Увы, наиболее типичны примерно такие пассажи (здесь и далее цитируется вообще-то довольно насыщенный информацией учебник В.Д. Андрианова "Россия в мировой экономике", М., 1998 г.).

"В настоящее время более активному притоку и эффективному использованию иностранного капитала, а также сдерживанию "бегства" отечественного капитала препятствует ряд факторов, которые в совокупности формируют инвестиционный климат страны".

Что же это за отрицательные факторы?

– "...отсутствие стабильной, учитывающей международную практику правовой базы;

– рост социальной напряженности в связи с ухудшением материального положения значительной части населения;

– неразвитая инфраструктура, в том числе связь, система телекоммуникаций, транспорт и гостиничное хозяйство, т. е. отсутствие условий, привычных для большинства цивилизованных бизнесменов;

– сепаратистские настроения, которые присущи некоторым руководителям регионов, краев и областей;

– коррупция и криминализация отдельных сфер коммерческой деятельности...

...В целом, оценивая инвестиционный климат России по международным стандартам, используя такие критерии, как политическая и социальная стабильность, динамизм экономического роста, степень либерализации внешнеэкономической сферы, наличие развитой промышленной инфраструктуры, банковской системы и системы телекоммуникаций, наличие рынка относительно дешевой квалифицированной рабочей силы и др., можно констатировать, что практически по всем этим параметрам Россия уступает сегодня большинству стран мира".

Ну, что тут сказать? Если в стране нет инфраструктуры или рабочей силы, то, конечно, инвестиционный климат от этого не улучшается. Но что первично, а что вторично? А почему, кстати, "ухудшается материальное положение"? И если нет притока капитала, а идет отток, то откуда возьмется "динамизм экономического роста"?

На самом же деле если дело прибыльное, то все вышеперечисленное инвесторов не остановит, а уж особенно "отсутствие правовой базы". Не думаю, что в Тюмени особенно хорошие гостиницы, а ведь там больше всего иностранных инвестиций. В крайнем случае можно в командировки отправлять туда и местный персонал, знакомый с российским гостиничным сервисом. И в ГКО западные "инвесторы" вкладывали, напомню, охотно, только треск стоял! Не боясь "сепаратистских настроений".

В отсутствие закона "О повышении средней температуры января" "либерализация внешнеэкономической сферы" не поможет, а усугубит ситуацию. Ведь все эти "рейтинги" и "инвестиционные климаты" имеют значение, когда сравниваются экономики, находящиеся примерно в одной весовой категории. А в нашей-то категории в мире только мы и Монголия!

А бывает, что в этих учебниках есть почти вся необходимая информация, на основании которой можно делать правильные выводы. Но выводы делаются неправильные!

Вот что написано о конкурентоспособности России в том же учебнике, вышедшем в 1998 году, но написанном, видимо, примерно в то же время, что и "Горькая теорема" – в конце 1996 года:

"По качеству большинства промышленных товаров Россия уступает не только развитым, новоиндустриальным, но и отдельным развивающимся странам. Российские экспортеры могли бы успешно конкурировать на мировом рынке за счет цены вывозимой продукции".

Хорошие мысли. Но вводящие студентов в заблуждение. Товары не конкурируют качеством и ценой. Мы уже говорили – конкурируют товары сравнимого качества – даже низкого. При этом товары одинакового качества продаются на мировом рынке по одинаковой цене. Если мы будем продавать золото вдвое дешевле мировой цены, то брать его будут хорошо, но разбогатеем ли мы от такой "конкурентоспособности"?

Увы, мы помним по советским временам, как чиновники продавали за границу ценнейшую продукцию за бесценок. Кто от этого богател? Да посредники, или просто потребитель на Западе, а беднели все мы. И сейчас любая продавщица бананов может их распродать в один момент, если назначит цену вдвое ниже рыночной. Но когда придет владелец ларька, этой продавщице не поздоровится…

Для конкурентоспособности имеет значение только отношение прибыли к издержкам. Если у нас высококачественный продукт, но дорогой в производстве, конкурировать мы не можем. Впрочем, дальше в учебнике автор и сам говорит, что мы неконкурентоспособны даже при добыче минерального сырья, которое везде одинаково.

Затем идет уже авторская позиция – как же Россия может стать конкурентоспособной: "...*Для этого Россия должна была бы поддерживать внутренние цены на энергоносители и сырье на уровне 40% мировых, а заработную плату в пределах 25-30% ее уровня в промышленно развитых странах* (к слову, мы ведь тоже были до начала 90-х годов "промышленно развитой страной" – *А.П.*)".

Здесь автор не говорит прямо, но явно подразумевает, что дело-то в издержках! Но предлагаемые меры... Ну, заработную плату, по сравнению с "золотым миллиардом", "поддержать" можно. Но не по сравнению с "третьим миром"! А как удержать "внутренние" цены на энергию? Кто будет выплачивать российским производителям сырья и энергоносителей разницу с мировой ценой? Иначе, какой им смысл продавать это "внутренним", а не "внешним" потребителям? Может быть, мы отказываемся от "свободного мирового рынка"? Тогда почему бы об этом не сказать? То есть автор понимает, что внутренний рынок должен быть изолирован от мирового, но об этом не говорит. Ведь если "внутренняя" цена на нефть будет составлять 40% от мировой, то кто же откажется ее купить по дешевке и вывезти? Именно такая ситуация у нас была в начале 90-х годов, когда предприятию было значительно выгоднее продать за границу полученное от внутреннего поставщика сырье, чем делать из него продукцию.

К сожалению, в позиции автора просматривается безоглядная приверженность идеям мирового рынка, при понимании разумом невозможности их реализации у нас.

Но дальше – апофеоз: "...*Однако формально свободное, а фактически диктуемое отечественными монополистами ценообразование привело к тому, что за годы реформ наши внутренние цены на многие виды топлива, сырья и полуфабрикатов оказались выше, чем в большинстве промышленно развитых стран мира*".

Вот это уже трудно прокомментировать, не используя идиоматических выражений. Это просто ошибка! Любой желающий может сравнить наши цены на топливо с мировыми. Бензин во всем мире – доллар литр. В Германии – две марки. В любом случае цены в несколько раз выше наших. Ну откуда эти страшные рассказы "про монополистов"? Взято из популярных статей популярных газет.

Электричество в Европе – 12-15 центов кВтч. У нас – в зависимости от прыжков и курбетов валютных курсов – то 3, то 1 цент. Газ у нас (как выражается профессор Андрианов, из-за "диктуемого монополистами ценообразования") вообще, по мировым меркам, ничего не стоит. Турции сейчас (весна 1999 года) продаем газ по 114 долл. за тысячу кубометров, даже Украине мы отпускаем его по 80 долл., а внутреннюю цену держим 18 долл. Чем ругать Газпром, наши политики либерального толка должны, как самарский губернатор Титов, Черномырдина в лысину лизать.

К сожалению, это не оговорка. Свою позицию про "монополистов" автор повторяет в учебнике трижды, в разных разделах, откровенно говоря, напустив, таким образом, туману в головы бедных студентов.

Зато потом идет относительно верная информация: "*...Такое положение привело к значительному росту издержек производства, которые являются одним из основных показателей, определяющих конкурентоспособность готовых изделий на мировом рынке, поскольку именно в процессе производства закладываются материальные основы конкуренции, которые проявляются на рынке через сравнительный уровень цен и прибыльности.*

В середине 90-х годов издержки производства промышленной продукции в России были выше, чем в Японии в 2,8 раза, в США – 2,7, Франции, Германии, Италии – 2,3, Великобритании – 2 раза".

Факты здесь верны, хотя объяснение высокого уровня издержек... ну, судите сами. Дальше приводятся даже еще более ценные данные, конкретные цифры с разбивкой по статьям затрат:

"*Если суммировать составляющие производственных затрат, то для выпуска продукции на 100 долл. США (без учета прибыли и налога на добавленную стоимость) в перечисленных странах требовались следующие материальные затраты:*

Таблица 3

ЗАТРАТЫ НА ВЫПУСК ПРОДУКЦИИ СТОИМОСТЬЮ 100 ДОЛЛ. (1995 г.)
(в долларах США, рассчитано по паритетам покупательной способности валют)

Страна	Все издержки	Топливо, электро-энергия	Сырье, полуфаб-рикаты	Зарплата	Амортиза-ция
Россия	253,0	25,0	127,5	93,0	7,5
Велико-британия	121,5	6,0	65,0	45,0	5,5
Италия	111,5	5,5	54,0	46,0	6,0
Германия	110,5	7,0	59,5	39,0	5,0
Франция	109,0	6,0	56,5	41,0	5,5
США	93,0	8,5	56,5	24,0	4,0
Япония	89,5	5,5	51,0	29,0	4,0

При такой дороговизне материальных факторов производства ценовая конкурентоспособность отечественной промышленной продукции на внешнем рынке сохраняется лишь благодаря относительно низкому уровню заработной платы". Конец цитаты.

За конкретные данные – спасибо. Но вот иногда зла не хватает! Ну объяснил бы уважаемый доктор этих самых наук, как это итальянцы, затратив 111 долларов, продают продукции на 100 долларов… еще и на прибыль остается, и налог заплатить…

Тем не менее, основные пропорции затрат по странам, прикидочно, вполне поверяются здравым смыслом. Действительно, из западных стран у США самые большие расходы на отопление, а у Японии и

Италии наименьшие – это похоже на правду. Низкие вообще издержки в США, и, в частности, неправдоподобно малые издержки на зарплату объясняются, на мой взгляд, тем, что ВНП США статистикой этой страны завышен – таков американский стиль, они считают, что производят очень много и хорошо. Так как все это они сами и потребляют, то проверить трудно.

Из данных таблицы легко увидеть, что даже если нашим рабочим зарплату вообще не платить, то наши издержки все равно существенно выше, чем в других странах с зарплатой. Так что совет по сокращению зарплаты малополезен. Как автор сам этого не заметил? Так за счет чего же на самом деле сохраняется конкурентоспособность того, что пока еще продается? Только за счет дотаций государства – и прямых, и путем поддержания цен на сырье ниже мировых, и другими способами. Попросту говоря, реальному производителю экспортных товаров не платят, и все дела.

А теперь представьте себе, что в таблице были бы приведены данные по "новоиндустриальным" странам – по сравнению с западными странами издержки на сырье те же, на амортизацию несколько ниже, на энергию вдвое ниже, на зарплату впятеро – итого не больше 60 долларов.

Как мы можем с ними конкурировать на мировом рынке? Почему все данные приводятся, но вместо трезвого вывода пишутся тривиальности? Ведь очевидно же, что при этих значениях издержек можно и не рассматривать ситуацию дальше. Какой идиот вложит двести пятьдесят долларов, чтобы получить сто?

И еще обратите внимание – расчет был проведен по паритетам покупательной способности валют. А ведь цены на энергию в 1995 году у нас были **в несколько раз ниже мировых**. Стоит "нарушить монополизм", по совету автора учебника, и затраты на энергию будут у нас не 25, а 125 долларов!

РЕЙТИНГОМ ПО ИНВЕСТИЦИЯМ

"Мы не можем перейти от агрегированных понятий к непосредственно наблюдаемым экономическим явлениям, так же как не можем превратить омлет в целые яйца, из которых он был сделан"

Василий Леонтьев, лауреат Нобелевский премии по экономике

Второе наблюдение: особенность современных учебников – они содержат, кроме информации, также некоторые уже традиционные положения, те самые "международные стандарты", навеянные, видимо, "Экономикс" Самуэльсона. Возможно, дело в том, что на нашу "научную элиту" сильное влияние оказывает авторитет западной экономической науки. Каков в западном мире подход к расчету конкурентоспособности? Оказывается, совсем другой, чем, например, в нашей книге. Вот он (цитата из того же учебника):

"*...Синтетическим показателем, который характеризует положение страны на мировом рынке, является показатель конкурентоспособности, разработанный Мировым экономическим форумом. Ежегодный доклад по конкурентоспособности стран на мировой арене до 1996 г. готовился под эгидой Мирового экономического форума Международным институтом менеджмента и развития (г. Лозанна) с привлечением материалов еще 23 международных экономических институтов.*

Для определения рейтинга в мировых табелях о рангах используются многофакторные векторные модели, в которых учитывается 381 показатель. Они сгруппированы в 8 агрегированных факторов: внутренний экономический потенциал, внешнеэкономические связи, государственное регулирование, кредитно-финансовая система, инфраструктура, система управления, научно-технический потенциал, трудовые ресурсы".

"...В разработанной методике объективные статистические показатели по каждой стране (около 70% всех показателей) дополняются субъективными факторами – экспертными оценками аналитиков, опросом мнения руководителей крупных корпораций и ведущих экономических экспертов по различным странам..."

Странный способ – сначала считают 381 показатель, а потом просто спрашивают какую-нибудь акулу бизнеса. Такой способ оценки называется: "отмеряй микрометром, отмечай мелом, отрубай топором".

"...С помощью специально разработанной методики (с использованием экономико-математических моделей) каждая страна ранжируется по количеству набранных баллов, что и определяет ее место на иерархической лестнице конкурентоспособности. Более высокое место свидетельствует не только об уровне развития производительных сил, но и о гибкости экономической системы, способности к перестройке в соответствии с изменениями на мировом рынке".

"Первое место в мире по конкурентоспособности экономики в 1994 г. занимали США, которым удалось вырваться вперед благодаря применению инновационных технологий во многих отраслях – от производства компьютеров до создания современных телекоммуникационных систем, жесткому контролю за стоимостью рабочей силы, а также низкому курсу доллара.

В последние годы наиболее стремительно по иерархической лестнице конкурентоспособности поднимаются новые индустриальные государства. В первую двадцатку наиболее конкурентоспособных стран в 1994 г. входили четыре НИС (новоиндустриальные страны – А.П.*), причем Сингапур и Гонконг занимали весьма престижные места – соответственно 2-е и 4-е. Постоянно улучшают свои позиции в мировой экономике Тайвань, Малайзия, Таиланд, Чили, Южная Корея и др.*

Рейтинг стран по уровню конкурентоспособности на мировом рынке (1994 г.).

1. США
2. Сингапур
3. Япония
4. Гонконг
5. Германия
6. Швейцария
7. Дания
8. Нидерланды
9. Новая Зеландия
10. Швеция
11. Норвегия
12. Австрия
13. Франция
14. Великобритания
15. Австралия
16. Канада
17. Малайзия
18. Тайвань
19. Ирландия
20. Финляндия
21. Бельгия/Люксембург
22. Чили
23. Таиланд
24. Южная Корея
25. Испания
26. Мексика
27. Аргентина
28. Португалия
29. Турция
30. Колумбия
31. Индонезия
32. Италия
33. Филиппины
34. Индия
35. ЮАР
36. Чехия
37. Бразилия
38. Венгрия
39. Венесуэла
40. Польша".

Надо сказать, что в лоб, что по лбу. "Лозаннский" метод нам инвестиционной привлекательности не добавил. Не ищите в списке счастливцев Россию – ее номер 48. Конечно, приведенный список и обоснование рейтинга вызывают недоумение: какой, к чертям свинячьим, "жесткий контроль за стоимостью рабочей силы в США"? Там только нельзя платить рабочему **меньше** 6 долларов в час! Почему же инвесторы предпочитают США странам, где платят 40-80 долларов **в месяц**? Непонятно.

Из рейтинга нельзя также понять, почему производственный капитал перетекает из Японии (3-е место) в Китай, которого даже нет в рейтинге.

Только надо иметь в виду, что учитывается не конкурентоспособность национального производства. Ведь деньги можно вкладывать и в банковский бизнес, и в ценные бумаги. Так, в ходе кризиса в Юго-Восточной Азии, начавшегося осенью 1997 года, капиталы начали перетекать в государственные облигации США. Другой вопрос, чем это в конце концов кончится для финансов США, но факт налицо – США в 1998 году были центром притяжения капиталов.

Но, вообще говоря, инвесторам этот наукообразный рейтинг абсолютно бесполезен. Если я живу, например, в Ирландии, то куда я должен вложить свой капитал? По рейтингу – в США. Но этого же в общем случае не происходит! Вкладывают и в Ирландию, и прибыль получают. Самое-то главное, вы можете рассказывать конкретному инвестору про "многофакторные векторные модели" сколько угодно, но если в Малайзии соотношение выручка/затраты выше, чем в США, то он плюнет на рейтинг и вложит деньги в фабрику в Малайзии.

И каков же главный вывод учебника, сделанный на основе всех вышеприведенных фактов? Вроде бы очевиден – уносим ноги из мировой экономики, пока хоть наполовину целы.

Вместо этого основной вывод, [redacted]ный жирным шрифтом: "**...Возрождение экономической мощи России невозможно без интеграции в мировую экономику...**". Такие заклинания вызывают у меня уже приступ головной боли. Ну сколько можно "интегрироваться"? Как мухи о стекло. Пора уже и "дифференцироваться". Ведь пора уже ставить вопрос так: "...Возможна ли реанимация экономики России теперь, после попытки интеграции в мировую экономику...".

Читатель может подумать: "Во набросился на человека! Не нравится, не читай". Да понимаете, обидно. Вся информация есть, данные – ценнейшие, а что в итоге? Как в таких случаях говорил Дерсу Узала: "Глаза есть, а глядеть – нету". И ведь вся эта мешанина из "гибкости экономики", "способности к перестройке" и "степени либерализации внешнеэкономической сферы" окажется в головах "нашей будущей элиты".

Но надо, конечно, трезво представлять себе, что если бы в книге были приведены три простых очевидных совета по выводу страны из кризиса:

– отмена приватизации сырьевых отраслей (с наказанием виновных);

– демонтаж механизмов утечки капиталов;

– прекращение баек об иностранных инвестициях,

то такая книга не была бы выпущена в качестве учебника, да и автор, возможно, не был бы допущен до преподавания, тем более в Московском Университете.

Думаете, я утрирую? Боюсь, следующее замечание Василия Леонтьева по поводу американской экономической науки верно не только для университетов США: "...Методы поддержания интеллектуальной дисциплины в наиболее влиятельных экономических учреждениях временами напоминают методы, использовавшиеся морской пехотой времен второй мировой войны...".

Обратите внимание – часто, очень часто в речах политиков, чиновников, телеведущих, журналистов – мелькают слова: нельзя замыкаться в национальных рамках; надо интегрироваться в мировую экономику; призывы к изоляции опасны и вредны. Но с кем они спорят? Видели ли вы какой-нибудь круглый стол или диспут, где выступал бы сторонник изоляции от мирового рынка? Хотя бы в качестве "мальчика для битья"?

Информация о самой возможности открытия нашего рынка мировому – просто закрыта, засекречена. А как можно закрыть какую-либо информацию? Как можно запретить научные исследования на какую-то тему? Очень просто, запрещать ничего не надо, это дурной тон. Надо печатать все книжки, кроме тех, где говорится прямо о пагубности "интеграции", надо приглашать в телестудию всех сторонников "мирового рынка", а других не приглашать. Надо просто давать гранты на все другие исследования, кроме нежелательных. И все!

В том-то и дело. Самая бережно хранимая тайна последних лет – тайна об истоках кризиса. Тайна о

коренной несовместимости нашей экономики с мировой. Раскрытие этой тайны, знакомство с ней нашего народа грозит неисчислимыми бедами нашим реформаторам, поэтому в отношении этой простейшей истины и применяются изощренные меры сокрытия.

А КАК ЖЕ ЗАПАД?

Когда носорог глядит на Луну, он напрасно тратит цветы своей селезенки.

Китайская пословица

Обычно в конце дискуссии об иностранных инвестициях мои оппоненты, в качестве последнего заряда, выпаливают: "А как же Запад?".

Действительно, а как же Запад? Ведь в "третьем мире", получается, производство гораздо выгоднее?

Все с одной стороны, очень сложно, с другой, очень просто.

А кто сказал, что Запад хорошо живет за счет собственного производства?

Вот США потребляют 40% мировых ресурсов и производят 50% мирового мусора. Они что там, делают половину мировой работы? Мы хотим жить так же, как американцы. Но ведь потребные для этого ресурсы пришлось бы отнять у американцев – а отдадут ли они?

При наличии минимальной сообразительности можно было с самого начала реформ понять – уровня благосостояния США нам не достичь, не покорив весь мир. Без всякого экономического анализа – посмотрев лишь на объемы американского импорта.

Прозападные экономисты любят козырять статистическими данными об американской производительности труда, в десятки раз превышающей нашу. Согласно этим же данным, американцы работают интенсивнее японцев и т. д. Верится с трудом.

Производство на Западе оказалось сейчас в чрезвычайно странной ситуации. В предыдущих главах я применил метод оценки производственных издержек к нашей стране. А что будет, если применить тот же метод к другим странам? Какие страны окажутся в выигрышном положении в плане привлекательности для промышленного производства? Попробуем выяснить, привлекательны ли для инвестиций в промышленное производство страны Запада по сравнению с "новоиндустриальными" странами "третьего мира".

Чем же отличаются страны "третьего мира" от Запада?

Климатические условия примерно одинаковые, значит, энергоемкость производства и цена капитального строительства такие же. Транспортные условия – примерно одинаковы с Западом, эти страны лежат по берегам теплых океанов. Налоги в "третьем мире" пониже, так как тамошние государственные органы не так развиты. Но самое серьезное отличие – жизненный уровень.

Рабочий "третьего мира" получает в час 20-40 центов, кое-где и меньше. Рабочий Запада получает 3-5 долларов в час. Поставим вопрос так: что такого может произвести этот рабочий, чтобы покупатель согласился оплатить столь дорогостоящий труд?

Оказывается – почти ничего. Швейные изделия, бытовую технику в США почти не производят. Объемы реального товарного производства на Западе падают, все производства, какие возможно, переводятся из стран Запада в "третий мир", хотя в денежном исчислении объем производства на Западе и растет. Естественно, перевести завод химволокна или прокатный стан на другой континент так сразу затруднительно, поэтому кое-что производится и в Америке. Но прибыль от этих производств инвестируется в другие отрасли и другие регионы. Так, аналог американской Силиконовой долины всего за несколько лет вырос в Малайзии, именно там производится чуть ли не половина выпускаемых в мире микросхем.

Кроме таких производств, в США остается то, что нельзя перевести в другие страны по политическим или, точнее, стратегическим причинам – то, от чего зависит военная мощь США.

Правда, и оставшаяся в США промышленность значительно превосходит нашу. Это касается и традиционных отраслей, например, добыча каменного угля в США существенно выше, чем у нас. А в производстве пластмасс, бумаги и химических волокон американцы опережают нас в десятки раз. Но все это не работает на экспорт – все это потребляется внутри США. Вообще разница между экспортом из США и импортом достигает сотен миллиардов долларов ежегодно. В пользу импорта! Многие годы американцы вывозили существенно меньше, чем ввозили! Причем значительная по стоимости часть экспорта, так сказать, нематериальна – Голливуд, Майкрософт. Экспортируют и доллары – наличные и даже безналичные.

Недаром, повторяю, в известном интервью 1998 года, данном в Москве, в “Спасо-хаузе”, Клинтон с гордостью заявил, что три компьютерных фирмы США стоят дороже, чем вся текстильная, химическая, автомобильная, авиационная и еще какая-то промышленность.

Это так. Традиционные изделия не хуже, чем в США, делают в других странах на заводах, принадлежащих американцам, и обходятся они дешевле. Поэтому сейчас в США из промышленности остались те отрасли, которые являются монополистами. Американцы стараются не экспортировать уникальную технологию в “дешевые” страны. Так, например, где бы в мире ни была произведена материнская плата компьютера, основой ее является специальный микросхемный набор (чипсет) из США, скорее всего фирмы Intel. Остальные, не уникальные – уже азиатского производства. Практически только в Америке производится и системное программное обеспечение, и процессоры, и большая часть аэрокосмической продукции. По гражданским самолетам США конкурируют только с Европой.

Очень существенный “приварок” американской экономики – интеллектуальная собственность. Программное обеспечение, аудио, видеозаписи – это почти монополия Америки. В мире практически не осталось кинематографа, кроме американского.

Осталось в Америке и производство высокотехнологичного оружия, не только атомного. Немцы и японцы могли бы делать ракеты не хуже, но им пока запрещено. Делали бы и кое-где в “третьем мире”, но им тоже не разрешают, разными способами.

То есть в США остались те производства, которых нигде больше нет, поэтому продукцию можно продавать не по рыночной цене, а по той, какую назначишь. Так можно перекрыть дополнительные издержки, возникающие из-за чрезвычайно высокой цены рабочей силы в США. А дочерние подразделения американских фирм со всего света поставляют в головные фирмы, расположенные в США, чрезвычайно дешевую продукцию. В странах пребывания эти филиалы платят невысокие налоги – ведь их продукция дешева, а цену на нее назначают из Америки!

Вообще говоря, именно этот опыт можно бы было нам и перенять, не сочтите это за неуместную шутку. Чем внедрять в “третьем мире” социализм, нам надо было строить там кое-какие заводы, но оставлять их в своей собственности. Ну зачем было гонять транспорты с кофейными зернами в СССР для производства растворимого кофе на Московском комбинате? Можно было бы делать его на советском заводе в Гвинее, на зарплате гвинейским рабочим мы бы не разорились.

Ну и еще немало дает американцам то, что во всем мире для расчетов используется американская валюта. Ведь США раздают свои доллары не просто так, а за товары и услуги. Во всем мире оказалось, по разным оценкам, от сотен миллиардов до триллионов долларов – и за каждый американцы что-то получили. За каждую 100-долларовую купюру, попавшую во “внешний мир”, США получили товаров на сто долларов, а себестоимость купюры – 11 центов. У других держав с "сильной валютой" тоже есть свои зоны в мире, где ходит их валюта, принося ее "авторам" эмиссионный доход. К слову, допуская вытеснение рубля из стран СНГ, мы кое-что теряем.

В начале книги мы определили, что такое "свободный мировой рынок". Мы рассмотрели ситуацию в России с точки зрения ее привлекательности для производств, предполагая, что перемещение производственного капитала подчиняется закону максимума соотношения выручка/издержки. Кто победил по этому критерию, тот будет работать на заводе и получать зарплату. И этот закон свободного рынка в принципе действителен и для США, и для Японии, и для Западной Европы. Но вот что интересно: уровень доходов, уровень потребления на самом деле никак не связан с местным уровнем издержек! Доход и зарплата – не одно и то же! Так, в Турции действуют мировые цены (литр солярки – 64 цента), а зарплата в десять раз ниже, чем в Западной Европе! Это своего рода загадка, даже для самих турок, и разгадать ее можно, только признав, что в зарплате западного рабочего скрыт нетрудовой доход.

ИСТОРИЯ С ГДР

Если ученый обнаружил факт, пригодный для печати, то последний становится центральным элементом его теории.

Закон Мэнна

Таким образом, высокий уровень жизни на Западе достигается не за счет собственного производства, а, наиболее вероятно – за счет перераспределения прибылей от производства в "третьем мире". Поэтому в целом новые производства в США и Западной Европе не создаются – это и не нужно, и невыгодно.

Наиболее наглядно иллюстрирует сегодняшнюю экономическую ситуацию в странах Запада история интеграции ГДР и ФРГ.

После объединения Германии там происходят парадоксальные вещи. В ГДР ежегодно вкладываются огромные средства, сотни миллиардов марок, но жизненный уровень повысился незначительно, а главное, производство, упав после объединения, так и осталось на нуле. В чем дело, куда идут деньги?

У меня был частный разговор с одним экономистом из западных земель Германии, довольно откровенный, хотя, как мне показалось, сам он, владея информацией, все-таки не привел ее в систему.

Так, он согласился, что восточные земли так и остались отсталыми и дотационными (к дотационным еще почему-то относится земля Бремен). Сразу после объединения из-за дешевизны западных товаров на Востоке полностью развалилось производство, что привело к исчезновению всемирно известных товарных марок. Он упомянул какое-то пиво и колбасный комбинат, я их не запомнил, от себя добавлю фотоаппараты "Практика" и ружья "Зимсон" и "Меркель". Экономист согласился, что это не есть хорошо. Но, по его мнению, процесс производства и торговли – стихийный, сделать что-либо нельзя.

По поводу многомиллиардных вложений он объяснил, что деньги идут на реорганизацию силовых структур (кадры армии и полиции в восточных землях полностью сменены), строительство автобанов и тому подобные стратегические цели. Кое-что делается для благоустройства городов – газоны там, общественный транспорт, уборка мусора – значительная часть новых рабочих мест появилась именно в этой области. Как он сказал, сильно улучшено экологическое состояние индустрии. Какой индустрии, он не сказал. Правда, и не отрицал, что на Востоке без работы каждый четвертый трудоспособный, какая уж там индустрия. Точнее, если заводы не работают, то и экология становится лучше, понятно почему.

Самое грустное, что, как оказалось, никакой государственной программы по интеграции бывшей экономики ГДР в западную нет и не предвидится.

Тут он расчувствовался и начал жаловаться на "осси" (восточных немцев). По его мнению, это люди, отравленные социализмом, и должно смениться два поколения, чтобы что-то изменилось. "Представляете, на Востоке машине с западными номерами могут шины проколоть!"

Про себя я подумал: "а чего ж вы ждали? При объединении они совсем по-другому представляли себе "германскую солидарность"! И еще неизвестно, что будет через два поколения". Но чтобы не говорить о грустном, спросил в лоб: а что, собственно, производится сейчас в самой Западной Германии? Ответ был довольно невнятным. Он согласился, что ширпотреб, электроника, автомобили, бытовая техника германских марок – все это производится в других странах. Может быть написано "Germany", а сделано в Сирии. К слову, это не фальшивка: надпись с названием страны означает лишь то, что фирма-производитель зарегистрирована в этой стране.

При сборке "Ауди" и БМВ в Германии выполняются лишь завершающие операции, детали и целые узлы производятся в других странах. "Мерседесы" делают в Словении и Турции!

Что же делают непосредственно в Германии? Он довольно неопределенно говорил о высокотехнологичных операциях, но без деталей. Дескать, у нас высококвалифицированные рабочие. Ну, в ГДР тоже высококвалифицированные, да и у нас неплохие были. За одну квалификацию нигде не платят, платят за купленный товар.

Причина такого отношения инвесторов к бывшей ГДР основана на двух соображениях: во-первых, и в самой Германии сейчас нет смысла создавать новые производства – старые бы сохранить. Во-вторых, территория ГДР по природным условиям еще менее пригодна для развертывания новых производств, чем Западная Германия. Долина Рейна, покрытая виноградниками – исконная земля германцев – напоминает Францию, а Восточная Германия, населенная “онемеченными славянами” (да-да, именно так высказываются порой даже западногерманские политики!), скорее похожа на Польшу.

Короче говоря, свое производство в Европе, как и в США, тоже переживает странные времена. А то, что жизненный уровень по нашим понятиям там очень высокий, объясняется тем, что не производство выгодно сейчас в мире.

Не за счет производства живет сейчас Запад. Самая скрываемая тайна западного общества – это источники его благосостояния. Впрочем, можно предположить. Наиболее выгодна не работа на фабрике, а управление этой фабрикой, а лучше всего – получение прибылей от этой фабрики.

Чем же заняты западные рабочие, просто валяют дурака? Нет, они достаточно заняты. Но чем? Тот, кто всем владеет, живет на Западе и в Японии. Товары можно привезти из-за моря, а услуги – не привезешь, гамбургер нельзя пожарить в Таиланде, а съесть в Нью-Йорке. Поэтому промышленное производство заменено на Западе сферой услуг. Пролетарий, занятый в сфере услуг или производстве предметов роскоши – это уже не совсем пролетарий, и по экономическому положению, и по психологии.

Сам Маркс не предполагал такого развития событий, когда пролетариат Запада станет как бы частью буржуазии, а новым пролетариатом окажутся целые народы “третьего мира”.

Вот будет хохма, если в 21-м веке Маркс все-таки окажется прав! При его жизни западная система охватывала лишь малую часть Европы и США, а сейчас она всосала в себя весь мир, те его части, где она жизнеспособна. Мы удивлялись, почему на Западе нет классовой борьбы, а какая классовая борьба может быть между СиСи и его Кэпвелами?

Но "противоречие между трудом и капиталом" вовсе не преодолено, оно лишь отложено, сдвинуто во времени и пространстве. Конечно, до сих пор неизвестно, жизненны ли умозрительные схемы Маркса насчет пролетарской революции (российская и китайская революции не в счет, они не были марксовыми), но немыслима ситуация, когда два пролетария имеют зарплату, отличающуюся в десятки раз, а всю работу делает как раз малооплачиваемый. Не может это состояние продлиться долго, конечно, по историческим меркам.

Так или иначе, но новые промышленные страны рано или поздно потребуют свою долю полномочий по управлению миром. Заводы-то, рабочие и технологи – у них! Что будет делать Запад? Сохранит ли он существующие "правила игры"?

Интересно отметить, что администрация Рейгана как-то больше клинтоновской беспокоилась насчет негативных последствий "глобализации экономики". Тогда выдвигались даже предложения о применении экономических санкций к американским фирмам, переводящим производство за рубеж. Но закон (экономический) есть закон! В результате США сейчас не страна слесарей и токарей, а страна банкиров, управленцев (чем?) и юристов. Весь мир производит, Америка отбирает и делит.

Убаюканная успехами бюджета, администрация Клинтона как-то на эту тему не задумывается – а надо бы. "Глобализация" экономики оборачивается деиндустриализацией стран Запада. Сами американцы рассказывают как анекдот действительный случай – победитель конкурса сочинений на тему "американские товары – лучшие в мире" получил приз – японский фотоаппарат. Многие ли знают, что ни в Америке, ни в Германии фотоаппаратура практически не производится? Громкие германские марки ставятся на аппаратах скорее всего малайзийской сборки. Слышали о фотоаппарате "Лейка" – "символе германского качества"? Делают сейчас в Португалии.

Условия лучше, чем в Германии, а зарплата как в "третьем мире".

Ни один буржуй, если он в своем уме, не будет разворачивать новое промышленное производство в стране с высоким уровнем оплаты труда. Из европейских стран еще лишь в Ирландии, стране с мягким климатом и низкой зарплатой, появляются новые заводы, на которых производятся "японские" часы "Ориент", "американская" фотохимия "Кодак".

Так вот западные граждане, в отличие от наших, это знают, и все это им перестает нравиться. И вполне благополучный "средний класс" Запада начинает проявлять недовольство не чем-нибудь, а... капитализмом! На "антикапиталистические марши" в Лондоне и Сиэтле (1999 г.) слетались самолетами тысячи состоятельных белых граждан, а не бомжей каких-нибудь.

Добавлю лишь, что хотим мы этого или не хотим, но нам придется в будущей схватке "тигров труда и капитала", если она случится, занять место "мудрой обезьяны на вершине холма". Мы не владеем капиталом, и мы не можем конкурировать за рабочие места с рабочими "третьего мира".

Я сейчас как-то по-другому вспоминаю лозунг Мао-Цзедуна, примерно гласящий, что Китай – естественный лидер "третьего мира" в борьбе против Запада, а СССР – "особый случай". Действительно ли Председатель Мао был таким уж плохим марксистом? Пока ситуация воспроизводится вполне по Марксу, но "в мировом масштабе": Запад – "мировой буржуй", "третий мир" – "мировой пролетариат", а мы хотели в буржуи, но нас не взяли и в пролетарии.

Сейчас, в 1998-1999 гг., в глобальной экономике происходят какие-то серьезные изменения. Китай, это уже очевидно, победил Запад в экономическом соревновании. Мало того, что его ВВП догнал американский – это настоящий ВВП, не дутый сферой услуг, как в США. И долларов китайская казна набрала столько, что выброси их на валютные биржи, и доллар рухнет. И космонавтов вот-вот запустят. Очень похоже, что США примут меры и попытаются избавиться от участия Китая в мировой экономике.

Будущее мировой экономики – это отдельный вопрос, но нет ли у нас в этом случае шанса? Ведь если от мировой экономики будут отлучены регионы с низкими издержками и дешевой рабочей силой, не сможем ли мы занять их место?

Это тоже вряд ли. Такая попытка у нас уже была, в 1895-1917 гг.

ВОТ ПРИШЕЛ ГЕГЕМОН...

История не повторяется – это историки повторяют друг друга.

Первое правило истории

Историю сейчас знают плохо. Для простого человека все, что произошло до его жизни, как бы сплющивается в нечто неразличимое. Для большинства Иван Грозный и Петр Великий, древние египтяне и древние славяне – почти современники.

Чувство "реки времени", чувство последовательности исторических событий не выработано у нашего населения, не то из-за огрехов школьной программы, не то из-за современной профанации истории. Примеров – тьма.

Обычное дело встретить в публицистике обвинения "советского периода" в том или ином деянии. Но ведь "советский период" – большой, политика была очень разная. Например, осуждается ликвидация приусадебных участков у колхозников. Но кто это провел? Хрущев. Так значит, Сталин по крайней мере мирился с тем, что у колхозников были большие приусадебные участки? Значит, колхозники активно торговали выращенным на рынке? А почему бы не рассказать, как это происходило?

Валютчиков кто расстрелял? Да еще придав закону обратную силу? Хрущев. Так значит, при Сталине валютчиков не расстреливали? А почему? Может быть, спроса на валюту не было? Кто бы рассказал!

Увы, история учит нас, что она никого ничему не учит.

К теме нашего повествования прямое отношение имеет один исторический период – период царствования Николая II.

Он принял корону после своего отца – Александра III. Чем внимательнее смотришь на этого неординарного правителя, тем больше удивляешься. Личность этого царя сейчас разрекламирована фильмом Никиты Михалкова – но, право, она и достойна рекламы. Все эти его сапоги, военная форма по русскому образцу и прочее – это ведь символ определенной политики, и политики, видимо, разумной. Недаром и форма прижилась больше чем на сто лет. Если вам не нравится акцент на военной форме, то другой пример – "трехлинейка" Мосина. С ней наш солдат спустя пятьдесят лет войну выиграл, и какую! Из нее людей убито наверное больше, чем каким-либо другим оружием, разве что кроме "Калашникова". А ведь до Александра III, например, в военно-технической политике был такой бардак, что в течение нескольких лет ежегодно принимали на вооружение новую модель винтовки, их и не знает сейчас никто – винтовки Терри-Нормана (1866), Карле (1867), Крнка (1868), Бердана № 1 (1869), Бердана № 2 (1870). Представляете, что творилось на русско-турецкой войне 1877-1878 гг.? У одних – "берданка", у других – "крынка" (винтовка Крнка), у одних патроны кончились, у других есть, но к ружью не подходят.

С периодом царствования именно Александра III (1881-1894 гг.) связано усиление России (после ослабления при его отце). Ведь то, что он привел в порядок армию и флот – свидетельство еще и оздоровления экономики. При нем в 1891 году началось строительство Великого Сибирского пути, тогда же был принят покровительственно-протекционистский таможенный тариф, затем Таможенный Устав. К 1893 году относится закон "О двойном таможенном тарифе" и "таможенная война" (выигранная) с Германией. Совершенно очевидно, что при этом царствовании происходило размежевание с Западом! В жизни Александру III не везло – покушения, железнодорожная катастрофа, и, в конце концов, в 1894 году здоровенный 49-летний мужик помирает от нефрита.

При его наследнике – Николае II – резко поменялись приоритеты всей политики России. Например, при его отце, в конце царствования, отношения России и Японии подошли близко к созданию своеобразной конфедерации – по соглашению 1895 года вводился режим наибольшего благоприятствования для подданных одной страны на территории другой, сняты все обычные ограничения на межгосударственную торговлю. Оно было заключено, правда, уже после смерти Александра, но готовилось при нем. Да что говорить, японцы нам военную базу в Нагасаки предоставили, до сих пор там среди населения русые встречаются.

Но "новый курс" Николая стал проявляться все сильнее: отношения с Японией были подорваны. С Китаем в 1896 году было заключено оборонительное антияпонское соглашение (тут плох не факт соглашения с Китаем, а его направленность). Главные неприятности Китаю доставляли тогда англичане, но с ними новое российское правительство ссориться не собиралось.

Отношения с Японией в данном случае лишь пример, но много говорящий о резкой смене политики. Такой же поворот произошел и в других областях, и поворот, губительный для страны.

Что происходило в период его правления внутри государства? Сейчас пытаются приписать революционный рост русской промышленности в конце 19-го века царствованию Николая. Но это фальсификация! При нем и рост промышленности, и строительство железных дорог, наоборот, стали затухать. Нарастание внутренней напряженности при Николае, которое нельзя замолчать, пытаются приписать интригам масонов или революционеров. Но для этого должна быть почва! Ведь конец царствования Александра III был, напротив, временем спада революционной ситуации! Смутно припоминаю, что где-то читал – брат Ленина Александр на самом деле даже не хотел принимать участия в попытке покушения на своего тезку (из-за этой трагической истории с покушением фигура Александра III у нас на всем протяжении советского периода не могла исследоваться объективно).

После воцарения Николая у нас произошло знаковое явление: была реализована определенная экономическая программа. Реформатором выступил Сергей Юльевич Витте, бывший министром финансов – тогда это была важнейшая должность в правительстве. Личность своеобразная – типичный представитель заботливо выращенной кем-то "элиты". Часто с восторгом пишут, что он за полгода вырос от станционного кассира до начальника железной дороги. Но никогда не упоминают, а кто же его так "поддомкратил" и почему. Что же до его мировоззрения, то оно хорошо видно из разработанной им системы железнодорожных тарифов, в бытность министром путей сообщения. В основных чертах эта система дожила до нашего времени. Так, перевозка пассажиров первым классом была планово убыточна, и этот убыток компенсировался прибылью от четвертого – "черный люд" спонсировал "благородных". Как это типично для "элиты"!

Вообще Витте был человек умный и энергичный, сторонник приватизации и частной собственности на землю. Александр держал его "в рамках", но при Николае он развернулся, и крупнейшее приписываемое ему "реформаторское" решение – введение в обращение золотого рубля.

Золотой рубль – просто форма конвертируемости рубля. Золотые рубли можно поменять на любую валюту, можно вывезти из страны. Бумажные ассигнации было нельзя. Витте просто ввел конвертируемость русской валюты.

Дальше пошло строго по алгоритму, знакомому нам по первой части книги – вывоз капитала, подрыв отечественного производителя.

Результат: экономический кризис 1900-1903 года, разорение промышленников, засилье иностранного капитала, но не промышленного – а торгового. Уже начиная с 1904-го – новый кризис. Безработица, голодные бунты, "Кровавое воскресенье", "далее везде". Чтобы вывести на баррикады работяг, нужно что-то большее, чем отсутствие "свободы совести". Вот, собственно, и все реальные успехи "реформ Витте". Они восстановили против царского правительства все слои тогдашнего общества: в 1905-м и "чистая публика" участвовала в революции, в отличие от октября 1917-го.

Николаю II хватило ума, чтобы понять в какой-то мере ситуацию, и выпереть С.Ю.Витте из правительства. А может быть, на него просто свалили чью-то ответственность – ведь Витте и при Александре III был несколько лет министром финансов, но глупостей с "золотым рублем" не устраивал. Потом его пригласят еще ненадолго в политику, "спецпредставителем", на роль "памперса", чтобы подписать капитуляцию перед Японией и получить во Франции кабальный "стабилизационный" заем, и снова выкинут, дав, как в насмешку, титул графа. Народ присвоит ему почетное звание "граф Полусахалинский" – унизительный Портсмутский договор отдавал Японии, кроме всего прочего, и бесспорно русский Южный Сахалин. Обратите внимание на то, что при заключении мира одновременно выклянчивался и заем – нашли место и время! Но без него экономике "золотого рубля" наступал окончательный карачун – для размена кредитных билетов на золото уже не было золота.

Николай II либо не имел воли и понимания ситуации, либо возможности сместить те общественные слои, которые имели тогда реальную власть, которые получали выгоду от политики, самоубийственной для государства, и которые, по крайней мере в начале царствования, и повлияли на молодого царя в “нужном" направлении. Как они действовали, на каких струнках сыграли, чтобы сын полностью разрушил дело отца – Бог весть. Но известно, что основная роль в афере с “золотым рублем”, кроме Витте, принадлежала “семье” – Великим князьям. А вокруг “семьи” крутились вообще очень странные личности. Многие ли знают, что одной из конкретных причин русско-японской войны были махинации с корейскими лесными концессиями некоего Безобразова? Да и кто это такой, многие ли знают?

Симптоматичная деталь – к тому же периоду относится попадание России в долговую яму. Тогда под это тоже подводилась благовидная база – займы брались на строительство железных дорог. Но при Николае их было построено меньше, чем – без займов – при его отце.

После событий 1905-1907 гг. рабочих загнали в бараки штыками и картечью, с капиталистами нашли какую-то форму сосуществования: им позволили экономить на зарплате рабочих, поставив тех на грань выживания, но главное: наиболее крупные производители объединились в монополистические объединения (Продвагон, Продамет, Продуголь и т. д.), и по крайней мере государственные заказы шли через них. Причем экономически это было правительству невыгодно: адмирал Крылов вспоминал в своих мемуарах, что флотские заказы на отечественных заводах получались ровно вдвое дороже, чем аналогичные за границей. Но иначе производство в России было бы уничтожено окончательно!

Российский капитализм с самого своего рождения был очень специфический, вовсе не “дикий”. Так, взрывной рост железнодорожного строительства еще при Александре II объяснялся тем, что прибыль инвесторам гарантировалась из госказны. Без государственных гарантий инвесторы почему-то не соглашались. Почему – как вы думаете?

Отношения в промышленности у нас определялись законом. Так было и при Александре III, и при Николае II. Забавный пример: экономя на зарплате рабочих, фабриканты шли на ухищрения – так, в начале 80-х годов была распространена практика "штрафов" за нарушения. Штрафы шли в бюджет предприятия – фактически, в карман владельца. Многие этим злоупотребляли, что, в конце концов, вызвало возмущение рабочих. И в 1886 году царь принял мудрое решение: штрафовать рабочих разрешалось (а иначе как поддерживать дисциплину?), но деньги шли в специальный фонд, расходовать который можно было только на нужды рабочих. Понятно, что объемы штрафов тут же упали до нормального уровня – штрафовать стали уже только за действительные нарушения. За прогул рабочего сажали – но и заводчик мог угодить в кутузку. Например, отвечал он по суду и за задержку зарплаты. Царь издал и закон о предельной продолжительности рабочего дня. Надо ли упоминать, что царем этим был Александр III?

А вот в 1908 году и рабочий день был удлинен, и расценки снижены на 15%. Как это воспринималось рабочими? Очень плохо. Снижение расценок – это очень болезненный процесс. У любого рабочего выделяется хорошая порция адреналина при одном виде нормировщика с секундомером. Если вам когда-нибудь придется выполнять подобные обязанности, имейте в виду – занимать позицию около рабочего места надо вне дальности броска заготовки.

Ответственность за свое обнищание рабочие возлагали на правительство, и справедливо. Ведь таким образом "экономисты" того времени поднимали "конкурентоспособность" русского капитализма. Можно сказать, что правительство Николая II сделало ту же ошибку, что и – позднее – советское. Нельзя было допускать ситуацию, когда за розничные цены или заводские расценки отвечало правительство. Если первые приходится повышать, а вторые снижать, кто в глазах людей виноват? Когда население ассоциирует ухудшение своего положения не с конкретным хозяином или торговцем, а с правительством – последствия будут плохими.

Тем не менее, даже такой ценой ситуация в экономике была выправлена лишь в незначительной степени. После первой революции был краткий период роста (1910-1913), во многом спекулятивный, "сырьевой". Знаменитая наша текстильная промышленность работала-то на импортном хлопке, не на льне! Но уже с 1913 года началась стагнация, со сползанием в новый кризис к 1914 году. Например, пресловутый водочный король Смирнов закрыл производство в России в 1910 году, из-за иностранной конкуренции. Так что то, что пишется на современных этикетках, двойная фальсификация – не был Смирнов вплоть до 1917 года "поставщиком Императорского двора", тем более что после 1914 года в России вообще не было производства водки, так как с начала войны "по просьбам трудящихся" был введен в действие "сухой закон", действовавший до 1924 года.

А летом 1914 года снова на улицах появились баррикады, уже в Питере, в заводских районах. Без всяких там большевиков или эсеров!

На самом-то деле и Путиловские заводы обанкротились, и в 1916 году были "взяты в казну", то есть национализированы (см. мемуары адмирала Крылова). "Свободный рынок" того времени привел к развалу оборонной промышленности: в разгар успешных сражений 1915 года... кончились снаряды! Лишь после национализации оборонной промышленности в 1916 году "снарядный голод" был ликвидирован. Снарядов наделали столько, что и красные ими перестреляли белых, и в 41-м году по немцам били шрапнелями выпуска 1917 года.

А все "золотой рубль" и экспортно-ориентированная экономика! Уже после краха корниловского мятежа, в августе 1917 года, Керенский обнародовал программу отключения от мировой экономики. Среди мер были прекращение конвертации рубля, запрет на вывоз валюты за границу, отмена коммерческой и банковской тайны – все это меры по прекращению вывоза капитала, как мы теперь знаем. Но было уже поздно, "пришел гегемон", выгнал на хрен и думских правых, и думских левых, а кое-кого, из упирающихся, и к стенке прислонил.

Кстати, вывоз валюты из страны был отчасти обусловлен тем, что более миллиона русских жили за границей, в Западной Европе, а источники их средств существования находились в России. Большая часть (две трети) "контрреволюционных эмигрантов" выехала из России задолго до февральской революции, а вовсе не "бежала от большевистского террора".

Были в России и другие, не рекламируемые ныне, проблемы. Так, просто удивительна фальсификация истории со столыпинской реформой. Да, Россия увеличила экспорт продовольствия – но экспортировали хлеб помещики и кулаки, эксплуатируя отобранную у общины землю. А дети крестьян умирали от голода, и средний размер мужской одежды был 44-й. Естественно – урожайность была 6-7 центнеров с га. Такой продовольственный экспорт можно организовать хоть сейчас! Популяризаторы идей Столыпина как-то упускают из виду, что вызревшая в крестьянской среде ненависть к кулакам и правительству обеспечила большевикам сочувствие села не только в гражданскую войну, но и через двадцать лет – в коллективизацию. Инициатором раскулачивания в конце 20-х было вовсе не руководство страны. За согласие крестьянства на коллективизацию сталинское правительство заплатило... разрешением на раскулачивание!

И все именно благодаря столыпинской реформе. Может быть, несколько тысяч повешенных в ходе той реформы – после сотен лет без казней на Руси – было многовато (до того казнили только цареубийц)? И кстати, за что их повесили, если крестьянство было в восторге от столыпинской реформы, как сейчас об этом пишут "право-националистические" публицисты? Очевидный ответ – "за шею" – верен лишь частично. Причем шесть тысяч – это только повешенные по приговорам военно-полевых судов, а потери от массовых расстрелов и артиллерийского огня по восставшим деревням никак не учитывались.

Но царская политика на селе – это отдельная история. Скажу только, что само царское правительство в области сельского хозяйства уже в ходе Первой мировой войны предпринимало некоторые шаги в обратном направлении, которые сильно напоминали позднейшую большевистскую политику – продразверстка началась с 1916 года, если кто не знает.

А что говорят профессионалы по поводу истории экономики в 1895-1917 гг.? Привожу цитаты из того же учебника В.Андрианова:

"...*Иностранный капитал занимал достаточно прочные позиции в дореволюционной России. Значительный приток зарубежных инвестиций в экономику России отмечался еще в конце XIX в...*

...начиная с 1895 г. в России ежегодно учреждалось более десятка иностранных промышленных предприятий, чему способствовали высокая норма прибыли, гарантированные заказы из государственного казначейства, льготные таможенные пошлины. Кроме того, введенная в России золотая валюта обеспечивала устойчивость курса рубля. В 1900 г. общий объем иностранных инвестиций в экономику России оценивался в 750 млн. руб.

Особое место в сфере интересов иностранного капитала занимала кредитно-банковская система России. Российская банковская система не могла удовлетворить растущие потребности отечественного промышленного капитала в финансовых ресурсах. Возникавшие акционерные общества были вынуждены обращаться за кредитами к французским, английским и германским банкам. Для кредитования российской экономики на Западе об-

разовывались банковские консорциумы. Одним из условий предоставления кредитов было участие иностранного банка в акционерном капитале коммерческих банков и промышленных предприятий.

В результате к началу промышленного подъема (1910-1913 гг.) в России не было ни одного крупного коммерческого банка (за исключением Волжско-Камского), в котором в той или иной форме не были представлены интересы европейского иностранного капитала...”

Вам это ничего не напоминает? Все нам знакомо. Точно так же наши банки поназанимали кредитов на Западе, и пытаются сейчас навесить их на государство. Единственное отличие только в том, что сейчас не афишируется иностранная принадлежность российских банков.

И обратите внимание – указан конкретный год – 1895 – следующий за воцарением Николая II. Он занимает в истории нашей экономики не меньшее место, чем 1991. Это год смены политики – с протекционистской по отношению к собственному производителю на открытую для Запада. “Золотой рубль” 1897 года нанес окончательный удар. Ввести – ввели, а за инвестициями обратились в Европу. Как инвестировать – так золотых рублей нет. Как дивиденды иностранцам платить – золотые рубли есть. Из займов! Но именно об этом не говорится, а ведь “будущей элите” неплохо бы знать, что же происходило в российской экономике до этого года, и каковы сравнительные результаты царствования Александра III и Николая II.

При Николае II иностранные капиталисты вплоть до 1905 года потребляли не только ртом, но и всеми другими отверстиями – тут им и заказы из казначейства, и льготные (по отношению к кому?) пошлины. А результатом-то такой политики 1895-1897 гг. был сначала вовсе не промышленный подъем 1910-1913 годов! Сначала-то были тяжелейшие кризисы 1900-1903 и 1904-1907 годов, разорение промышленности и бунты голодных рабочих и солдат. Почему говорят, что плодами революции 1905-1907 гг. воспользовалась буржуазия? Потому, что после этого были созданы монополистические объединения российских буржуев, и они наконец вынудили правительство давать заказы им, а не иностранцам.

Уж скорее подъем 1910-1913 гг. связан с политикой Коковцова (премьер и министр финансов после Витте и Столыпина), значительно отличавшейся от первоначальной реформаторской. Он с неохотой брал займы, всеми силами боролся за сокращение расходов. Но и Коковцов не отказался от самоубийственной политики "золотого рубля": возможно, реального влияния у него не было, не царь, все-таки. Может, не было и желания – он был, видимо, не политиком, а техническим исполнителем, хотя и высокопрофессиональным.

Правительство Николая II было еще поразумней нашего нынешнего – по крайней мере ввоз иностранных товаров в Россию был ограничен. Ну, это понятно, почему – "золотой рубль" сразу бы кончился. То есть, таким способом производство в стране стимулировалось законодательно. Таким же образом стимулируется производство и сейчас, например, пошлина на автодетали ниже, чем на автомобили. В результате у нас в Елабуге производят "джипы"... из семи деталей: ввозят два бампера, четыре колеса и джип в сборе, свинчивают все вместе... автомобиль готов!

Но ограничения на ввоз товаров в начале века привели к жесточайшему противостоянию на границе. Тюрьмы были полны контрабандистами, для борьбы с ними применялась даже артиллерия, у пограничников тоже были серьезные потери. Тем не менее, снять давление было трудно – за "золотым рублем" приграничная беднота в Галиции и Прибалтике перла колоннами. Достаточно было лишь забросить контрабандный товар сюда, а с золотом делай что хочешь, это уже не контрабанда.

Почему в советские времена с контрабандой боролись успешно? А рубль был неконвертируем. Как выручку от контрабанды вывозить? Только в товарной форме, то есть сложности вдвое увеличивались. Почему в советские времена наркотики к нам почти не ввозили? Дело не только в мощи КГБ. Главное, что выручку в доллары конвертировать было нельзя. Зачем наркобаронам в Колумбии или Нигерии неконвертируемые рубли?

Так что и политика бюджетной экономии, и ужесточение борьбы с контрабандой не увенчались успехом. Нормализовать ситуацию российским капиталистам уже не удалось:

"...Через эти банки путем приобретения акций российских компаний иностранный капитал занял достаточно прочные позиции во многих отраслях российской экономики. По оценкам специалистов, к началу первой мировой войны (1914 г.) иностранный капитал владел акциями российских компаний на сумму в 1500 млн руб., а ежегодные дивиденды по этим вложениям составляли 150 млн руб.

Одними из первых иностранных инвесторов в России были французские и бельгийские предприниматели, которые вложили значительные средства в создание металлургических и металлообрабатывающих предприятий. Немецкие капиталы концентрировались в горнодобывающей и химической промышленности, а английские предприниматели специализировались на добыче и переработке нефти.

Иностранный капитал контролировал в России почти 90% добычи платины; около 80% добычи руд черных металлов, нефти и угля; 70% производства чугуна...

Таким образом, в поиске средств для промышленного развития страны царское правительство пошло по наиболее легкому пути – привлечение иностранных займов и предоставление концессий. Иностранные компании, имевшие ограничения на ввоз товаров в Россию, пользовались достаточно большой свободой при размещении инвестиций внутри страны.

Иностранные компании часто злоупотребляли этой свободой, нещадно эксплуатируя природные ресурсы России, не стимулировали, а нередко и тормози-

ли развитие отдельных отраслей, которые могли обеспечить экономическую независимость страны..."

Вот таков фон, на котором развернулись события начала века. Сначала разорили собственного, выращенного Александром купца и промышленника, а потом скупили сырьевые производства.

А купец-то был неплохой! Энгельс еще отмечал: "*после русского купца трем евреям делать нечего*".

Стала ли русская промышленность в иностранных руках работать лучше? Недавно встретилась публикация, в которой сравнивалась выработка на одного работника в электротехнической промышленности России того времени и в сырьевой, в частности, при производстве платины. В электротехнической, полностью тогда иностранной, она была в 10 раз выше, что и дало повод автору поиздеваться над "русским Ванькой". Автор публикации просто оказался не в курсе, что добыча российской платины тогда тоже принадлежала иностранцам, и что выработка на работника – не самый главный критерий эффективности.

Мало того, что российская промышленность просто эксплуатировалась в пользу иностранных владельцев, разрушаясь при этом – еще и прибыли вывозились в виде купленного за рубли золота из госрезервов. То есть открытость русской экономики сохранялась только за счет госказны, при постоянной подпитке золотого запаса иностранными займами. Но надо сразу оговориться: некоторый реальный подъем в начале века все-таки был, в отличие от 1991-1998 гг., хотя кончилось все равно плохо. Дело в том, что иностранные инвесторы 1896-1914 годов приходили в уже развитую индустриально страну, с готовым и очень дешевым рабочим классом. Тогда в мире не было другой индустриальной страны со столь дешевой рабочей силой. Поэтому и среди так называемых "инвестиций", направленных просто на грабеж природных ресурсов, были и инвестиции в производящие отрасли, но ориентированы они были не на рыночную прибыль, а на выплаты из бюджета. Производились они путем договоренности с кем-то из Великих князей. Именно так крупный акционер фирмы Виккерса международный авантюрист Базиль Захаров пропихнул правительственный заказ на 14-дюймовые пушки Виккерсу, а француз Шнейдер оттягал в свою пользу Пермский завод, что и оставило Путилова, планировавшего создать русскую тяжелую артиллерию своими силами, ни с чем ("Русский торгово-промышленный мир", М., "Планета", 1993 г.).

Вот и проанализируйте: когда мы открывались мировой экономике, тут же кризис. Когда закрывались – подъем, и порой рекордный для всего мира. В 1881-1895 – подъем, в 1896-1914 – три кризиса. В 1928-1957 – подъем, потом, правда, "застой", но с постоянным ростом. Когда открылись совсем – вообще крах.

В 1914 году стоимость акций и облигаций иностранных компаний в России достигала 1 миллиарда 960 млн. рублей. И из российских компаний они на 150 млн. рублей получали ежегодно дивидендов (и вывозили их, поменяв на золото). А золотой запас России был около 2 миллиардов! Плюс миллиардные заграничные долги, чтобы "не останавливать размен кредитных билетов на золото"! "Если это мясо – то где же кошка? Если это кошка – то где же мясо?". Ведь к введению "золотого рубля" Россия подошла с солидным золотым запасом. Куда он-то девался?

Нет, безответственная монархия для нашей страны опасна, а хорошие цари почему-то подолгу не живут. Ведь до Николая II был еще Александр II – "Освободитель". Тоже собирался золотую монету ввести! Не получилось по объективным причинам, так как золотой запас накопил только его сын – Александр III.

Правление Александра II – тоже типичный пример правления "семьи". Так, продажу Аляски "протолкнули" также Великие князья – дяди царя, особенно Константин, а главным связным с американцами выступил какой-то барон, о судьбе которого после сделки даже историки ничего не знают – как испарился. При этом царе и долгов наделали, и частные банки создавали, в общем, все, как у нас. Полной конвертируемости, правда, не достигли.

А вот Александр III "любил все русское", а "всех членов царской фамилии Великих князей и княгинь держал в надлежащих рамках в соответствии с их положением" ("Русский торгово-промышленный мир", М., Планета, 1993 г.).

В общем, если посмотреть на русскую историю не как на нечто бесформенное, то хорошо видны четкие периоды: когда русская валюта так или иначе конвертировалась (например, когда она ходила в виде серебряной или золотой монеты), а торговые отношения с Западной Европой были облегчены – дело кончалось кризисом, революционной ситуацией и долговой ямой. Если же валюта была неконвертируема, а таможенно-пограничная политика была жесткой – то без всяких иностранных инвестиций промышленность росла и государство усиливалось. Правда, все зависело от личности монарха – он должен был знать буквально все, трезво относиться к Европе (лучше всего знать ее лично), любить Россию и держать "семью" в ежовых рукавицах. Таким монархом и был, кроме Петра I и Екатерины II, также и Александр III.

Поймет ли это в конце концов "будущая элита"? Прочитает ли она учебники правильно?

И о "золотом рубле" стоит поговорить подробнее, потому что история конвертируемой русской валюты гораздо старше "виттевского рубля".

ХИМЕРА ЗОЛОТОГО РУБЛЯ

Деньги – тлен, душа бессмертна
Ю.И.Шунин

Что такое золотая монета в наше время? В чем ее отличие от бумажной ассигнации, конвертируемой в иностранную валюту? Ее можно носить на проволочке, продетой в нос, и с точки зрения финансовой науки других отличий нет. Уже очень давно не требуется, чтобы деньги делались из дорогого материала – ценность валюте придает устойчивость той экономической системы, которая данную валюту выпускает. Люди с удовольствием отдают золото за бумажные доллары, и никого это не удивляет. Почему? Потому что на доллары можно купить что угодно и где угодно.

Если говорить конкретнее, то никакая национальная валюта не обеспечивается золотым запасом государства – она обеспечивается массой товаров и услуг, которые за эту валюту можно купить **на национальном рынке**. Золотой запас – это так, на случай войны.

Ценность золотой монеты не зависит от того, кто ее выпустил, она не привязана к национальному рынку. Но отсюда следует, что хождение золотой монеты имеет смысл только в мире без государств и банков – бумажные деньги удобнее, и ветхую банкноту можно поменять, а истершуюся монету – нет.

Уже после появления первых частных банков и купеческих товариществ вместо золота стали ходить векселя. Ценность же векселю (это тоже бумажка, но от имени лица или компании) придает кредитоспособность того, кто этот вексель подписал. Именно он должен выдать в обмен на вексель определенный объем жизненных благ.

Бумажные же деньги – это вексель от имени национального товарного рынка, представителем которого выступает национальный банк.

Ценность национальным деньгам (бумажным) дает товарное насыщение национального же рынка. Правительство страны может разрешать иностранцам доступ к этому рынку, а может и запрещать, если по каким-то причинам это стране невыгодно. Допускать их можно, либо разрешая им продавать свои товары на наши деньги, либо напрямую менять их деньги на наши.

Так зачем Витте попытался вернуть Россию к заре человечества, что это давало? Вряд ли ему так уж нравились желтые кругляшки с портретом Николая II. Но по его глубокому убеждению, “конвертируемая валюта – это мост от богатых стран к бедным”. С этой его мыслью еще можно согласиться. Но нельзя со второй: “и по этому мосту богатство потечет в Россию”. Уж не было ли поведение Витте продиктовано заблуждением? А ведь у него уже были перед глазами исторические примеры!

Вот типичная ситуация, когда русская валюта сравнительно свободно конвертировалась в зарубежные.

Так, в период наполеоновских войн и после них мы держали за границей большую армию, и сношения с Европой, в том числе и торговые, сильно упростились. Наша денежная система базировалась тогда на бумажных ассигнациях (введены Екатериной II) и серебряной монете. В результате в стране разразился финансовый кризис, кроме всего прочего, серебро исчезло из обращения, за него давали два номинала ассигнациями. (“*Серебряная монета, замененная ассигнациями, сделалась в отношении к ним дороже не как монета, предпочтительная бумажным, но как товар*” – Н.М.Карамзин.)

Серебряную монету можно было встретить лишь в портовых и приграничных городах и столицах. Естественно – оттуда она и утекала в Европу.

Забавно, что понимания причин этого кризиса, как и нынешнего, в обществе не было. Некоторые “исследователи” (духовные предки тех, кто проталкивает идею “золотого рубля”) объявляли, что причиной удорожания серебра и, соответственно, удешевления ассигнаций являются сами ассигнации – дескать, бумага полноценными деньгами не является.

Эту ситуацию подробно рассматривал Н.М. Карамзин:

“*Обратимся к ассигнациям... Жители Мальдивских островов не знают иной монеты, кроме ничтожных раковин, имея торговлю внутреннюю и внешнюю. Кто дает цену деньгам? Правительство, объявляя, что оно будет принимать их в дань народную вместо таких и таких вещей. Если бы государь дал нам клейменые щепки и велел ходить им вместо рублей, нашедши способ предохранять нас от фальшивых монет деревянных, то мы взяли бы и щепки. Монеты введены не для делания из них сосудов, пуговиц и табакерок, но для оценки вещей и сравнения их между собою…*

…Самое золото имеет гораздо более вообразительного, нежели внутреннего достоинства: кто бы за его блесточку отдал зимою теплую шубу, если бы оно ценилось только по своей собственной пользе? Но отдаю шубу и беру блесточку, когда могу обойтись без первой, а на вторую купить себе кафтан. Если мне дают кафтан и за бумажку, то бумажка и блесточка для меня равно драгоценны. Ассигнации уменьшаются в цене от своею размножения, золото и серебро – также.

Открытие Америки произвело в оценке европейских товаров действие, подобное тому, что видим ныне в России от ассигнаций. Сей закон соразмерности непреложен. (Имеется в виду, что с притоком американского золота в 16-17 вв. оно подешевело в Европе – или, что то же самое, товары по отношению к золоту подорожали. А "закон соразмерности" – суть уравнение Ньюкомба-Фишера, см. далее – *А.П.*). *От IX до XIV века предки наши не имели собственной металлической монеты, а единственно кожаные, правительством заклейменные лоскутки, называемые кунами, т. е. ассигнациями, и торговали с востоком и западом: с Грецией, с Пруссией, с Немецкой Ганзой; от IX века до 1228 г. лоскутки сии не унижались в цене относительно к серебру: ибо правительство не расточало их; но унизились до крайности, быв после того размножены неумеренно. Достойно примечания, что сии кожаные лоскутки были заменены у нас серебряною и медною монетою в самые мятежные и варварские времена ига ханского, когда баскаки уважались более князей. Татары не хотели брать кун, а требовали серебра. Русский мог откупиться от мук, от смерти, от неволи куском сего металла; отдавал за него все, что имел, и с презрением отвергал куны, так что они сами собою долженствовали исчезнуть…*

...Наконец, Екатерина II изданием ассигнаций сперва изумила, но скоро облегчила народ во всех платежах и торговых сделках. Увидели удобность и пользу. Дотоле знатные купеческие обороты производились у нас векселями, с сего времени ассигнации заступили место векселей и распространили внутреннюю торговлю...

...Англичанину нет нужды, какие ходят у нас деньги – медные ли, золотые или бумажные. Если он за лоскуток бумаги получает у нас вещь, за которую ему сходно дать свою вещь ценою в гинею, то англ[ийская] гинея будет равняться в курсе с русской бумажкой: ибо торговля государств основана на самом деле на мене вещей".

В пародийном, уменьшенном виде судьбу золотого рубля повторил советский пятак в наше время. Как только мировая цена на алюминиевую бронзу превысила номинал пятака, он исчез из обращения – возможно, кое-кто еще помнит эту ситуацию. Она больно щелкнула по горожанам, ездившим тогда на метро. А пятаки оказались в мировой экономике, проездом через Эстонию. Впервые ли у нас такая ситуация? Оказывается, нет.

Вот цитата из того же Карамзина: "*Медная монета есть у нас только разменная, в коей мы теперь имеем крайнюю нужду и которая уменьшается от тайного переплавления в вещи, или от вывоза в чужие земли*". Проблемы те же, причины те же.

Сейчас, если курс чуть-чуть тронется – нынешние гривенники и полтинники исчезнут, вот увидите.

Поэтому-то такой, совсем катастрофический, кризис завершил и эксперимент с "золотым рублем" Витте. А ведь современники в конце 19-го века называли реформу Витте "безрассудной затеей", "потерей золотого запаса". И были правы! Интересно, что Витте все-таки понимал ситуацию, знал, на что шел. Так, ему принадлежит сравнение роли иностранных инвестиций со стимулирующим действием... мышьяка!

И смотрите – ведь на что сейчас жалуются по всей стране? На недостаток денежной массы. Не золотой, серебряной или медной, а обычной бумажной, даже безналичной. Почему? Потому что она конвертируемая. При Александре I серебряная монета была в дефиците, а ассигнации – нет. Почему? Потому что серебряная была конвертируема, а ассигнации – нет.

Так что любая возможность ввести свободный, неконтролируемый обмен реальными ценностями с заграницей, будь то золотом, серебром, бронзой или нефтью, приводит к одному и тому же, во все времена – реальные ценности вытекают из страны на Запад, и наш рынок разрушается. Совершенно все равно, кто у нас при этом правит – царь, генсек или президент.

А что бывает, если правительству не удается остановить отток денежных средств за границу? Такая финансовая катастрофа разразилась в Китае в 30-40-х годах 19-го века. Денежная система там была построена на серебре, и оно "утекало" к английским купцам за опиум – именно англичане и создали тогда опиумную зону "Золотого треугольника" в своих владениях в Юго-Восточной Азии, специально для реализации в Китае. Один умный и мужественный китайский чиновник, расследовав по заданию императора эту историю, вышел на причины кризиса и приказал утопить запасы опиума из английских складов в море. Результатом были две "опиумных войны" 1840-42 и 1856-1860 гг. и оккупация Пекина, падение династии и распад страны на изолированные провинции, управляемые воюющими между собой генералами. Англичане отстояли свое право продавать в Китае опиум! То жалкое состояние Китая, которое мы застали в начале 20-го века, было прямым следствием эксплуатации Китая западными производителями наркотиков. Они занимались этим вполне официально вплоть до 30-х годов 20-го века! Тогда финансовая анемия государства длилась более 100 лет... Что-то будет у нас.

А ЧТО ТАКОЕ КАПИТАЛИЗМ?

Без светильника истории тактика – потемки.
А.В. Суворов

Так что видите – все, что вы прочитали – не такое уж большое открытие. Все давно было известно. По всем прикидкам получается, что в рамках “мировой экономики” российская экономика нежизнеспособна, а вот ограниченная внутренним рынком – вполне. Значит, в принципе, вполне может оказаться жизнеспособной и сейчас. Конечно, должны отмереть паразитические наросты, сидевшие на экспорте и импорте. И тогда волей-неволей (голод не тетка) потребитель потянется к отечественному производителю, и тот начнет копить столь необходимые ему инвестиции. Останемся ли мы в будущем капиталистическим рыночным государством? Вероятность этого есть. Да рыночным мы всегда были, и при Ленине, и даже при Сталине, а капиталистическим после нынешних пертурбаций можем и остаться, правда, капитализм должен быть ограничен внутренним рынком капитала.

А давайте-ка разберемся сначала, что такое “капитализм”. Если попросить простого гражданина объяснить это понятие, то он скорее всего бодро ответит, что капитализм – это частная собственность на средства производства. Если спросить, что же такое в этом случае “государственный капитализм”, то возникает гнетущая пауза, как после вопроса о границе Азии и Европы.

На самом деле **капитализм – это всего лишь направленность человеческой деятельности на сохранение и увеличение производственного капитала**. И все! Ни о какой форме собственности в этом определении не говорится.

Просто очень давно обнаружилось, что если средства производства (капитал – это не только и не столько деньги, а сырье, оборудование и технологии) принадлежат частным лицам, то они естественным образом ведут себя как капиталисты – то есть в процессе производства в первую очередь заботятся о капитале, возмещая из прибыли его убыль, и лишь потом о своих потребностях и потребностях своих рабочих.

Если же капитал попадал в руки неумелого собственника или дебила, которые расходовали прибыль или даже основной капитал на повышение своего или чужого жизненного уровня, то такие “индивидуи” в процессе конкуренции разорялись, и их капиталом вскоре начинали владеть другие, и они уже начинали его использовать по правилам “капитализма”. То есть оказалось, что частная собственность способствовала тому, чтобы процесс производства не останавливался, а расширялся. Так уже давно происходит на Западе.

И государство может управлять собственностью, исходя из принципа “капитализма”, а может, исходя из принципа “социализма”. “Социализм” – это деятельность, направленная на удовлетворение потребностей **общества**, а о судьбе производственного капитала в этом случае заботятся во вторую очередь. И иногда это приводит к тяжелым последствиям – производственный капитал “проедается”.

Так оправдана ли была критика частного капитализма, которой с упоением занимались политэкономы-марксисты советского периода? В чем-то да, и здесь нет противоречия. В нашей стране безраздельное господство частной собственности и рыночных отношений приводит к тяжелым последствиям, и было это уже не один раз.

Есть в капиталистической экономике, которая не раз за последние два века создавалась в России, один внутренний дефект, который раз за разом приводил ее к гибели. Этот дефект коренится в основной особенности капитализма – стремлении производственного капитала в те области, где капитал получит больше прибыли. Из двух соседних стран с разными условиями от этой особенности при открытии границы одна получит выгоду, а другая – нет. Так получилось, что в любой паре стран мы всегда будем проигравшей стороной, разве что с Монголией останемся при своих.

Класс капиталистов в капиталистическом обществе, естественно, приобретает и политическую власть. А приложение капитала за пределами России более выгодно капиталистам, но не стране. То есть вообще российский капитал растет... но уже за пределами России. И капиталисты раз за разом принимали на государственном уровне решение об открытии российской экономической границы. Каковы приводные ремни от капитала к власти? В "демократических" условиях приобретаются СМИ, влияющие на избирателя, при монархии – приобретается ближайшее окружение монарха.

В результате капитал утекал за рубеж, отечественная экономика стагнировала или впадала в глубокий кризис. Это зависело от состояния государственной власти – иногда она спохватывалась относительно своевременно, капиталисты лишались влияния, и граница восстанавливалась, а иногда дело кончалось крахом, как в 1917 или 1998-1999 гг. То есть процесс первоначального накопления, выражаясь на том же марксистском речекряке, раз за разом обрывался на взлете.

Этот волнообразный процесс происходил в России, как я уже говорил, по крайней мере двести лет, а то и больше, со времен буржуазных революций в Европе, а проследить его стадии легко на примере истории тех государственных механизмов, которые занимаются защитой внутреннего рынка – таможенной и пограничной служб. Их усиление сопровождается экономическим ростом, ослабление – ростом внешней торговли и стагнацией экономики.

Существование этих циклических процессов было замечено наиболее чуткими исследователями во многих областях – в общественной жизни, в искусстве, культуре, что можно проследить и по объективным данным – например, архитектурным стилям или статистике сферы народного образования. Желающие на эту тему могут понаписать диссертаций, да, наверное, они уже и понаписаны. О причине же циклов спорили – иногда предполагалось, что причины лежат в сфере психологии, так как длительность полупериода в среднем 25 лет – смена поколений. Может, и так. В правительство, ввиду естественной смены поколений, приходила молодежь, которой надоедала закрытость, "двери открывались" и экономика рушилась.

А ведь, по сути, само существование межгосударственных границ (таможенных барьеров) и обусловлено изначально именно различиями в уровнях производительных сил в соседних областях. Каждый правитель старался избежать ситуации, когда его подданные могли купить товар дешевле... но на рынке соседа. Ведь выигрыш этих неразумных граждан был временным – если цены на соседнем рынке ниже, то и продавать уже свой товар им приходилось по более дешевой цене.

У кого товар получается дешевым – тем выгоден максимально открытый рынок, у кого издержки высоки – вынужден держать границу на замке – в первую очередь для иностранных товаров и отечественного капитала.

Помните совпадение климатической карты и схемы, на которой отмечены страны-члены НАТО и Варшавского Договора? Нулевая изотерма практически делит Европу на зону НАТО и зону нейтральных и социалистических стран. Отклонения не слишком значительны: если добавить тогда в НАТО Словению, Хорватию, Албанию, Грузию и Азербайджан, то мозаика практически сложилась бы. Все страны, территории которых не испытывают зимой морозов, были бы членами НАТО, те же, где бывает и ниже нуля, остались бы союзниками СССР или нейтральными странами. Исключение – Исландия (там зимой – -1°С) и Швеция, густонаселенный юг которой, впрочем, лежит в "плюсовой" зоне – но, надо сказать, хоть она и не была членом НАТО в советские времена, но была скорее враждебным нам государством, по крайней мере, более враждебным, чем Финляндия, Австрия или Швейцария.

Конечно, вы можете сказать, что Норвегия находится в плюсовой зоне лишь частью территории, но дело в том, что на этом клочке и сосредоточено 80% ее населения. Вообще так называемые “северные европейские страны” напоминают своей формой комету: крошечное населенное “ядро”, находящееся в “плюсовой” или умеренной зоне, и огромный малонаселенный “хвост”, протянувшийся к северо-востоку. Эти зоны сильно различаются и внутри стран: так, северные и южные районы Норвегии отличаются даже языком – норвежских языков на самом деле два – нюнорск и букмол.

А что касается тогдашней ФРГ, то небезынтересно, что “суровый юг” этой страны – это горная Бавария, жители которой до сих пор считают себя отдельным, хотя и германским, народом, и в истории это порой чувствовалось.

Что это значит, спросите вы? Чем объясняется такое распределение? Никакой мистики: “плюсовые” западные страны хорошо чувствуют себя в мировой экономике, уровень производственных издержек в них примерно одинаков, и они вполне могут объединяться в единый рынок. Чем больше рынок, тем больше плюсов для участников – и в приобретении, и в сбыте товаров. Общий рынок увенчивается и военно-политическим союзом. А вот для центрально-европейских стран и Швеции более выгодно некоторое дистанцирование от мировой экономики, хотя, по сравнению с Россией, отличия условий для хозяйственной жизни в них и в Западной Европе совсем невелики. Но и разница в уровнях издержек, измеряющаяся процентами – это много. Ну, а для самых восточных стран насущной была значительная изоляция, что выражалось и политически.

Желающие могут придумать и другое объяснение.

Итак, из-за наших особых условий издержки любого производства у нас чрезвычайно велики, а компенсировать их нечем. "Низкая зарплата" и "дешевизна сырья" – это мифы.

Нас давно призывали сломать преграды на пути инвестиций, чтобы они хлынули потоком. И сломали, и хлынули. Только не оттуда, а туда. Каждый доллар, появившийся в нашей стране, выгодней вкладывать не у нас, и это экономический закон.

Судьба российского частного капитализма в будущем зависит от того, удастся ли государству воспрепятствовать оттоку капитала за рубеж. Причем делать это надо всегда, стоит чуть-чуть ослабить усилия, и капитал перестанет быть российским. В этом отношении для нас представляет интерес опыт не тех западных стран, которые полностью открыты мировому рынку, а тех, которые несколько изолированы – Швеции, Швейцарии, Австрии. Как они препятствуют оттоку капитала в страны с низкими издержками?

Мы можем, таким образом, выпускать из страны всех и вся – кроме российского капитала. Для его же пользы.

Российский рынок должен быть изолирован от мирового в отношении перемещения капитала, хотя и открыт для перемещения товаров.

Такова особенность экономической системы, воцарившейся в мире. В других моделях экономики, если производитель работает менее эффективно, чем другие, то он живет настолько же хуже. А в нынешней модели он вообще очень быстро исключается из системы производства и потребления.

И его судьба интересует только его самого.

Часть 3.
ПОЛНАЯ ПРОФНЕПРИГОДНОСТЬ

ПОНИМАЛИ ЛИ РЕФОРМАТОРЫ?

Никогда не употребляй иностранных слов, смысл которых неясен прежде всего тебе самому.

Увещание Абрамова

Понимали ли реформаторы, что они делают?

А если понимали, то хотели ли создать "устойчивую рыночную экономику, открытую миру"? Что было действительной целью инициаторов реформ? Мы поймем это, если проследим за поведением "реформаторов". При этом надо обратить особое внимание на то, что Чубайс называет "тактическими ошибками". Смысл некоторых из них очевиден, над другими приходится немного подумать.

Так, выпуск государственных казначейских обязательств (ГКО), кроме обогащения кучки частных лиц и иностранных спекулянтов за счет российского бюджета, привел еще и к тому, что вложения в реальный сектор экономики стали невозможны. ГКО давали до 7% прибыли в месяц. Ни одна экономика ни в одной стране мира никогда не росла такими темпами, ни одно реальное производство никогда не принесет такой прибыли. Если в любой стране ввести в оборот аналогичные ценные бумаги, то ни один банкир не вложит свободные средства куда-либо еще, и инвестиционный процесс прекратится.

Вообще-то любому должно быть понятно, что при падении производства каждый богатеющий – богатеет за счет обнищания других. Все нынешние состояния – суть результат ограбления граждан, даже когда они об этом не знают. Например, некоторые состояния сложились в период вывоза стратегических резервов СССР – о них мало кто знал, но производили они сильное впечатление – до горизонта тянулись штабеля чушек никеля, меди, других цветных металлов... рельсы, бочки с ферросплавами, ящики с подшипниками, законсервированные паровозы... элеваторы с зерном, склады с тушенкой... Все это было заготовлено рачительными хозяевами государства – Сталиным, Берия, Кагановичем – на крайний случай, на случай угрозы нашему государству. Сейчас ничего этого нет, зато есть Артем Тарасов, живущий в Лондоне, Хакамада, советующая российским гражданам богатеть, собирая грибы, и Боровой, оставлю его без характеристики.

Так все-таки, адекватно ли наши либеральные реформаторы воспринимают объективную реальность? Некоторые, видимо, не совсем, и явно это проявилось в короткий период после финансово-политического краха 17 августа 1998 года.

Напомню, что известный реформатор Борис Федоров, считающийся видным экономистом и финансистом, сразу после краха 17 августа привез к нам бывшего аргентинского министра финансов Кавалло. Этот деятель в свое время навел в своей стране, разоренной сотрудничеством с международными финансовыми организациями, относительный порядок. Опыт Аргентины на короткий срок стал главной темой обсуждения в газетах и на телевидении, в лексиконе экономических обозревателей появилось новое выражение "каренси борд", означающее что-то вроде "валютного регулирования" или "власти валютного совета".

В чем там, в Аргентине, было дело?

К 1991 году, после правления генеральских хунт, страна представляла собой жалкое зрелище – правительство не могло или не хотело собирать налоги, а просто печатало для государственных нужд все новые партии денег. Денежная масса росла, зарплату выдавали чуть ли не каждый день, и приходилось ее тут же тратить, так как назавтра она обесценивалась.

Тогдашний министр иностранных дел Кавалло предложил и реализовал свой план, основной чертой которого была жесткая привязка объема национальной валюты к валютным запасам, причем курс фиксировался. То есть в стране начала ходить новая валюта, банкноты которой являлись как бы нотариально заверенными копиями тех долларов, которые лежали в подвале Национального банка. Появился в банке новый доллар – значит, можно напечатать очередную банкноту, и никак иначе. Также проводились глубокая приватизация и сокращение государственных расходов. И никакой индексации зарплаты!

Эта политика дала определенные, в том числе положительные, результаты. Производство вроде бы оживилось, а если люди работают и что-то производят, то жизнь становится лучше, это очевидно.

Но у политики "каренси борд" есть подводные камни. А что если владелец песо придет в казначейство и поменяет его на доллар, чтобы спрятать под подушку или вывезти из страны? Этот песо придется уничтожить, ведь резервы страны стали на доллар меньше! А если кто-то захочет закупить товар за рубежом? То же самое, денежная масса страны должна уменьшиться как раз на цену партии импортированного товара!

К сожалению, я не слышал, чтобы эти очевидные вопросы были заданы на одной из многочисленных пресс-конференций. А все просто. Чтобы запас валюты не уменьшался, страна залезала в долги, брала кредиты. Долги у Аргентины сейчас огромны. Ответ на второй вопрос очевиден. Аргентина экспортировала больше, чем импортировала, и вместо вывоза капитала происходил ввоз.

Если вы прочитали предыдущие главы, то вам станет ясно, почему Аргентина после наведения минимального порядка стала инвестиционно привлекательной страной.

Аргентина – страна приморская. Все основные центры сосредоточены либо на побережье теплого незамерзающего моря, либо в устьях судоходных рек. Главное достоинство теплых морей – не мулатки на пляже (хотя это полезно для индустрии туризма), а дешевизна транспорта.

Аргентина покрыта пампасами (субтропической степью), которые предоставляют лучшие в мире условия для крупного рогатого скота. Он не нуждается в заготовленных кормах и круглый год обходится без стойлового содержания. Себестоимость килограмма аргентинской говядины – 5 центов, и колонны рефрижераторов с дешевым мясом уже многие десятки лет движутся на север в США по Панамериканскому шоссе. Наша же буренка, для сравнения, съедает за полугодовую зиму 3 тонны сена, которое крестьянину надо накосить и сохранить.

По сравнению с другими латиноамериканскими странами в Аргентине хорошо развиты инфраструктура и промышленность. Благодаря мягкому климату энергоемкость их невелика. Сейчас там незначительные расходы на госаппарат (а значит, низкие налоги): служебная машина осталась, по-моему, только у президента, или что-то вроде того. Коммунистические и профсоюзные организации разгромлены военными диктатурами и деморализованы распадом СССР, и рабочие довольствуются тем, что им дают, тем более что в период кризиса им приходилось работать и за 20 долл. в месяц. Правда, среднемировая зарплата в условиях Аргентины обеспечивает вполне приемлемые условия жизни.

То есть местные издержки на производство в условиях Аргентины существенно ниже, чем, например, в США, главным образом благодаря низкой цене рабочей силы и меньшим налогам. Так что нет ничего удивительного в том, что инвестиции в аргентинское производство пошли. Даже в ходе южно-азиатского кризиса выводимые из этого региона капиталы переводились как в ценные бумаги США, так и в экономику Южной Америки. Но результаты "аргентинского чуда" ой как неоднозначны. Экономика на чужих капиталах ("мышьяк" – по Витте) – все равно что правитель на иностранных штыках – очень неустойчивая штука. В стране жуткая, небывалая безработица, долги Аргентины тоже растут, и за ее накопления конкурируют собственная экономика и иностранные кредиторы. Кто победит?

Вот эта политика и рекламировалась в сентябре 1998 года по всем каналам, причем главным двигателем рекламы был бывший министр финансов, бывший глава налоговой службы, видный реформатор Борис Федоров.

И никто – или почти никто – не сказал с удивлением следующих слов:

"Но позвольте! Ведь все последние годы именно эта политика и действовала в России! Борис Федоров, в силу индивидуальных особенностей, просто не понимает, что "валютный коридор", приватизация по Чубайсу и невыплаты по государственным расходам, в том числе задержки зарплаты бюджетникам – это и есть основные черты "каренси борд". Но неужели и остальные реформаторы такие же?"

Действительно, именно "аргентинский вариант" реализовывался в экономике России с 1993 по 1998 год, но вместо хоть какого-то оживления экономики он привел к ее полному краху. Ведь наша валюта до 17 августа была жестко привязана к доллару, хотя и не в пропорции 1:1 (но это и не требуется по правилам "каренси борд"). Помните постоянные объяснения: "нужен кредит, чтобы заплатить пенсии"? Но ведь пенсии платят рублями, а кредит-то в долларах. Типичная привязка денежной массы к валюте, по-аргентински. Да она и сейчас сохраняется.

К слову, в прессе я встретил одну-единственную публикацию (и опять в "Независимой газете") профессора Академии им. Плеханова М. Дворцина, который также удивлялся, почему никто не заметил очевидную идентичность политики “каренси борд” и “валютного коридора”.

Сам Кавалло, когда ехал в Россию, видимо, думал, что в России реализуется что-то вроде гайдаровской политики печатания денег, действовавшей у нас в 1992 году. Поэтому его советы, как справиться с эмиссией необеспеченной денежной массы, звучали несколько странно. Ее тогда, в 1998 году, и не было! Еще он сходу начал рекомендовать ввести в России свободное хождение доллара и разрешить гражданам совершать сделки на мировом рынке. Кавалло ввел это в Аргентине, и это помогло (в определенном смысле), но он просто не знал, что у нас в стране это все уже существовало несколько лет, и не помогало, мягко говоря. То есть долги и безработица-то росли у нас, как и в Аргентине, но производство не оживлялось.

Впрочем, побыв здесь несколько дней, он, похоже, уяснил ситуацию. В своих выступлениях он сместил акценты на необходимость улучшения сбора налогов – в этом у нас, действительно, есть отличия от Аргентины. Но оптимизм в его выступлениях улетучился. Привлекать валюту в производство и одновременно платить реформаторские долги Россия не сможет! Ни один инвестор не даст и доллара в такую экономику.

Того, что за три дня понял Кавалло, Борис Федоров не понял и за несколько лет, находясь на самой верхушке реформаторского руководства. Его сравнивали тогда, помню, с танком. Ну, если имелся в виду один своеобразный шведский танк – безбашенный и с сокращенным экипажем…

Из этой истории можно понять, что среди реформаторов, часто демонстрируемых по телевидению и рекламируемых в газетах, есть личности, абсолютно не представляющие, где они находятся и что делают, или, точнее, для чего их используют на высоких постах. Чисто по-человечески, при этом, они могут быть, с чьей-то точки зрения, и вполне приятными людьми.

ГАЙДАРОВСКАЯ СПИРАЛЬ

Можно сделать защиту от дурака, но только от неизобретательного.

Закон Нейсдра

Правда, говоря о реформаторах, надо отличать вывеску от самого учреждения. Так, в общем-то, и неизвестно, кто конкретно извлек действительную выгоду из событий последнего десятилетия. Все действующие на поверхности лица выиграли не так уж сильно, а в перспективе могут расплатиться за временный выигрыш дорогой ценой, не говоря уже о той ситуации, которая в ближайшее время сложится у нас в стране для всех, и реформаторов, и нереформаторов.

Реформаторы кружка Гайдара утверждают сейчас, что не только они развалили экономику – виновато правительство при Горбачеве, которое в 1987 году разрушило товарно-денежную систему. В этом утверждении есть доля правды, и вообще в среде этих изгоев можно встретить сейчас трезвые мысли. Действительно, в то время произошла катастрофа, не хозяйственная (производственная), а катастрофа товарно-денежной системы.

Приведу, несмотря на опасность наскучить, несколько тривиальных истин.

Для товарно-денежной системы, когда цены изменяются по законам спроса и предложения, всегда выполняется уравнение Ньюкомба-Фишера:

$$P \times Q = M \times V$$

Это уравнение – не изобретение нынешних "монетаристов", наши экономисты и финансисты использовали его еще в 1928 году при расчете индексов государственных цен и необходимой денежной массы, а на уровне общепонятной закономерности его знали и в 19-м веке.

Оно описывает ситуацию таким образом: действующая масса платежных средств M (денежная масса), умноженная на скорость их оборота V (сколько раз каждый рубль используется для платежа, например, в течение года – у нас V примерно равен 7) всегда равен произведению уровня цен P на объем потребленных за этот период товаров и услуг Q. В условиях рыночного ценообразования, если объем товаров уменьшился, а денег столько же и темп их оборота (количество покупок) прежние, то для выполнения равенства подскакивают цены. То же самое происходит, если денег на руках становится больше, а товара столько же. Это уравнение действует всегда, если цены плавают "свободно".

Поэтому разговоры о том, что "не хватает денежной массы" – глупости. Для экономики ее всегда хватает. Вашими деньгами могут пользоваться другие – это да. Может также не хватать денег конкретному человеку и предприятию на жизнь, потому что выручка от реализации их продукции не покрывает их затрат, но это не значит, что путем "наращивания денежной массы", то есть допечатки и раздачи денег, можно преодолеть отсутствие реальных продуктов и товаров. Цены просто подпрыгнут, как при Гайдаре, и все.

Но это ситуация, которую мы получили сравнительно недавно, а что же было до 91-го года? Ведь тогда можно было просто приказать: цена вот такая, и шабаш! Почему же государственный контроль над ценами не всегда помогает?

Что происходит, если денег больше, чем товаров, а цены не могут быть повышены? В этом случае товары начинают исчезать с прилавков; на руках остаются нереализованные деньги; их приходится класть в сберкассу; девать их некуда, пока не появится дополнительная масса товара. Такое на нашей памяти случалось не один раз, и в конце 80-х привело к нынешним последствиям. Причем даже если денег больше необходимого совсем чуть-чуть – все равно может начаться (и обязательно начинается) покупательский психоз. При наличии буквально лишнего рубля покупатели могут ринуться на какой-нибудь конкретный товар, сметая его с прилавков.

Объем товара может уменьшиться и в скрытой форме: когда частично производятся такие товары, которые покупателями за товар не признаются; последствия те же.

Если цены фиксированы, то желательно, чтобы товаров было чуть-чуть больше или денег чуть-чуть меньше необходимого – в этом случае часть товара не участвует в обороте, и витрины постоянно полны. Если дисбаланс невелик, то это очень хорошо – создается иллюзия изобилия, независимо от реального потребления на душу населения, но если разрыв велик, то слишком много товаров приходится уценять, или они вообще пропадают.

СИСТЕМА, КОТОРАЯ РАБОТАЛА

Никогда не знают, кто прав, но всегда известно, кто в ответе.

Закон Уистлера

Как в стародавние времена решалась задача соответствия денежной массы объемам товаров?

В СССР, когда товарооборот функционировал нормально, делалось просто: зарплату выдавало только государство, и потребительский товар выпускало тоже только оно. Денег выдавалось столько, на сколько выпускалось товара, и на руках денежная масса не оставалась (было исключение – кооперативно-колхозный рынок – но об этом отдельно). То есть денежная масса в обращении была постоянна, и ее оборачиваемость регулировалась частотой выдачи зарплаты.

Благодаря высочайшей квалификации сталинских экономистов удавалось рассчитывать цены таким образом, чтобы и товарного дефицита не было, и не оставалось непроданного товара. То есть цены назначались, но не “от балды” – по сути, они были близки к тем, которые получались бы в результате свободной игры рыночных стихий. Ведь если установишь цену выше рыночной, товар не раскупят и он сгниет, если ниже – его расхватают, возникнет дефицит, а производитель и торговля недополучат прибыль. Даже стоило чуть "задрать" цену лишь на какой-нибудь вид товара, спрос на него упал бы, и на руках у населения начали бы копиться "лишние" деньги, со всеми вытекающими последствиями. Но этого удавалось избегать десятилетиями, даже во время войны, почти не прибегая до определенного момента к игре цен.

Оказывается, и во время войны деньги играли значительную роль. На фронте платили премии за сбитые самолеты и сожженные танки, и премии немаленькие. При призыве в армию рабочим и служащим выплачивалось существенное единовременное пособие. Что меня совсем поразило – захотел бы придумать, не догадался бы, а это узнал от одной бабули – за работу на оборонительных сооружениях (рытье окопов) платили. С другой стороны – а как же иначе? Это естественно – ведь рабочих и служащих снимали с основной работы. Поэтому денежная масса все же росла, да и немцы вбрасывали фальшивые рубли.

Хотя продукты по карточкам продавались по фиксированным ценам, из-за неизбежного "военного" расшатывания денежной системы возник дисбаланс, и с 1944 года начали снова, как и до войны, действовать коммерческие магазины, торгующие продовольствием по рыночным ценам. Рыночные цены тогда постоянно учитывались, приводились в статистических обзорах – а вот по 70-м годам я этого не помню. Разница с карточными ценами была значительной, до 13 раз. Но постепенно удалось рыночные цены сбить – не указами, а выпуском продукции на государственных предприятиях.

Дело в том, что советская экономика была во многом рыночной, а в чем-то ее, если можно так выразиться, "имитировала". Но, конечно, любое государство присваивает себе и какие-то распорядительные функции в экономике, тем более в "особые периоды" – во время войны или послевоенного восстановления, ведь карточки были и в Англии, и в Германии.

У нас было то же самое. Просто критики не обращают внимания, что восстановление хозяйства после Первой мировой шло у нас примерно до 28-го года (в этом случае "свобода рынка" всегда и везде ограничивается), а уже начиная с 36-го мы жили в условиях предвоенных, или даже военных. С 36-го года началась для нас полоса "малых войн", грозных предвозвестников Великой войны. Почему вы нигде не узнаете, что в феврале 1937 года наши войска разгромили итальянский моторизованный корпус из пяти дивизий, а 23 февраля 1938-го – разбомбили главную авиабазу Японской империи? И что мы согласились на "пакт Молотова-Риббентропа" в тот момент, когда на Востоке грохотали советско-японские сражения, превосходившие по масштабам германо-польскую войну 1939 года? А потому что, если об этих реальных событиях упоминать, то критика внутренней и внешней политики СССР того времени сильно потеряет в убедительности.

Но в то же время в плане понимания законов рынка И.В. Сталин был рыночником, грамотным и последовательным. Как отмечал тот же Василий Леонтьев, вообще-то не расположенный к сталинскому правительству, "советские руководители не нуждались в экономистах, потому что сами были экономистами". Именно Сталину принадлежит высказывание о "внутреннем рынке, как основе сильного государства". Просто рынок бывает разный, колхозный от мирового тоже слегка отличается, но и то, и то – рынки. С конца 20-х годов у нас строился своеобразный – но рынок. А по-другому и нельзя, раз уж существует товарно-денежные отношения, то действуют и законы рынка, и их надо знать.

Залогом успеха было внимание, которое тогда уделялось прикладной экономической науке. Так, в конце 20-х годов издательство ЦСУ развернуло программу ликвидации экономической безграмотности, и брошюры того же Ирвинга Фишера и т. п. широко издавались. Кстати, с создания ЦСУ советская экономика и началась, а не только и не столько с Госплана. Одно здание на Мясницкой чего стоит – самому Ле Корбюзье заказали, до сих пор как современное. О каком управлении экономикой можно говорить, если неизвестны имеющиеся в наличии силы и средства, как сейчас? В сталинские же времена экономическая наука применялась на практике, и успешно.

ХРУЩЕ-ТРОЦКИЗМ

Врут все, но это не имеет значения,
потому что никто не слушает.
Закон Либермана

Подождите, скажете вы. А как же уравниловка? Ведь в советские времена всё время была уравниловка!

Всё – да не всё. Были и такие советские времена, когда одни жили в бараках, а другие – в роскошных квартирах и загородных особняках, уровень комфорта в которых и сейчас недосягаем для “новых русских”. Ну-ка, вспомните кое-какие фильмы. К какому времени они относятся? И фильмы эти – правдивы, тогдашняя элита так и жила. Хорошо это или плохо – другой вопрос, но какая же это уравниловка?

А кто же тогда устраивал уравниловку?

Недооценка важности товарно-денежных отношений – характернейший признак троцкизма.

Так, Троцкий, уже после высылки из СССР, главным грехом Сталина считал перевод всего хозяйства СССР на денежный расчет, а уж затем изоляцию от Запада. Вот уж этот-то деятель действительно был сторонником распределительной экономики (но при этом, как ни странно, противником изоляции нашей экономики от мировой)! Все отобрать и поделить – это Троцкий, а вовсе не Сталин. В этом отношении на Сталина клевещут сейчас и правые, и левые. Критиковать его можно, пожалуй, за обратное – при нем жизненный уровень основной массы населения и заслуженных личностей различался едва ли не сильнее, чем сейчас. Правда, тогда заслуги были другие – никому не приходилось скрывать, как ему удалось поселиться в "высотке".

Даже и у Сталина бывали провалы именно в сфере денежного обращения. Некоторые объясняются объективными причинами: во время войны значительная часть денежной массы из города перекочевала в деревню, но главное – в руки спекулянтов продовольствием, а с них ведь налоги не соберешь! Война – не школа гуманизма, во всех отношениях, не все во время войны происходит "по справедливости". Частично проблему решили денежной реформой 1947 года, именно против нажившихся на войне она главным образом и была направлена.

При Сталине не было той мелкой "халявы", с помощью которой Хрущев развратил народ, привил мысль, что бывает бесплатное благосостояние. На кухнях висели газовые счетчики, образование, начиная со старших классов, было платным. Это очень разумно – отношение к такому образованию другое. Мало кто знает, что именно Хрущев отменил плату в общественных туалетах – мелочь, но много говорящая.

В конце сталинской эпохи и позднее начались проблемы, главным образом из-за невысокого уровня экономического мышления нового руководства страны. Уж очень велик соблазн предстать в виде "доброго дяди", кинув какой-нибудь категории населения денежную подачку, куда труднее подумать о развертывании производства потребительских товаров. Промышленность группы А (производство средств производства) росла быстрее группы Б (производство потребительских товаров). А ведь и в тяжелой индустрии рабочие получали зарплату! А на что ее тратить? Денежная масса росла, все новые категории товаров "вымывались" из продажи. Хрущев начал повышать цены, не лучше было и при позднем Брежневе, когда рост благосостояния мерили в денежном исчислении.

Одна из причин такого отката от рыночной экономики при Хрущеве в том, что по взглядам он был “стихийным троцкистом” – “уравнителем и распределителем”. Замечание на эту тему уронил В.М. Молотов, сказав Ф. Чуеву, что Хрущев вступал в партию в шахтерской Юзовке, а тамошние парторганизации были троцкистскими. Может быть, Хрущев и не был сознательным троцкистом, но антирыночником был Троцкий, и Хрущев “хромал” именно на эту ногу. Вспомните, именно Хрущев, не справившись с колхозным рынком, уничтожил приусадебные хозяйства колхозников. А при Сталине этот рынок процветал, порой даже слишком.

Все же катастрофические решения в экономике были сделаны уже после Сталина, не то по глупости, не то по злому умыслу. И в науке бывают катастрофические решения! К таким смело отнесу появление экономических теорий 60-х годов, реализованных в виде реформы 65-го года. Ее у нас называют “косыгинской”, за рубежом – “реформами Либермана”, был тогда такой влиятельный воронежский профессор. Тогда додумались считать “безналичную прибыль”. А ведь до того не называли прибылью то, что не получается в результате продажи произведенного товара на рынке. Выражение же “расчетная прибыль” – верх идиотизма. Примерно то же, что: “Вы назначены первой красавицей!”. Впрочем, сейчас предъявлять претензии некому – все творцы экономической политики 60-70-х годов умерли или эмигрировали в США. (Забавно, что эта фамилия не первый раз появляется в истории российской экономики. Во время “бироновщины” был “теневой министр финансов” Либерман – личный банкир царицы Анны Иоанновны и Бирона. Тогда “курляндцы и лифляндцы” полностью распродали страну. Правда, приоритет российским руководством отдавался не родственникам по крови – немцам, а англичанам, им передали даже ценнейшую российскую монополию – торговлю шелком с Персией по Волге.)

Исключением из послесталинской цепочки генсеков был Андропов. Из всех качеств этого таинственного лидера самым замечательным было одно: он понимал всю серьезность ситуации в товарно-денежной сфере. Оказывается, он требовал ежедневных докладов о соотношении товарной и денежной масс – было такое мимоходное замечание в воспоминаниях одного из его помощников.

Так вот фатальная "ошибка" была сделана – в этом гайдаровцы правы – действительно, при Горбачеве, помоему, в 1987 году. Было выпущено постановление о госпредприятии, которое в корне меняло принципы денежного оборота в стране. По тексту постановления было разбросано несколько положений, которые при выстраивании в логическую цепочку давали следующее: предприятия получали право часть безналичной прибыли перечислять в фонд материального поощрения и обналичивать. Безналичная прибыль никогда не обеспечивалась потребительскими товарами, и безналичные деньги, хлынув на товарный рынок, катастрофически раздули денежную массу. Чем такие деньги отличались от тех, гитлеровских? Малые предприятия усугубили ситуацию: лица, приближенные к руководству предприятий, за месячную зарплату покупали "Жигули"; простые граждане несли пачки денег в сберкассы – больше девать было некуда. Товар исчез.

Были и ещё решения – Закон о кооперации (с налогами в 3 процента), Закон о совместных предприятиях (первая возможность для вывоза капитала и финансирования прозападных политиков), антиалкогольная кампания. Тогда ведь беда была не в том, что "вырубили виноградники", этим, кроме молдаван, никто не занимался. А вот в приходной части бюджета образовалась дыра! Всё это способствовало накачке необеспеченной товаром денежной массы. И кое-что из этого делалось по требованиям западных кредиторов, даже было условием предоставления кредитов!

РАЗДЕЛЕНИЕ ТРУДА

Работа в команде очень важна. Она позволяет свалить вину на другого.

Восьмое правило Фингейла

Почувствовав неладное, Рыжков пытался поднять цены на потребительском рынке (на не самые насущные товары, вроде деликатесов). В него со всех сторон вцепились расплодившиеся к тому времени шавки – и нардепы, и газеты.

На демократическом "фронте" тогда действовала уйма групп, выглядевших как вполне автономные. Они были и в партии, и в комсомоле, и в других официальных организациях, были и "неформальные" – военные, "солдатские матери", студенческие, женские, национальные, но хуже всего дело было в СМИ. Как многоголовая гидра, они высовывались то с одной, то с другой стороны, разрушая все, что еще оставалось от государства. КГБ ничего не мог сделать, ему ходу не было в партийные органы, а нити управления уходили туда – там назначали редакторов СМИ (Яковлев, Фалин, Игнатенко).

Вот вся эта шатия, распределив роли, как шайка мошенников, и "провернула дельце". Одни под видом "советников по экономике" подсунули "тухлую рыбу", а другие не позволили даже попытаться исправить положение. Виноватым остался Рыжков, и какая-то доля вины на нем лежит – нельзя руководителю быть таким доверчивым и подписывать все, что подсовывают. Подсунула, предположительно, "группа Шаталина".

Удар был нанесен точно. Наши враги давно заметили самое больное место психологии советского человека – чувствительность к виду пустых прилавков. Можно сколько угодно приводить статистические данные о потреблении продуктов, но "брюхо – злодей" – никто не помнит, как и что он ел в 1990 году, а вид очередей помнят все. Поэтому подрывная деятельность против СССР была сосредоточена на развале товарно-денежного обращения, а даже не производства. Оказалось, что для подрыва экономики не надо устраивать диверсии и теракты (хотя многие считают, что и без этого не обошлось – уж слишком плотно шли катастрофы в конце 80-х). Достаточно лишь развалить систему товарно-денежного обращения, и у всех создается впечатление, что в стране ничего нет.

В действительности же, в сфере производства к 1990 году были достигнуты невиданные ранее результаты – никогда ранее не выпускалось и не потреблялось столько продовольствия и прочего – вдвоевтрое больше, чем в конце 90-х. Но… Прилавки были пусты. Я помню, как в булочной "выбрасывали" шоколадные ассорти по 3р. 60к. – толпа, крики: "больше пяти не давать" и т. д. Во жили "бедные советские граждане"! Представляете подобное сейчас? А ведь сейчас мы объективно едим в полтора раза меньше, чем в 1990-м году, если считать в среднем.

И обмен банкнот тогда, в 1991 году, даже если бы демократы позволили правительству его провести, на самом деле уже не помог бы – даже тех денег, что лежали в сберкассе, было гораздо больше, чем товаров. А главное – дырка ниже ватерлинии (перелив денег из безналички в наличку) не была заделана.

И помочь уже нельзя было ничем, кроме введения рыночных цен, но пойти на это правительство не то не смогло, не то не захотело. Это привело бы к росту цен в два-три раза, а ведь даже за робкую попытку в этом направлении Рыжков был буквально растерзан СМИ. Тем более что кое-кто лежал на рельсах.

Вообще-то рыночные цены иногда творят чудеса. Вспомним, например, как возникала паника из-за соли – некоторые это еще помнят. При цене 10 копеек за пачку каждый может безболезненно купить хоть сто килограмм, а попробуй на всех паникующих завези в торговлю за несколько дней! А вот при рыночных ценах для торговцев начались бы золотые деньки. Они по случаю паники задрали бы цену рублей до десяти. После этого каждый покупающий пачку соли платит 9 рублей 90 копеек штрафа за глупость, а торговец получает премию за сообразительность, за вычетом дележки с государством, если налоговая система в порядке. И главное, не надо в пот вгонять верблюдов у озера Баскунчак – по 10 рублей соль не стали бы брать мешками. В общем, все это – тривиально, и демократические экономисты все это вполне правильно говорили. Почему в советские времена этого не было сделано? Возможно, начиная с Хрущева, с советской торговлей никто не мог справиться. Она бы продавала по десять рублей, а чек бы пробивала на десять копеек, вот поэтому, для простоты контроля, цены и были фиксированы. А может быть, ситуация постоянного "дефицита" была объективно выгодна правящим кругам, в широком смысле, включая туда и торговых работников.

Вот в такой ситуации и появилось правительство Гайдара, отпустившее цены. Парадокс заключался в том, что вот ему-то СМИ и нардепы это разрешили, да еще и на референдуме 1993 года народ его простил и поддержал. Неспроста разрешили именно Гайдару, видимо, он был нужен для чего-то такого, для чего Рыжков не годился.

Но получилось все совсем не так, как думалось.

Сейчас принято мягко подшучивать над прогнозами Пияшевой и Бунича от 1991 года – что цены немного повысятся, а потом даже упадут – на самом-то деле с 1992 года рост цен пошел в десятки тысяч раз. Но у этих "светочей экономической науки" есть некоторое оправдание – им и в голову не могло придти, что Гайдар начнет печатать деньги так, как у нас и в гражданскую не печатали. Сейчас денежная масса, оставшаяся от советских времен (она осталась, хотя банкноты и были обменены не один раз) составляет лишь одну десятитысячную от выпущенной реформаторами.

На самом деле рынок сам по себе не приводит к инфляции. В мире полным-полно примеров устойчивых рынков с постоянными и даже снижающимися ценами. Рост денежной массы при Гайдаре не связан с рынком!

Зачем Гайдару понадобилось запускать печатный станок? Сейчас он с умным видом говорит, что это было сделано, чтобы обесценить ничем не обеспеченные денежные накопления, возникшие из-за неправильной политики времен Горбачева. Гайдар выдает нужду за добродетель – эти накопления были бы достаточно обесценены только за счет роста цен – в те самые 2-3 раза.

Так зачем же он еще и начал печатать деньги? Он, возможно, и не хотел, но был вынужден. Произошло это потому, что демократы если и знали западную экономику, то по книжкам, а в книжках не все пишется открытым текстом.

ХОТЕВШИЕ СТРАННОГО

Мы и кухарку научим управлять государством!
Л. Троцкий

Сначала сделаем допущение: представим себе, что младореформаторы хотели нормализовать положение дел в экономике. Действительно, к лету 1991 года экономика находилась в плачевном состоянии. Гайдар говорит, что он получил от коммунистов тяжелое наследство: это верно, если только считать Горбачева коммунистом. Тем не менее, демократам надо было решать много задач: перевести военную промышленность на производство мирной продукции, сократить армию, выведя многие ее части из-за новых границ на российскую территорию, обеспечить материальные основы для роста мелкого и среднего предпринимательства, занимающегося реальным производством. Масштабнейшая задача – преобразование колхозно-совхозной деревни в фермерскую.

Ведь надо обеспечить фермеров машинами, а 700-сильный “Кировец” фермеру не нужен. Итак, задач у правительства реформ была уйма, и все они требовали больших средств, источником которых мог быть только бюджет. Не может оборонное предприятие перестроиться на мирную продукцию за пару дней – по крайней мере несколько месяцев оно не будет выпускать ничего, а на что оно будет жить, у кого и за что оно будет покупать оборудование для мирного производства?

Самое-то неприятное в этих тратах то, что это не инвестиции. То есть эти денежные траты никоим образом не могут за три года принести прибыли, и не было никаких надежд, что кто-то со стороны произведет столь масштабные вложения. И не так важно, были ли среди реформаторов практические работники – эти проблемы понятны и тем, кто ни дня не работал на конвейере.

Отсюда следует, что главнейшая проблема правительства реформаторов должна была состоять в максимальном наполнении государственного бюджета. Ведь можно было попытаться сохранить хотя бы советский бюджет, но этого не было сделано.

Проблема в том, что когда в обществе царит стабильность, то каждый субъект, вообще говоря, сколько получает денег, столько и тратит. В том числе и государство. Только понятие “государство” надо понимать правильно – это не “все мы”, а некоторая надстройка над обществом, отдельная организация, как ЖЭК, только побольше.

У государства есть свои траты, оно вынуждено платить зарплаты бюджетникам, пенсии, пособия и т. д. Чтобы эти выплаты не увеличивали денежную массу, надо платить не новыми деньгами, а **собранными с населения и других юридических лиц**.

А почему же опустел бюджет?

В советское время в приходной части бюджета были “три кита”: прибыльные госпредприятия, прибыль от торговли, главным образом алкоголем, и экспорт. За счет первых двух дотировались убыточные госпредприятия и другие потребители бюджета, за счет третьего осуществлялся импорт товаров народного потребления и уникальных технологий.

Что же было сделано в начале реформ?

Во-первых, были приватизированы **прибыльные** госпредприятия. Надо сказать, иностранные специалисты очень этому обстоятельству удивлялись. Ведь на Западе приватизация – достаточно обычная процедура, но приватизируют убыточные госпредприятия, и не для создания мифического "класса собственников", а для снятия нагрузки на бюджет.

Таким образом, в госбюджет стала попадать не вся прибыль, а лишь ее часть, взимаемая в виде налогов. Простая задачка на сообразительность: если раньше вся прибыль перечислялась в казну, то каков должен быть налог с прибыли приватизированного предприятия, если его рентабельность не изменилась?

Решили задачку? 100% получилось? Но за счет чего будет жить частный собственник? Может быть, под управлением частного предпринимателя заводы будут работать лучше? Ну, например, предположим, что прибыль увеличилась вдвое. Тогда достаточно взимать 50%, и бюджет не пострадает.

Практика этого не подтвердила. В сфере реального производства рентабельность не выросла. По той самой причине, о которой уже говорилось. У нас нет предприятий, занимающихся реальным производством, которые стали более прибыльны в результате перестройки и реформ. Если мое утверждение вам покажется сильным, то подумайте: в каких бы денежных единицах мы ни считали прибыль, она в любом случае отражает вновь созданную стоимость. А эта вновь созданная стоимость в реальном исчислении у нас все меньше и меньше, по сравнению с 1990 годом уже в 2-3 раза. Даже при добыче нефти!

Вот поэтому даже если и удастся собрать все налоги с приватизированных предприятий (а это вряд ли), все равно по первой составляющей прихода в бюджет произошел резкий спад. И дальше, вместе со спадом экономики, он будет только увеличиваться.

Вообще, когда описываешь деятельность российских реформаторов, надо применять "золотое правило", или "бритву Хеллона": "Не усматривайте злого умысла в том, что вполне объяснимо глупостью". Но для случая отмены **госмонополии на водку** такое простое объяснение, по-моему, не подходит. Эшелоны с импортным пойлом в день отмены госмонополии пошли через границу, как немцы 22-го июня, примерно с тем же результатом для нашей экономики. Кто не знает, что эта монополия для госбюджета – золотое дно, особенно в специфических условиях нашей страны? А собрать акциз (специализированный налог на водку) с частного импортера, производителя и продавца немыслимо, также в силу этих особенностей. Это уже не пробоина в днище госбюджета, как во времена антиалкогольной кампании, а все днище отвалилось!

Гайдар сам, добровольно, отказался от этого источника финансирования, как и от всех других **прибыльных госпредприятий**. Я не могу привести свои предположения о причинах этих решений, хотя они у меня есть, потому что такое не для печати. Единственное объяснение, не очень обидное для "реформаторов" того времени – что они были использованы для камуфляжа, а реальные дела делались кем-то совсем не в интересах рыночной экономики.

Если чуть поконкретнее, то в это время у нас в стране самым сильным слоем были те, кто уже держали в руках прибыльные госпредприятия, в том числе торговые, и собирались их присвоить. Они-то и были хозяевами правительства "реформаторов", а о какой-то цельной программе реформирования страны они и не думали. Им была нужна от правительства только приватизация, остальное они оставили на усмотрение Гайдара.

В результате и началась гайдарономика, а когда в государстве все продают негосударственные хозяйственные субъекты, деньги самому государству не возвращаются, они ходят по цепочкам продавцов и покупателей, не заглядывая в госказну.

А что касается прибыли от **внешней торговли**, то, что с ней стало после отмены госмонополии, и говорить не хочется, и так все ясно. Надо только пояснить, что вплоть до 1994 года в структуре экспорта еще присутствовала продукция обрабатывающей промышленности, а сейчас ее почти нет. А экспорт сырья увеличить нельзя, он уже достиг предела.

Вернитесь к Таблице 1 (структура российского экспорта). Видите, где крутятся основные деньги? Так, русские меха вряд ли являются источником особо крупных состояний, чего там – какие-то 300 млн. долл. Нефть, газ – это да. Но если про нефтегазовиков все знают, то кто слышал про торговцев аммиаком или минеральными удобрениями? Оказывается, крупнейшая отрасль, сплавляют за рубеж на миллиарды, и молчком.

Что-то из этого продается государством, что-то – частниками, что-то смешанными предприятиями. Некоторые из них по несколько месяцев не возвращают в страну выручку, некоторые вообще не показывают прибыли и поэтому не платят государству ни цента. Способов много.

Начиная с 1995 года в государственной статистике начался период развала, поэтому цифры, относящиеся к 1995-1998 гг., еще менее достоверны. Разница между данными Госкомстата и таможенных служб достигает миллиардов долларов. Но общая тенденция такова – экспорт продукции обрабатывающей промышленности резко падает, экспорт сырья также падает, хотя и медленнее. А ведь это главный источник валюты в госбюджете, даже после того, как туда стало попадать не более 15% выручки от экспорта.

Как оказался в значительной степени приватизирован экспорт сырья – Бог весть. Точнее, известно как – на основании нескольких президентских указов

1992-1998 годов. Закона о приватизации в нефтегазовых отраслях, например, нет и не было. Сама процедура приватизации выглядела так, что и не зная деталей, можно было предполагать какое-то мошенничество. Думаю, детали будут обнародованы – потом, в ходе показательных процессов. Я не кровожаден – просто, если этого не произойдет, то значит нам всем конец, и "правым", и "левым".

Но загадка-то состоит вот в чем – **зачем** это было сделано? Зачем десятки миллиардов долларов были просто так отданы частным лицам? Просто чтобы у нас были свои миллиардеры? И кто отдавал? И почему отдал, а не взял себе, точнее, кто же реально распоряжался народным достоянием?

Почему Норильский комбинат имени Завенягина был приватизирован за сумму, в несколько раз меньшую, чем дает годовая продукция этого комбината? И почему даже эти деньги были получены "Онексимбанком" в качестве кредита от "государства"? А комбинат, если кто не знает, дает большую часть российской меди, никеля, платины, палладия (это металл платиновой группы). И еще что-то выпускает, что в бронированных вагонах возят. Кстати, Авраамий Петрович Завенягин, в честь которого назван комбинат, был техническим руководителем советского атомного проекта.

А научились ли все эти ...ские продавать за рубеж что-то лучше, чем раньше продавало государство? Лучше ли продаются "Жигули" и сибирская нефть? Вопрос риторический, понятно, что эти господа прожирают сейчас то, что принадлежит всем, ну, может быть, часть используя на откорм гайдара в широком смысле этого слова.

А ведь эти деньги могли бы поддержать "дело реформ". Почему же реформаторы не захотели все немаленькие ресурсы Советского Союза бросить на построение настоящей рыночной экономики? Ведь был период, когда в их руках были все рычаги? Странная, очень странная история.

Отдать сумасшедшие деньги никому не известным личностям и затем умолять их заплатить хоть сколько-нибудь налогов? Ну не идиоты ли эти реформаторы? К тому же, в отличие от "олигархов", демократы первой волны сейчас совсем не богатые люди. Их поддерживают на плаву, для них созданы какие-то фонды и институты, питающиеся, видимо, из бюджета, их вывозят на симпозиумы и семинары, проходящие в курортных местностях, но ни личных самолетов, ни вилл во Флориде у них нет. Конечно, их достаток не сравним с достатком среднего "россиянца", но это не то, за что стоило рисковать жизнью. А они рискуют, и сейчас, весной 1999 года, это особенно ясно.

Если бы реформаторы хотели преобразовать Россию, то устойчивый бюджет дал бы им самое главное – поддержку населения. Да я сам был бы доволен Гайдаром и Чубайсом! Зачем же они сами себе оторвали это самое (в политическом смысле)? Ведь после развала бюджета говорить о поддержке государством чего бы то ни было можно только в сослагательном наклонении. Осмысленная поддержка реформ стала невозможной. Да полно, собирался ли кто-то что-то делать? Нет, конечно.

Все вышеописанное можно было бы не приводить, если бы не необходимость пояснить: все, что случилось у нас в стране, никак не связано с "рыночной реформой экономики". Из анализа действий реформаторов хорошо видно, что цель была другая. И они не просто проглядели ситуацию с инвестиционной непривлекательностью России.

Так что суть реформ состояла не в построении каких-то там мифических "рыночных механизмов". Суть была в простой и грубой экспроприации доходов государства в пользу кучки частных лиц, без всяких попыток построить частно-предпринимательский капитализм как таковой. Все крики о "продолжении курса реформ" и "цивилизованном рынке" – лишь дымовая завеса, погремушка для кретинов.

Все, что происходило потом – лишь деятельность по сохранению такой ситуации. Кстати, "для умных" добавляли еще и об "интеграции в мировую экономику". О, это важное добавление!

РЕФОРМА – ЭТО НЕ ДЛЯ ДУРАКОВ

Руководи по книге, даже если не знаешь ни имени автора, ни названия.
Пятый закон управления Лофтуса

Демократы вроде бы собирались заменить традиционные источники госдоходов сбором налогов, но если так, то они невнимательно читали западные книжки. А там в неявной форме сказано, что организация налоговой системы – дело непростое, оно не для дураков.

Люди на Западе платят налоги не потому, что это им нравится, а потому, что если они их не заплатят, то их обязательно посадят в тюрьму. А чтобы гарантированно сажать "уклонистов", надо, чтобы система сбора была отлажена. Но при этом и на Западе трезво оценивают возможности даже самой лучшей системы, и в каждой стране учитывают особенности своего общества.

Так, самый известный налог – с прибыли – наиболее труден для сбора. Практически невозможно перекрыть все каналы укрытия прибыли предприятиями и частными лицами. Реально такая система может функционировать только в полностью тоталитарном государстве, где абсолютно все заработки и траты фиксируются. Такая страна в мире одна – там вы букет любовнице не купите, чтобы это не стало известно налоговым органам. В принципе вы можете платить не чеками, а снимать наличные со счета – но осложнений при отчете (сдаче налоговой декларации) будет столько, что наличными стараются не пользоваться. Американцы, при всей своей "любви к свободе", безропотно пользуются кредитными карточками, хорошо сознавая, что тем самым их личная жизнь становится для кого-то совершенно прозрачной. Ведь информация о любом платеже сразу попадает в базы данных, где учитывается, кто, что, где и когда купил.

Повторить американскую систему даже в Западной Европе не удалось, поэтому там действуют другие способы. Главный – налог с продажи. При каждой покупке часть денег идет государству – в Англии, например, 28%. Таким образом, при каждом обороте денежной массы больше четверти ее возвращается государству. Контролировать взимание этого налога проще, чем с прибыли – покупка без чека – правонарушение, в Италии, например, штрафуются и продавец, и покупатель, если не берет чек, например, на кружку пива (так было несколько лет назад, а сейчас итальянцы привыкли брать чеки, и налоговые офицеры не зверствуют). Разными способами, но почти весь товарооборот на Западе учитывается.

Естественно, в этих условиях "черному налу" взяться неоткуда, работодатель не может давать зарплату в конвертиках, поэтому и налог с зарплаты можно собрать. Не как у нас, когда подоходный налог платят только бюджетники. То есть главная польза налога с продаж даже не в прибыли государству, а в том, что на нем базируется борьба с укрытием финансовых потоков.

Кстати сказать, если заменить налогом с продаж другие налоги, то побочным результатом станет сокращение посредников, расплачивающихся "налом". У нас при 2% налоге цены подпрыгнули на 10% – уж не значит ли это, что каждый товар на пути к покупателю проходил через пятеро рук? А в Англии при 28% с каждой продажи лишний посредник автоматически удорожает товар настолько, что его уже не продать.

Хотя каждый отдельный предприниматель недоволен налоговыми службами, на самом деле они спасают его от рэкета – когда у коммерсантов нет неучтенных государством денег, у бандитов нет "экологической ниши", им остается только трясти проституток и торговцев наркотиками. У нас же за время реформ те, кто в них поверил, были физически истреблены – в год от пуль киллеров погибало до 5 тысяч коммерсантов, сами посчитайте итог – и коренной причиной этого холокоста является отсутствие налоговой системы.

То есть сначала надо было подумать, как возвращать в казну деньги – а уж потом цены отпускать. Демократы это сами признают – да, дескать, ошибочка вышла. Ничего себе ошибочка – сначала соревнования по прыжкам провели, потом вспомнили, что воду в бассейн надо наливать.

Вернемся к нашим баранам, то есть к причинам инфляционной спирали при Гайдаре. После того, как гайдаровцы отдали источники прибылей бюджета частным лицам, встал вопрос – что делать? Вообще из госбюджета ничего никому не платить? Все-таки решили – платить. Напечатали денег, выдали зарплаты, пенсии и пособия. Люди купили на них еды, деньги, как в "черную дыру", провалились в частную торговлю. Далее по алгоритму – подходит новый месяц, в бюджете денег нет, а денежная масса в стране выросла на объем выплат прошлого месяца – цены тоже выросли, см. уравнение Ньюкомба-Фишера. Нужна новая порция денег, и побольше. В общем, жуть.

Конечно, дело не только в глупости Гайдара, если это глупость. Дело в том, как именно такой человек на этот пост – с правом подписи – попал. Ведь его персонально рекомендовали на пост премьера. Кто рекомендовал? Известно, кто, дед Пихто. Мы вам компьютеры и ксероксы для победы на выборах, а вы нам – развал Союза и крах экономики. Так, конечно, никто не говорил, произносились-то разные красивые слова…

Порой складывается ощущение, что реформаторы в данном случае поступили как дебильный мальчик, которого большой дядя-террорист за шоколадку или ради игры отправляет отнести сверток в людное место. Но если пытаться выяснить обстоятельства более серьезно, почитав мемуары демократов во власти, то окажется, что единой команды реформаторов не было, каждый на своем немаленьком посту принимал те решения, которые считал нужным. В результате к некоторым внешне правильным мерам (да-да, иногда даже правильным) были добавлены маленькие, незаметные поправки в чьих-то конкретных интересах, которые и привели к краху и скомпрометировали рыночную систему на долгие годы вперед. То есть среди реформаторов-гайдаровцев (и догайдаровцев) были жулики, были хитрые враги, а были и честные идиоты, этими хитрыми врагами поставленные, и мера вины у них разная. Честные идиоты хотели построить рыночную экономику, а враги хотели разрушить советскую экономику, независимо от того, рыночная там она или плановая. Жулики же интересовались лишь быстрым ростом своего благосостояния.

Вся послегайдаровская история заключается в попытках уменьшить выплаты бюджета и собрать имеющиеся у частников деньги. Пресловутые задолженности по пособиям и зарплате – один из вынужденных способов. Это ведь не со злобы делается, но по-другому у Черномырдина не получалось.

Вообще в мире при сборе налогов действует простой принцип – нельзя допускать, чтобы граждане (предприниматели) богатели сильнее, чем экономика в целом. Если национальное богатство за год выросло на 3%, то и предприниматели должны разбогатеть максимум на столько же! А излишек надо отобрать в виде налогов. Конечно, "флагманам прогресса" позволяют заработать и больше – но этот излишек идет за счет остальных.

У нас же вместо сбора налогов использовались и совершенно самоедские способы – так как у государства для продажи ничего не осталось, то продавалось то, что было – доллары Центробанка, получаемые за счет кредитов. Эпопея с кредитами 1991-1999 гг. еще ждет своего Гомера – чего только не вытворяли. Выпущенные в 1992 году "вэбовки" (ценные бумаги Внешэкономбанка)... объявили долгами СССР! Скончавшегося в 1991 году!

Чтобы столь экзотическая экономика могла хоть как-то существовать, кредиты брали всеми способами – и напрямую, и разрешили брать кредиты и субъектам Федерации (Москва, Питер, Татарстан), и привлекли иностранных банкиров для игры в пирамиду ГКО. При этом, если верить Чубайсу, при переговорах с МВФ он шел на прямой обман своих партнеров, создавая впечатление, что эти кредиты смогут быть выплачены. На самом-то деле не такие там дураки, у них был свой интерес... они прекрасно понимали, что эти кредиты уйдут на выплату им же процентов по ГКО.

В дело пошли и долларовые вклады "населения" в Госбанк, и даже из коммерческих банков доллары были выманены той же морковкой ГКО. Все-таки Маркс для своего "Капитала" нашел отличную цитату, описывающую поведение капитала при виде большой прибыли. Действительно, за 80% годовых российский капитал с удовольствием сломал себе голову. Надо ведь хорошо понимать, что "обманутый вкладчик" – это и есть самый чистый тип капиталиста, который только вкладывает капитал, а не управляет банками и не организует производство.

Почему же реформаторы решились "кинуть" даже наиболее массовых российских капиталистов?

А потому что товарное изобилие на прилавках было последним козырем реформаторов, поэтому они не могли ограничивать импорт потребительских товаров. А ведь импорт товаров – это экспорт долларов! Так наши оптовики вывезли и доллары Центробанка, и доллары коммерческих банков, в погоне за прибылью вложенные в ГКО, в том числе доллары частных вкладчиков и иностранных кредиторов.

С налоговой службой так ничего пока не вышло – вот, например, в официальном прожиточном минимуме москвича (май 1999 года) – 1 640,69 руб. – налоги и другие платежи составляют всего 85,32 руб. Немногим больше эта доля и у тех, кто получает больше минимума, к вящему удивлению иностранцев. По мировым понятиям это мизер, ни одно государство на эти суммы не проживет. Как у вас государство еще что-то платит – изумляются они.

Ну, если реальная власть в стране у тех, у кого и деньги, то кто же будет брать налоги с себя? Всегда есть надежда, что те, кто разрушают страну, усовестятся. К сожалению, натура человеческая не очень хороша. Если человек получает прибыль, в то время как страна разрушается, он объективно заинтересован в продолжении процесса разрушения, и будет этому способствовать, и найдет своему поведению массу оправданий. Скорее всего, убедит себя и ближайшее окружение, что не делает ничего дурного, а, напротив, "создает рабочие места" "среди всеобщего бардака".

МЕШКИ

> Наиболее высоконравственны обычно те, кто дальше всех от решения задач.
>
> *Принцип Алинского (не опечатка – именно Алинского)*

И еще одна странность, связанная с внешностью реформаторов. Приходилось слышать, в том числе и от опытных врачей, что поведение некоторых реформаторов объясняется "клиникой". Симптомы есть, это верно… По замечанию Говорухина, если Гайдара оставить в парке Горького, то он не найдет выхода, и знакомые с Гайдаром это подтверждают. Многие ведущие "реформаторы-экономисты" отмечены явной печатью. Что творится у них в головах, просто страшно представить. Те же, кого можно показывать, также отличаются странностями. Как ведет себя Немцов в людных местах, просто легенды ходят… Премьер приглашает Явлинского на важнейшее совещание по оборонной политике, а тот заявляет, что не сможет удержать услышанное в секрете. Это уже даже не политика.

А Анатолий Чубайс? Его чистосердечный рассказ, как он "кинул" партнеров из МВФ, взяв кредит на одни цели и использовав на другие – не имеет аналогов среди выступлений реальных политиков. Жириновский мог бы сказать что-то подобное, но не про деньги же! Если это не признак какой-то "странности", то что же это тогда? А уровень "экономического мышления" Чубайса? Он вслух (никто за язык не тянул) заявил, что долги в 140 млрд. долларов – ерунда, дескать, у нас на 400 миллиардов валовый национальный продукт ежегодно. Тут надо пояснить, что в счет ВНП включается все производство товаров и услуг – например, заплатив таксисту тридцатку за проезд, вы тем самым увеличили ВНП на 30 рублей. Но как этими деньгами можно заплатить внешние долги, знает один Чубайс. На самом-то деле внешние долги можно заплатить только тем, что мы продаем за границу – а этого у нас немного.

Я думаю, что в будущем мы получим доказательства того, что известные нам как "реформаторы" люди – на самом деле подставные фигуры, не ведавшие, что творят. Как их нашли, как выяснили, что они подходят для этой цели, как их "запрограммировали" – в конце концов будет известно. На жаргоне спецслужб (как в фильме "Транссибирский экспресс") таких называют "мешками". ("Мешок" – это человек, которого ликвидируют после политического убийства на месте преступления, чтобы отвести подозрения от настоящих убийц. Он даже не убивает. Таким "мешком" был, возможно, Ли Харви Освальд.)

И "теоретики", гладко выступающие по телевизору – тоже знакомое явление. Каждый преподаватель встречался с ним, но, обычно, в легкой форме. Попадаются студенты с отличной памятью, которые, так и не поняв сути того, что им рассказывают, могут подробно все воспроизвести, и даже ответить на уточняющий вопрос. Сходным образом актеры и нищие исполняют роли на незнакомом языке – просто выучивают их, по буквам, порой даже не зная, о чем говорится в их репликах.

Выяснить, понимает ли такой студент, что говорит – непросто, единственный способ – дать решить задачу. Если учебные программы решения задач не предусматривают, то, к сожалению, такие студенты становятся отличниками и идут даже дальше, так и оставаясь имитаторами с отличной памятью. Они знают, что если произносить определенные слова в определенном порядке, то их будут приглашать для произнесения этих слов в людные места и телестудии и хорошо за это платить. Они не лишены интеллекта – без обучения они умеют находить слова, за которые платят больше всего, и менять их на новые, когда предыдущие устаревают и за них платят меньше. Так медведь в зоопарке сам, без всякого обучения, учится делать забавные жесты, не понимая, кстати, что же в них забавного, да и не интересуясь этим. Но за это бросают конфетки!

В обычной жизни – это вполне благополучные, разумные, состоятельные граждане. Думаю, что в моральном отношении они по крайней мере выше телеведущих, приглашающих их в студии для выполнения определенного политического заказа, но ниже остальных граждан. Чаще всего такие "ученые" и не подозревают о какой-то связи между словами и реальными явлениями, считая, что если за слова платят – то это вполне пристойный заработок.

Кто эти люди – пусть уважаемый читатель догадается сам.

НЕТ ХУДА БЕЗ ДОБРА

Ну так что же – мы пришли к выводу, что реформаторы не понимали, что они делают? Это для них, вообще-то, приемлемый выход. Потому что если понимали...

Предположим, что "реформаторы" вменяемы. Получается, что обещания достичь процветания с помощью иностранных инвестиций с самого начала были крупнейшим мошенничеством. Это не проявление эмоций – каждый, обещавший приток иностранных инвестиций – действительно мошенник, в том смысле, как это определяется Уголовным Кодексом.

Таким образом, значительно облегчается решение одной из задач, ныне уже встающей в повестку дня. Как наказать реформаторов, если, во-первых, многие из них получили разрешение на свои действия от более-менее законно избранных должностных лиц или даже такими лицами и являлись, а, во-вторых, за время своего правления они так изменили Уголовный Кодекс, что их действия перестали быть преступными?

Так вот, некоторые из реформаторов присвоили себе видовое название "экономист". Все они обещали расцвет российской экономики благодаря притоку иностранных инвестиций. Так как такие обещания – обман, причинивший крупный ущерб, то эта группа реформаторов и может быть привлечена к суду за мошенничество (ст. 165 УК п.3 "Причинение имущественного ущерба путем обмана и злоупотребления доверием"). До пяти лет, между прочим, и то если "без признаков хищения". Если же с признаками...

Конечно, если припрет, то они могут отбояриться непониманием сути дела. Правда, в этом случае они мошеннически получили свои ученые звания и степени (ст. 324 УК, "Незаконное приобретение... официальных документов, предоставляющих права..."). Тут поменьше – до года.

И не надо принимать новых законов и придавать им обратную силу, все необходимое в ныне действующем УК уже есть. Разобраться в этом деле легко сможет любой судья, даже без специального экономического образования, средней школы вполне хватит.

Также становится чисто технической проблема выявления политических деятелей, пригодных к употреблению. Надо лишь просмотреть их высказывания за последние годы. Если там содержатся размышления о скором начале бурного потока иностранных инвестиций, значит данный деятель или жулик, или дурак, или враг, и использовать его надо с очень большой осторожностью, постоянно следя, чтобы не наделал вреда.

РЕФОРМЫ – ПРИСКАЗКА, СКАЗКА ВПЕРЕДИ...

Все грибы съедобны, но некоторые только один раз.

"Определитель грибов мира"

Так что не следует считать, что реформаторы достойны наказания за внедрение рыночных отношений. К этому они совершенно непричастны, никаких "рыночных реформ" они и не собирались производить. Если бы настоящие рыночные реформы с самого начала проводились под руководством профессионалов, то, вполне возможно, ситуация к настоящему времени была бы получше. Ведь очевидно, что правительство Примакова, Маслюкова и Геращенко решало многие проблемы, находясь в достаточно трудной ситуации. Коренная проблема рыночных отношений в нашей стране – фон, на котором и разворачиваются все прочие события – это инвестиционная невыгодность наших предприятий по сравнению с остальным миром. Эту проблему без отгораживания от "мирового рынка" не решить. Если посмотреть внимательно на шаги правительства Примакова, то хорошо видно, что многие его шаги были направлены именно на затруднение вывоза валюты и иных форм капитала за границу.

Так вот вопрос – что, Примаков не рыночник? Рыночник, но умный. Он не отменял рынок, а всего лишь разделял мух и котлеты. В той или иной мере он возвращал украденное у государства имущество, прекращал грабеж государства банками и осложнял их возможности по переправке капиталов за рубеж. И, по утверждению С.Ю. Глазьева, сократил темп вывоза в три раза. Это ослабление российского рынка? Это усиление рыночной экономики. Вот поэтому в 1991 году премьером стал Гайдар, а не Примаков.

Вина реформаторов не в том, что они ввели в России рынок, и беды России не от рынка, как такового. Все вышесказанное подводит к совершенно определенному выводу: группа реформаторов ничего не собиралась делать, чтобы построить в России экономику западного типа. Либо они вообще ничего не понимали, как Боровой, либо в какой-то степени понимали и просто играли свою роль. Но кто же ими руководил и какую цель преследовал?

Высказывается версия, что реальными действующими лицами были те люди, которых мы позднее узнали как олигархов. Но они мало что от этого получили – ведь они еще не старые люди, им бы жить да жить – а ситуация в России дает им в лучшем случае несколько лет. И главное – когда для них создавалась питательная среда, о них никто не знал, они были никем. Они никак не могли влиять на принятие решений.

Если американцы – то чего хотели они? Почему они не захотели поспособствовать превращению России в миролюбивое рыночное государство, союзное США? Ведь был период, когда у американцев были в России очень выигрышные позиции, все от них были без ума. Кто помешал?

Если у реформаторов были умные западные советники, озабоченные сравнительно легким врастанием России в мировую экономическую систему, то неужели кто-то из них мог посоветовать такие шаги? Совершенно очевидно, что нет. Но умные советники вообще были – известно, что для победы на выборах они, как и избирательные технологии, щедро предоставлялись демократам Западом.

Более того, нам предоставлялись "связанные" кредиты, то есть часть средств из них полагалось использовать именно на оплату консультантов. Гонорары выплачивались, советники работали во многих министерствах и в аппарате Президента. До сих пор реформаторы пользуются мощной финансовой поддержкой, прямой или завуалированной под разные премии и стипендии. Неужели нельзя было оплатить услуги понимающих экономистов? Ведь в случае удачи приз был бы огромен – мирное объединение почти всего мира в единый рынок и конец идеологии коммунизма. У оппозиции не осталось бы ни единого шанса – ну кто был бы недоволен, если бы уровень жизни был как на Западе? В этом случае и российские коммунисты перешли бы на положение какой-нибудь Компартии США, о существовании которой никто и не знает. Почему же Запад этим шансом не воспользовался?

Хорошо известно, и не раз писалось во многих воспоминаниях, что и Гайдар попал на пост премьера по прямому указанию американцев. Ну неужели кто-нибудь из наших реформаторов не выполнил бы "совет" Запада? Да если бы им такое во сне приснилось, они тут же бы со страху и померли.

Но и пресловутый Джеффри Сакс не одобрил разрушение бюджета и тот порядок приватизации, который был принят в нашей стране. Забавно, но известный советолог Стивен Коэн весной 1999 года жаловался в интервью, что русские связывают замысел "реформ" с американцами. Дескать, быть такого не могло!

Так почему же американцы не взяли руководство на себя?

Да причина лежит на поверхности! Американцы заранее знали, что после подключения к мировому рынку экономика России не будет работоспособна! А раз так, то не стоило и стараться. Надо было сделать то, что можно и нужно (американцам). А реформаторов жалко, конечно... но это жертва на алтарь правого дела глобальной экономики. Вместо государства-союзника американцы получили... полное отсутствие российского государства.

Вот главное – не личные качества реформаторов, не "допущенные ошибки". Общий неблагоприятный фон экономической ситуации в стране обусловлен включением в мировую экономическую систему, ориентированную на прибыль и не признающую государственных границ. Именно это и надо менять.

Поэтому, господа-товарищи российские капиталисты! Если ваш бизнес – здесь, если вы хотите жить при строе, где у вас, ваших детей и вашего бизнеса будет будущее – отвернитесь с презрением от той шайки-лейки, которая занимается вывозом из страны сырья и стратегических запасов. Их халява скоро кончится, а на их наворованные капиталы найдется много претендентов за рубежом, и российское государство не будет им защитником.

Я лично не вижу сейчас других классов в нашем обществе, кроме тех, кто каким-то образом прикоснулся к рыночной экономике. Так уж сложились обстоятельства. Из этих классов и могут появиться люди, которые создадут новое государство на нашей территории.

Это государство будет особого типа – на Земле таких не может быть много. Из функций, обычно присущих государству (оборона, суд, социальная защита), главной будет необычная функция: защита экономических субъектов (фирм, предприятий) от соревнования с внешним миром по критерию эффективности. А вот внутри страны вполне возможно и такое соревнование.

На самом деле такую функцию выполняют и другие государства, но они защищают не всю экономику, а лишь некоторые, слабые по критерию эффективности, но важные предприятия. У нас слабы все.

Возможно, это произойдет не раньше, чем экспортеры все-таки доведут страну до краха. Не знаю даже, появится ли оно (государство), но государств другого типа, "интегрированных в мировую экономику", на территории Восточной Европы, уж точно, никогда не будет.

ПРОЗРЕНИЕ

Нельзя ничего сказать о глубине лужи, пока не попадешь в нее.

Закон Миллера

Когда события принимают крутой оборот, все смываются.

Закон Линча

Итак, реформаторы все эти годы лгали, что иностранные инвестиции привлечь можно. Их ложь нанесла огромный ущерб законным правам и интересам граждан, то есть реформаторы совершили преступление, предусмотренное Уголовным кодексом. Там есть соответствующая статья (та самая ст.165), хотя и не расстрельная. Интервью Коха (см. далее) – это убийственные свидетельские показания по делу реформаторов, это очень хорошо. Их уже можно наказывать за уголовное преступление, еще даже не привлекая за государственную измену или что-то подобное – поскольку сейчас, согласно УК, ничто, кроме шпионажа, государственной изменой не является.

Правда, по некоторым косвенным признакам можно сделать вывод, что среди реформаторов чаще встречается все-таки вариант Б.Федорова, и просветление произошло не у всех, а только у тех, у кого есть что просветлять. Так, за проведение реформ уже повинился Петр Авен, а вот Ясин и Гайдар держатся как кремень. Причина различного поведения понятна: Авен – шустрый малый, совсем недолго поработав в правительстве в 1992 году, он обзавелся своим банком, и даже 17-е августа его финансово вроде не подкосило, а Гайдар, кроме как раздувать щеки в казенном кабинете, ни на что не пригоден. Как говорят дети, "ни украсть, ни на стреме постоять".

Как уже говорилось, в начале реформ Чубайс рекомендовал друзьям обзаводиться промышленными предприятиями. Если бы он был такой умный тогда, как Кох сейчас, он бы, скорее, помог бы им Сибнефть приватизировать, а не Уралмаш.

Но неужели реформы в России – всего лишь результат заблуждения "реформаторов"?

В отношении некоторых и в какой-то степени – да. Это касается даже некоторых западных, так сказать, практических экономистов. Причина та же, что и у Маркса – не учли местных условий. И некоторые это даже поняли!

Вот, например, даже Джордж Сорос недавно (в 1998 году) предположил, что принцип свободного перемещения капиталов, вообще, по его мнению, благотворный, к России неприменим. А ведь вся его финансовая карьера сложилась благодаря использованию этого принципа. Взрывной рост экономик новых промышленных держав Юго-Восточной Азии и Латинской Америки – также следствие применение этого принципа. Без принципа свободного перемещения капиталов в более выгодные отрасли в западной экономике было бы невозможно то развитие новых, революционных технологий, которым гордится (и справедливо) западный мир. И плоть от плоти западной финансовой системы, удачливый валютный спекулянт, миллиардер Джордж Сорос говорит в 1998 году то, что не всякая оппозиционная газета решится напечатать. Вот парадокс!

И это при том, что именно фонд Сороса оплатил написание и выпуск огромного количества экономических трудов и учебников, провозглашающих именно благотворность этого принципа, в котором сам Сорос теперь засомневался. Вряд ли бы он признался в своих сомнениях, если бы был неискренен с самого начала. Похоже, что Сорос и некоторые другие действовали из самых лучших побуждений, веря, что способствуют становлению рыночной экономики, которая и приведет Россию к процветанию.

Эта ошибка Сороса – следствие распространенного заблуждения, а именно веры в повсеместную применимость неких общих принципов. Надо сказать, что все, произошедшее с нашей страной – сильнейший и окончательный довод против современной экономической системы. Сейчас любой народ, не принадлежащий к "золотому миллиарду", видит, что произошло с когда-то второй державой мира, стоило ее народу потерять бдительность. Ведь раньше катастрофы случались все-таки с не очень значительными странами, и крах экономики Боливии, например, поддавшейся в свое время лохотронщикам из Валютного Фонда, не производил такого впечатления. Сейчас же, после примера СССР, желающих посоветоваться с этими господами будет меньше. Или, точнее, на подкуп коррумпированных правительств Валютному Фонду придется тратить больше.

ОСНОВНАЯ И ОБЩАЯ ОШИБКА

> Прогресс состоит не в замене неправильной теории на правильную, а в замене неправильной теории на неправильную же, но уточненную.
>
> *Теория прогресса Хокинса*

Итак, мы подошли к одному из главных выводов книги – в чем же ошибка тех немногих реформаторов, которые желали стране добра, если таковые вообще были. Парадоксальным образом, эта же ошибка свойственна и большей части официальной оппозиции, и многим настоящим патриотам.

Ошибка их состоит в том, что они не различают два понятия: "рыночную экономику" и "мировую рыночную экономику".

Распространение мировой рыночной экономики на "третий мир" привело после войны к следующему: вместо обнищания масс (по Марксу), эти массы начали работать на заводах и фабриках. Да, в основном плодами их труда пользуется богатый Запад, но и рабочим кое-что перепадает, побольше, чем когда они просто целый день лежали под пальмой.

Маркс доказывал, что рабочий класс должен нищать, но на Западе он на самом деле богател. Но он просто перестал быть рабочим классом! А в “третьем мире” “новый пролетарий” стал получать больше, чем когда он был безземельным батраком, но по сравнению с западным рабочим 19-го века он стал получать меньше!

Сила Запада сейчас – в дешевизне производства в “третьем мире”, именно поэтому Запад так склочничал с Советским Союзом за влияние в какой-нибудь Гонделупе. Если бы “третьего мира” в распоряжении Запада не было, у нас был бы, хоть призрачный, но шанс. Но сейчас благополучных стран там много, и пока они есть, в нашу страну никто производить лифчики не поедет.

У нас сейчас принято ругать Маркса и Ленина за их теоретические работы. Но надо отличать их работу по АНАЛИЗУ экономической системы от их ПРОГНОЗОВ, зачастую эмоциональных и необоснованных, точнее продиктованных сиюминутными политическими обстоятельствами.

При жизни Маркса происходили такие события: английские фабричные ткани оказались конкурентоспособнее индийских традиционных, кустарных. И сотни тысяч (сотни тысяч!) индийских ткачей умерли от голода. Целые области в Индии, населенные ткачами, вымерли. После этого кое-где обочины индийских дорог выглядели, как отсыпанные известковым щебнем – это были кости несчастных ткачей.

Это был “капитализм”.

Но с тех пор кое-что изменилось. При капитализме английский капиталист разорял индусов с помощью труда английского рабочего, машинного ткача.

Что же происходит сейчас?

А сейчас английский банкир переводит сбережения английского же рабочего на другой конец света, в страны с низкими издержками, и на эти деньги строит там фабрику, на которой работают потомки уцелевшего индийца. В результате английский рабочий теряет рабочее место на производстве, хотя порой находит его в сфере обслуживания, и получает проценты по вкладу.

Вот это уже особый капитализм. "Уолл-стрит Джорнел" называет этот строй "мировым рынком" и "глобальной экономикой", а Ленин назвал империализмом. Именно его он описал в своей гениальной – не побоюсь этого слова – статье "Империализм как высшая стадия капитализма". В ней приведено сжатое, точное и полное описание экономической мировой системы, действующей сейчас. Название "империализм", правда, неудачное, так как ни к какой "империи" эта система отношения не имеет.

Например, "сращивание финансового капитала с промышленным" – это когда благодаря современным коммуникациям в считанные минуты деньги находят себе применение, будучи вложенными в производство, даже если банк в Москве, биржа в Гонконге, а завод в Шанхае.

Вот такого капитализма не мог себе представить Маркс. Живя в Англии, он не мог себе представить индуса, выпускающего компьютеры, в то время как англичанин будет заниматься... Бог знает, чем занимаются англичане сейчас, всем, чем угодно, только не промышленным производством.

Но и Ленин вряд ли мог представить себе, что нынешние английские фермеры зарабатывают на жизнь поддержанием "истинно английского сельского ландшафта". Им платят за это туристические фирмы. Один мой знакомый, посетивший Англию, разговорился с местным фермером. Оказывается, если просто разводить овец, то мировая цена на шерсть не оправдывает затрат на их разведение. А так – туристы едут в автобусах по узеньким дорогам и смотрят на "старую добрую Англию" – зеленые пастбища, каменные ограды, белые овечки, домики под черепичными крышами – благодать. За пару бутылок русской водки фермер покажет вам, как его овчарка, повинуясь свисту фермера (знает двадцать команд), заставляет шестерых овец чуть ли не вальс танцевать. Но это и все, что есть в хозяйстве!

Есть на Земле места, где затраты на производство шерсти ниже. И английским фермерам еще повезло, что в Англию ездят туристы.

Внешне все в Европе процветает. По цветущим столицам бродят толпы туристов. Но даже английские сувениры, продающиеся в Лондоне на Пикадилли – модельки "даблдеккеров" – двухэтажных автобусов, полисменов, почтовых ящиков – и те с Тайваня.

Чем это пахнет для Запада?

В Западном полушарии американский промышленный капитал вкладывается в промышленность Мексики и Бразилии, из Японии промышленность переехала в Юго-Восточную Азию, из Европы рабочие места тоже исчезают. Стало выгодно закрыть завод в Германии, открыть новый в Китае. Профсоюзы боятся забастовки проводить! Недавно в ответ на угрозу профсоюзников один деятель "Союза предпринимателей" Германии так и ответил: "Сейчас, в эпоху глобализации, какие-то там забастовки объявлять? Радуйтесь, что мы хоть какие-то производства в Европе оставляем!".

Если бы Запад жил строго по законам рынка, то перекачка инвестиций в районы с низкими издержками давно бы произошла. Почему этого не случилось раньше? Чтобы включиться в мировой рынок, развивающимся странам надо было сначала "с пальмы слезть". Сейчас это уже произошло.

Не верите? Спросите любого европейского, американского экономиста (настоящего, не подставного) – что такое "глобализация". Ответ будет интересным, уверяю вас.

Этот процесс получил название "глобализации экономики", и на Западе не знают, как с ним бороться. Налогами не прижмешь – налоги национальны, а корпорации транснациональны – плюнули слюной и переехали в Сингапур. "Деиндустриализация" Запада идет вовсю. И бороться нельзя в принципе, потому что это закономерное следствие экономической системы, построенной на принципе свободного перемещения товаров и капиталов. Если только Запад не откажется от этого принципа, что вряд ли, хотя чем черт не шутит. Конечно, благосостояние стран Запада базируется не только на промышленном производстве, но кое-что от него зависит.

Парадокс? Система, родившаяся в ныне развитых странах Запада, их же начинает потихоньку прижимать! Но нас это не должно радовать, потому что в очереди на выход мы первые.

А сладко ли придется в недалеком будущем той же Канаде?

Я скажу больше – хотя это и чисто мое мнение. После вхождения нашей экономики в мировой рынок и закономерного ее краха может настать очередь и других стран, находящихся в неблагоприятных условиях, в том числе вашей любимой Канады, многих европейских стран, Японии. Уж о Финляндии я не говорю – вся ее промышленность выросла на особых отношениях с СССР. Первые звоночки уже звенят. Недаром в Канаде развита "финансовая иммиграция" – канадское гражданство дают любому, вложившему в канадскую экономику энную сумму долларов, по-моему, около трехсот тысяч. И вообще в этой стране весьма либеральный подход к иммигрантам, но, похоже, других стимулов для инвестиций в Канаду маловато.

И если в эпоху капитализма у России была какая-то надежда на включение в мировой рынок, то в эпоху империализма – нет. Мы еще могли попытаться развернуть свое промышленное производство и начать торговлю при капитализме, хотя те же Маркс и Энгельс еще в середине 19-го века уверенно оценивали экспортные возможности России – "только сырье". Но при появлении возможности перетекания капиталов из России в мировую экономику – они тут же утекут. Любое производство, зависящее от инвестиций, погибнет.

Итак, в рамках традиционного уклада, или в границах государства, базирующегося на внутреннем рынке, мы были бы просто беднее. Открывшись же мировому рынку капиталов – мы совершили самоубийство. Вовлечение экономики России в мировые рыночные отношения (“международное разделение труда”) губительно и в короткий срок приведет ее к коллапсу.

Боюсь, точка возврата уже пройдена. Так что же, впереди путь до дна – до уровня натурального хозяйства? Увы, но территории России не хватит для ведения натурального хозяйства нынешним населением. Демеханизация и дехимизация сельского хозяйства приведет к тому, что деревня будущего сможет прокормить население не более чем в 1914 году – 90 млн. чел., из них всего 15 млн. горожан. Напомню, и тогда ежегодная смертность от голода и болезней, связанных с недоеданием, исчислялась десятками и сотнями тысяч. А если в селе не будет солярки, а конское поголовье еще не достигнет уровня 1914 года – ситуация будет хуже, чем в начале века.

Не рынок нас погубил, а мировой рынок. Не российский капитализм, а мировой империализм, глобализм проклятый. Если для нашего рабочего российский капиталист – партнер на ринге, в худшем случае фонарей навешает, то мировой капитал – это Терминатор за дверью. И для российского капиталиста тоже.

Для глобальной экономики наши капиталисты послужили “коровой”. Так называли урки какого-нибудь молодого парня, которого уговаривали бежать с собой из лагеря. Выбирали помясистей, потому что нужен был не партнер, а запас продовольствия. По пути съедали.

Я излагаю здесь простые, легко проверяемые вещи, не требующие для понимания (да и написания) особого ума. Тем не менее, эти положения почему-то очень плохо воспринимаются. Если же эти вещи понять, то выводы получаются довольно серьезные. Во-первых, просто для физического спасения, надо срочно выходить из мирового рынка. Возможно ли это практически? Это очень сложная задача. Но дальнейшее промедление ведет лишь к тому, что эти шаги придется предпринимать уже в тяжелейших условиях. Восстановив экономическую границу, почти ничего не покупать, кроме необходимого, чего у нас нет, почти ничего не продавать, только долги платить. Пресекать контрабанду. На границе ставить дядек с ружьями. Призывы к конвертируемости валюты рассматривать как государственное преступление и т. д., и т. п. И что самое странное: даже при полном сохранении и даже усилении рыночных начал **внутри** страны Запад, конечно, встанет на дыбы. В повестку дня встанут блокада, интервенция, война.

Знаете, чего от нас требует Запад главным образом? Думаете, свободу слова и печати и хлебные посты диссидентам? Ничего подобного. Вот официальная реакция Госдепартамента США на договор между Россией и Беларусью:

ПОДХОД ГОСДЕПАРТАМЕНТА

"Общий подход" Вашингтона к вопросам, касающимся интеграции суверенных государств, изложил государственный департамент США. "Мы не возражаем против такой интеграции, которая. осуществляется на добровольной основе, носит взаимовыгодный характер и не препятствует вовлечению государств или их экономических систем в мировое сообщество наций", – указывается в комментарии госдепартамента по поводу инициативы президента РФ по более тесной интеграции России и Белоруссии.

Вот так. Требование одно – вовлечение в мировую экономику. Давай, кошечка, все до капельки. И только попробуйте дернуться!

Ведь они с самого начала знали, что "открытость" ничего хорошего нашей экономике не принесет!

Можно ли рассчитывать, что народ это поймет? Боюсь, пока вряд ли. Не нахлебался народ, не понимает, отчего у нас заводы стоят. Правильно говорит, что из-за Чубайса, но пока не понимает, что же такое

Чубайс сделал, и что надо делать, чтобы заводы начали работать. Может, и не поймет.

А "элита" наша? "Пусть весь мир погибнет, а мне чаю пить!" Привыкли уже ребята на Канарах оттягиваться, как их переубедить? Призвать к их патриотизму? Патриотизм и удачное предпринимательство – суть вещи несовместные. Если в бизнесе выгодно именно непатриотичное поведение, то победят в нем антипатриоты. А у нас в стране именно такая ситуация! Если предприниматель в своем бизнесе принимает решения, основываясь не на законах бизнеса, а на пользе своей родины, то непатриотичные конкуренты из такого бизнесмена тут же чучело набьют. Только сильное государство нерыночными методами (законами, налогами, Уголовным Кодексом и т. д.), создавая для всех предпринимателей равные условия, может заставить предпринимателей действовать в интересах государства, хотят они этого или нет. От частного выхода наших предпринимателей на мировой рынок может предохранить только закон.

Но предположим, что уговорить наших предпринимателей жить в пределах российского рынка не удастся. Что будет? Будем жить в "мировой экономике"? Нет! Результат будет точно тот же. Через десять лет – не позднее – даже сырьевой экспорт из страны прекратится, а что останется, будут забирать просто за долги. И как тогда доллары попадут в страну? Значит, и конвертации не будет. Не думаю, что население к тому времени вымрет полностью – кто-то останется. И по необходимости им придется придумывать какие-то деньги, и по необходимости – отказываться от импорта. Какой импорт, долги бы заплатить.

Даже в случае иностранной оккупации оккупационной администрации придется вводить местную валюту (естественно, неконвертируемую), а об импорте туземцам придется забыть. И о Канарах тоже. И граница будет еще пожестче, чем сейчас, но только "с той стороны".

Так что я в общем-то "агитирую за смену времен года" – они ведь и без моей агитации сменятся, как говорится, "выбор будет по факту".

Но в то же время рыночная экономика в России возможна. Парадокс? Ничуть. Но только при одном условии: если капитал России не будет иметь возможности утекать из страны. При соблюдения этого условия возможно даже взаимодействие с мировым рынком. Но на наших условиях! Есть даже возможность построить мощную экономику, не изолируясь в то же время полностью даже от тех иностранных товаров, которые нам необходимы.

В политической жизни России друг другу противостоят, точнее, должны противостоять не капитализм и социализм, не план и рынок, а Запад и Восток, вернее, Россия и мировая экономика. И те, кто хочет восстановить "Советскую власть" при "открытости миру", не осознают, что хотят невозможного.

Прочитайте программные манифесты "рыночников" разных уровней за последние годы. Да, они говорят о "продолжении реформ" – это для дураков. А потом обязательно – об "открытости Западу". Вот это уже торжественная клятва – для посвященных. Политик, признающий "интеграцию России в мировую экономику", может рассчитывать на поддержку. Он "свой", даже если формально принадлежит к оппозиции.

Поймите правильно – я не говорю, что все, что нам советуют "реформаторы" и западные советники, вредно, что нам не надо совершенствовать законодательство, изводить коррупцию и прочую преступность, и т. д. Надо, это же необходимо нам, а не кому-то еще. В конце концов, собираясь "входить в мировой рынок", мы же все равно собирались все это делать! Но причины нашей непривлекательности для мирового буржуина не только и не столько в традиционном бардаке. Перефразируя Алису, есть места, по сравнению с которыми мы – институт благородных девиц. Но производство у нас дорого!

ВОЛШЕБНАЯ ПАЛОЧКА КОХА

Загляни в любую лужу – и увидишь там гада, который еройством своим всех прочих гадов превосходит и затемняет.

М.Е. Салтыков-Щедрин

Если вам уже надоели мои жалобы, что никто-никто на белом свете не сказал вслух по-русски о принципиальной инвестиционной непривлекательности российской экономики, то отмечу: есть такие личности. Дело-то в том, что среди реформаторов, как ни странно, оказались и понимающие суть российских проблем. Но как же они это понимание получили и как использовали?

Вот уже многие годы в оппозиционной прессе со страницы на страницу кочуют жалобы, что наша страна превратится в "сырьевой придаток Запада", и что наши рабочие станут "дешевой рабочей силой" того же самого Запада.

Предположу, что именно эти жалобы оказали нам медвежью услугу. Слишком многие наши граждане не отказались бы работать в своих цехах, шахтах и КБ за доллары под руководством американцев-управляющих, поскольку свои директора в массе своей уже всех достали. Помню, мне рассказывали в 1996 году, что директор какой-то атомной станции, не смущаясь, регулярно получал зарплату в 117 миллиончиков, в то время как персонал сидел без нищенской зарплаты полгода, в результате чего именно оттуда в Госдуму прошел представитель партии Анпилова.

Но большинство голосовало на выборах, рассчитывая в перспективе на долларовую, хоть и небогатую, зарплату, зато регулярно получаемую из рук американского менеджера. Пусть "сырьевой придаток", пусть "дешевая рабочая сила", но это лучше, чем ничего!

Уже после кризиса 17 августа, когда все уже устали ждать, когда же мы наконец станем "сырьевым придатком" и "дешевыми рабами", реальную ситуацию широковещательно разъяснил... кто бы вы думали? В октябре 1998 года известный реформатор Альфред Кох (внешне, кстати – двойник Борового), за некоторое время до того управлявший имуществом нашей страны, дал "скандальное интервью".

В свое время его функцией было обеспечить выгодное использование государственных предприятий. Как он этого добивался? Так же, как до того Чубайс, путем раздачи частным лицам, это и было его "волшебной палочкой".

Но это-то не удивительно.

В чем же скандальность его интервью, данного перед отъездом в Америку осенью 1998 года, что он сказал такого, чего Чубайс не говорил? Может быть, он потребовал реабилитации своего тезки, коменданта Освенцима, как "незаконно репрессированного"?

Нет. Заявил он примерно следующее.

Россия не нужна Западу, потому что производство на ее территории по мировым понятиям невыгодно. Причем не только промышленное производство, но и добыча сырья себя не окупает.

Для Запада невыгодно добывать нефть в Сибири, когда она есть в Кувейте. Подогнал танкер к берегу – и качай, только отмахивайся от Саддама Хусейна. Невыгодно везти уголь железной дорогой из Кузбасса, когда можно привезти его морем из Австралии. Там есть угольные разрезы прямо на берегу океана, подгоняй углевоз и грузи прямо с конвейерной ленты. Лес лучше сплавлять не по Енисею, а по Амазонке. Она глубокая, не замерзает, леса больше, чем в Сибири, и лесовоз можно провести довольно далеко вглубь континента. Льдами на девять месяцев не затрет!

Нет, конечно, если мы все сами добудем и доставим куда надо, то у нас с благодарностью возьмут по мировой цене. А то, что у нас добыча реально обходится дороже, чем где бы то ни было в мире – так это наши проблемы. Мы же сами на эту тему не задумываемся? В крайнем случае, западные "партнеры" согласны эксплуатировать рудники и разрезы, построенные в советские времена, но осваивать новые мощности? Извините, дураков нет. Слишком дорого.

Узнаете аргументацию?

Если узнаете, то не спешите с выводами.

Сначала о позиции "реформаторов".

Это "честное" заявление, что они и не собирались чего-то добиться в экономике, потому что все было бесполезно – своего рода апофеоз их деятельности.

То, что Кох перед отъездом в США не смог удержать в себе это свое мировоззрение – по-человечески вполне понятно. Это редкий гад, целью жизни которого было отомстить стране за то, что она его вырастила. И не надо только после этого доказывать, что среди них есть и нормальные люди. Но интересно, когда он пришел к вышеприведенным экономическим выводам об инвестиционной непривлекательности нашей экономики?

Если с самого начала своей реформаторской деятельности, то как квалифицировать то, чем он занимался эти годы? И являлся ли он сознательным участником разработки программы уничтожения нашего государства? Значит, зная, что открытие российской экономики для мирового рынка приведет к ее гибели, он лишь отрабатывал американскую визу? Или он был подобран для реализации программы настоящими разработчиками, еще не понимая сути дела? И только сейчас понял? Ответы на эти вопросы существенны для принятия некоторых решений последующим правительством России, особенно его правоохранительными органами. Дело ведь не только в Кохе.

В свое время Альфред Кох был участником некоего экономического семинара, который был создан в Ленинграде американскими советниками. Входили в него и неизвестные тогда никому братья Чубайсы, и Мау, и Бойко, и некоторые другие "знаменосцы реформ". Именно там сформировались окончательно их взгляды, и именно там разрабатывалась, в частности, экономическая стратегия.

Так вот, если эти самые “семинаристы” уже тогда знали, что по объективным причинам интеграция российской экономики в мировую невозможна, то чем же они занимались? С Мау много не возьмешь, но думаю, что Чубайсы рано или поздно должны будут прокомментировать “интервью Коха”.

Что же касается содержательной части интервью, то все правильно. Никаких иностранных инвестиций в нашу промышленность, даже в сырьевую, привлечь нельзя в принципе, по экономическим причинам. У нас слишком дорогое и слишком энергоемкое производство, и избавиться от сибирских морозов и российских расстояний мы не можем. И так далее, и тому подобное, читайте первую часть книги.

Но одинаковые ли у нас с Кохом экономические взгляды? У нас сходные знания, хотя и полученные разными способами. Но экономические взгляды, как ни странно, могут быть диаметрально противоположны при идентичных знаниях!

Дело вот в чем. Есть еще очень глубокие мировоззренческие различия.

Среди определений экономической науки довольно распространено следующее: “Экономика определяет, для кого и каким образом организуется производство”.

Это определение в корне неправильно, если считать, что экономика – наука. Ведь существует совершенно правильное определение: **“Наука говорит о том, можно или нельзя человечеству достичь поставленных целей, но цели определяет не наука, а этика (мораль)”.**

Это определение безусловно принято в научном мире всеми... кроме многих экономистов. И что интересно – его не оспаривают, а замалчивают, делают вид, что это определение к экономике не относится.

Ведь в зависимости от поставленных целей экономические решения могут быть совершенно различны. Но почему же наше общество поставило перед собой явно какие-то не такие цели?

ХОТЕТЬ МОЖНО И БЕЗ ПРОФИЛАКТИКИ

Наши "патриоты", в том числе национальные капиталисты, пытаются доказать, что товары с мирового рынка либо дороже, либо хуже наших.

Увы, это не так. Товары сравнимого качества, изготовленные не по уникальным технологиям, дешевле приобретать на мировом рынке. Дешевле! Все споры на эту тему бесполезны. Любой производитель дешевой галантереи знает, что тягаться по себестоимости, например, с китайским ширпотребом, невозможно. Это касается простейших вещей – даже латунные трубки для холодильников Минскому заводу дешевле покупать не в России, а в Германии. И любая агитация с позиции "у нас все лучше и дешевле" – бесперспективна, в первую очередь потому, что эта позиция не отвечает реальности.

Меня можно упрекнуть – а о чем же тогда разговор? Раз дешево – будем отовариваться на мировом рынке!

Да я не против. Но жизненный опыт говорит мне, что на рынок надо идти с деньгами, в противном случае результат будет негативен. То есть неправильно вести разговор, что плохо покупать на мировом рынке. Покупать там очень даже хорошо! Нам плохо продавать там, вот в чем дело! А если мы будем покупать там, то производители аналогичных товаров у нас не смогут с ними конкурировать. И наша экономика обанкротится.

Вся предыдущая часть была написана для доказательства лишь одного положения: экономика нашей страны непривлекательна для вложения капиталов в производство, и эта непривлекательность неустранима, тем более нельзя ничего сделать путем написания тех или иных законов. Закон может повлиять только на одну составляющую затрат – на размер налогов и других поборов, но и то жизнь быстро приведет все в соответствие с реальностью. Недобор налогов, через развал бюджета, так же приведет к снижению инвестиционной привлекательности страны, как и перебор. Но все остальные-то группы издержек от нас не зависят, и резерв (малая зарплата) – оказывается фикцией.

Мне не раз приходилось спорить на эту тему с людьми из самых разных кругов. Каких-то разумных возражений против своей концепции услышать не пришлось. Как правило, если собеседники принадлежали к демократическому лагерю, они старались увести разговор в сторону от производства, и начинали рассказывать о высоком уровне потребления на Западе. Почему? Почему срабатывает эта защитная реакция? Почему половина населения не хочет задуматься?

Почему же никто не хочет поверить во вполне очевидные вещи? Именно не хочет, хотя вполне могли бы.

Я чувствую, что причины "демократических" настроений у нас больше психологические. Большинство населения у нас по складу характера не производители, а потребители, за всю сознательную жизнь им ни разу не пришлось задуматься, как продать продукт своего труда, если таковой был. А покупали-то все!

Подумайте на досуге, если вам пришлось жить у нас в стране хотя бы в 70-е – 80-е годы – кому на работе приходилось задумываться на простую тему – купит ли кто-нибудь продукт его труда? Практически все получали не зарплату, а, по сути, денежное содержание. За что? За выполнение служебных обязанностей. Сделал что-нибудь полезное, не сделал – было все равно.

Даже рабочие-сдельщики не были исключением, хотя они и старались добиться высокой производительности труда. Ведь их единственным "потребителем" был мастер, закрывавший наряды, а не те люди, для кого, по идее, предназначалась продукция.

Никто – никто не пытался выявить и удовлетворить потребности людей, да еще минимизируя издержки. Даже удивительно, что у нас производилось хоть что-то, что, в принципе, можно было покупать.

С другой стороны, каждый гражданин СССР ходил в магазин и на рынок, и, зная свои потребности, умел выбрать наиболее экономичный вариант их удовлетворения.

Вот такое общество, состоящее только из таких людей, вышло на мировой рынок. Все мы умели покупать то, что нам надо, по максимально дешевой цене, но никто не умел производить то, что надо другим. Кроме того, рынок-то дешевый! Надо продавать себе в ущерб, разоряя себя! Товары-то на мировом рынке оказались дешевле наших.

Денег на первых порах было довольно много. Ведь запасы у Советского Союза были большие, и когда продаешь не свое, торговля идет хорошо.

Вот тут-то и срабатывает та особенность нашего постсоветского общества, о которой я говорил выше: мало кто догадывается, что деньги, имеющие хождение на мировом рынке, надо на этом рынке заработать. Вот есть у нас такая певица – Лада Дэнс. Собой ничего, детей рожает, на прошлых выборах очень интересно агитировала за "реформы". "Оторвите задницу!" – так она говорила на ТВ, стимулируя сачковавших реформаторов пойти на выборы. Говорит, что на "джипе" она лучше смотрится, чем на "Запорожце". Почему именно на "Запорожце"? Тут, конечно, полемический перехлест – в советские времена у нас и "ЗиЛы" делали, кое-кто и на белой "Чайке" ездил. Думаю, тогда Лада Дэнс и от "Волги" бы не отказалась. Но это детали, а вот почему ее позиция неверна? Главный изъян – поет-то она не для американцев! Ее-то продукция на мировом рынке неконкурентоспособна! Поет она для нас – за рубли, а доллары на "джип" ей за эти рубли Центробанк продает, хотя и не обязан, вообще говоря. Доллары-то получены пока что только за нефть, а нефть – достояние всего народа, в том числе и будущих поколений, а не Лады Дэнс, Центробанка или даже сотрудников нефтяной отрасли.

Пусть каждый задаст себе вопрос, что он лично может сделать своими руками или чем-то еще, что можно продать на мировом рынке. Вот прямо сейчас! Не какой-то абстрактный "неэффективный дядя Вася", а ты, дорогой читатель!

Ответ будет неутешительный – кроме детей, сделать что-либо трудно.

Наш человек хорошо представляет себе, как он мог бы потратить доллары, но слабо представляет, и чаще даже вовсе не задумывается, как бы он эти доллары заработал.

Вот это – тот эмоциональный фон, который влияет на стремление всех слоев населения в мировой рынок.

Никто у нас все еще не верит, что в мировом рынке можно и не преуспеть. Это, кстати, черта не чисто русская. Кто бывал в экваториальной Африке и общался там с населением, знает, что живущие там негры поголовно влюблены в Америку. Как же, американские негры, хотя бы тот же Майкл Джексон, такие навороченные! И там свобода! А ходят эти сторонники мирового рынка голые, и не только из-за климата. И пусть мировая экономика ничего африканцам не дала, желание остается.

Но для входа в мировой рынок одного желания мало. Понимаете? Мало нашего желания интегрироваться в мировую экономику! Речь не идет о том, хотим мы или не хотим, речь о том, получится или не получится. А точнее – что не получится.

Этот разговор – о возможности интеграции в мировой рынок – сходен с разговорами о том, что мы не собираемся вести третью мировую войну. Что значит "собираемся", "не собираемся"? Не мы же поджигатели войны какие-нибудь. Война будет против нас, и нас не спросят.

И вот самое главное – есть ли выход? Выход есть, он на виду, но он не используется. В чем он состоит, мы сейчас поговорим, но сначала разберемся, почему же никто не воспринимает правильное решение проблемы. Ведь есть решение, есть, неоднократно в нашей истории мы поднимались на довольно высокий уровень, в том числе и по благосостоянию. Значит, это возможно, а препятствия к выбору правильного пути – субъективные, то есть зависят от желания людей.

Часть 4. В ПОИСКАХ ПАРАДИГМЫ

ОТВЕТ ПЕТРОВИЧУ

Среди экономистов реальный мир зачастую считается частным случаем.
Наблюдение Хонгрена

В уже упоминавшейся книге профессора В.Андрианова есть такой, совершенно правильный вывод: "...для России необходима смена экономической парадигмы...".

Если вам незнакомо это слово, то не подумайте, что это обидное прозвище нашей "элиты", вроде "камарильи" или "гоп-компании". Парадигма – это некая идея или теория, лежащая в основе научной дисциплины. Официальная парадигма западной экономической теории связана с понятием "эффективности". Считается, что если экономика и каждый из ее субъектов "эффективны", то есть прибыльны, то такая экономика наилучшим образом удовлетворяет потребности общества.

Для нас неприемлемость этой парадигмы в том, что ни одно из предприятий на нашей территории не может быть эффективно в "глобальном" понимании этого слова. Поэтому западная парадигма нас не касается.

Выбор западным обществом именно такой идеи не является выводом из каких-то "научных" посылок. Оно приняло такой критерий, не совсем даже потому, что он отвечает каким-то моральным установкам, а просто потому, что "он работает". В литературе принято объяснять, что критерий "эффективности" соответствует протестантской этике. "Богатство достигается постоянным трудом". Кто богат – тот богат, потому что трудолюбив, поэтому он избран Господом. Это аксиома, поэтому априорно подозревать кого-то в нечестивом обогащении – неприлично и греховно.

Я не буду спорить, лишь отмечу, что на самом деле западное общество руководствуется не только критерием эффективности. Точнее, по всему миру применяется он, а в собственно западных странах до сих пор применяется еще какой-то принцип, примерно соответствующий известному: "человек должен трудиться". Эти два принципа – не один и тот же, как можно подумать, а совершенно разные, разноуровневые. Критерию "эффективности" совершенно безразлична судьба "неэффективного" работника, но почти полная занятость трудоспособных на Западе объясняется применением второго принципа, иначе там сейчас было бы полно безработных. Второй принцип каким-то образом "обманывает" принцип "эффективности"! То есть, можно сказать, в западной парадигме участвует второй принцип, условно формулируемый как: "Своих не бить!". Как достигается его практическая реализация – загадка. Загадка также – который из принципов главнее.

Ну и добавлю еще третий принцип. Западные экономисты всегда имеют в виду ограниченность ресурсов. И все решения в экономике они рассматривают как их дележку. И если двое объединяются и делают что-то полезное для обоих, то, с точки зрения западных экономистов, эти двое отнимают что-то у третьего! "Что где-то прибавится, то где-то отнимется". В учебниках этот принцип иллюстрируется т. н. "кривыми Парето".

Так вот какой принцип должен лежать в основе нашей экономики? Какова должна быть эта самая "парадигма" и достаточно ли нам лишь одного основополагающего принципа, а не нескольких?

Вот фрагмент письма одного из моих читателей и фрагмент моего ответа ему:

“...рассуждая об экономике применительно к нашей стране, нельзя исходить лишь из экономических принципов, но следует исходить и из принципов патриотизма.

С уважением

Петрович, студент 1-го курса

***P.S.** Прошу прощения за то, что пишу очевидные вещи, да еще и в моем понимании искаженные, наверно, но есть ведь люди, которые и таких простых вещей не понимают.*

Петрович!

...Проблема, затронутая в последней фразе письма (“не из экономических принципов, а из принципов патриотизма”) – одна из самых серьезных. Что есть “экономические принципы”?

В “Экономикс” – курсе экономики трех профессоров Массачусетского института, самым известным из которых является Стенли Фишер, говорится, что “экономика – это дисциплина, изучающая, каким образом общество с ограниченными ресурсами решает, что, как и для кого производить”.

Здесь скрыто противоречие. Многие мыслители (не экономисты) едины в том, что не дело науки – определять для человечества цели. Этим занимается этика (мораль), а наука (в том числе и экономика) лишь говорит, достижимы ли эти цели и каким образом. То есть для кого производить – не экономика определяет. Экономика должна подсказать, как производить для того, для кого это нужно по мнению общества.

И не торопитесь говорить, что производство должно служить людям. А каким людям? Даже если ограничиться только своей страной, то только ли живущим ныне? А на неродившихся еще детей рассчитывать или после нас хоть потоп? А на внуков? Правнуков? В каждом случае экономика выглядит совершенно по-разному. Одно дело, когда строишь дом для себя – и совсем другое дело, когда еще и для внуков. Во втором случае расход труда и материалов выше, а собственный комфорт – ниже, можешь им и не успеть насладиться. То ты должен растянуть имеющиеся месторождения на 100 лет, а то можешь промотать за 10. Все зависит от того, на какую перспективу ориентируешься.

Так на сколько лет рассчитывать?

Вообще-то принято считать, что перспектива – это, примерно, 50 лет. Это сейчас нормативный срок, на него ориентируются, когда строят промышленные здания и сооружения. Но вот при Сталине строили явно на более долгие сроки, чем 50 лет, а сооружения, построенные при Хрущеве, еле простояли 30 (пятиэтажки, мосты, эстакады). При Брежневе перспектива немного расширилась, а при правлении реформаторов, как легко оценить, все решения принимались исходя из срока в 10 лет.

При Брежневе создавались стратегические запасы и для внуков, и для правнуков, одних патронов заготовили на три Отечественных войны, а реформаторы все постарались спустить за пять лет. Видите, насколько общество непостоянно в своих планах? И экономика для каждой общественной ситуации – разная.

Иногда бывают и вынужденные ситуации, как у нас в конце 30-х годов, когда вообще нельзя было рассчитывать на какую-то перспективу, а приходилось каждый день производить оружия, сколько можно – потому что завтра война, и если проиграешь, всем конец. В таких ситуациях все ресурсы тратятся, не считая.

А вот если бы мы жили в абсолютном мире, и никаких проблем бы не было, то самым правильным было бы рассчитывать на бесконечность. Тогда невозобновляемые ресурсы расходовать вообще нельзя, а только возобновляемые. Нефть и газ не трогай, только энергию рек, ветра и солнца, и древесину используй не больше прироста. Землю возделывай по Вильямсу – был у нас такой почвовед, впоследствии ошельмованный, который считал, что целью агротехники является повы-

шение плодородия почвы, а не истощение ее монокультурой на продажу.

Видите, как непросто выработать правильную экономическую стратегию, даже если мы ограничиваемся интересами только нашей страны. А если кто-то принимает решения в интересах мирового сообщества, а не нашего народа? Тогда ведь экономика будет выглядеть совсем по-другому! Вот она и выглядит по-другому.

Поэтому ваша фраза правильна. Нельзя строить экономику, исходя из экономических принципов. Сама экономика себе задач не ставит. Надо экономику привлекать для достижения задач, поставленных обществом самому себе. Увы, задачи пока что ставятся не на базе принципа патриотизма, а исходя из какого-то другого принципа.

Этика, мораль, психология не просто влияют на экономику, сама экономика без них невозможна. Если предоставить решение экономических вопросов машине, то она скорее всего вместо кладбищ предложит строить комбинаты по производству мясо-костной муки. Экономика предлагает, как человеку удовлетворить свои потребности – а что такое "потребности"? Чистая психология!

Некоторые "безбашенные" или прикидывающиеся таковыми утверждают, что учитывать надо лишь "эффективность" экономики. Но это словоблудие – эффективность зависит и от поставленных целей. Например, кто-то считает свое оружие эффективным – но тот, по кому это оружие применяется, скорее всего, имеет свое представление об эффективности. Понятие "эффективность" – не абсолютное, а относительное, и зависит от того, кто эту эффективность оценивает".

(Замечу, что фраза о строительстве при Хрущеве была написана еще до обрушения станции "Сенная", построенной в 1962 году.)

Надо ли говорить, что парадигма нашей экономической науки должна как-то определять эффективность производства **на нашей территории,** а не вообще в мире? Либо у нас не будет экономики вообще, либо будет своя, в чем-то отличная от мировой. То есть, во-первых, наша основная парадигма должна отличаться от общемировой, и даже ей противостоять.

Во-вторых, наша основная идея должна быть воспринята обществом и элитой сознательно. Мы все должны будем понимать, что движущие силы и интересы субъектов нашей экономики должны быть другие, чем в мире. Общество должно понять, чего оно хочет в перспективе, и не пугаться обвинений в "неэффективности экономики"!

Ну и что, что мы потребляем энергии больше других? И что, нам этого надо стесняться? Совсем не потребляет только покойник. Я уж молчу, как потребляют американцы – хорошо потребляют, от всей души. Да еще и чужое.

Конечно, не всякое общество способно заботиться о чем-то, что произойдет не завтра. Возможно, дело в известной особенности, подмеченной кем-то из древних политологов, по-моему, Платоном. Характеризуя монархию – тогда это был единственный пример жестко централизованного государства – он говорил приблизительно следующее: управление при таком государственном устройстве наиболее эффективно, но у него есть существенный недостаток – граждане перестают воспринимать общественные проблемы как свои собственные.

Особенно это касается общественного строя СССР 50-80 гг., который воспитывал, пожалуй, даже иждивенческие настроения. Самый явный признак таких настроений – падение рождаемости. В традиционных обществах много детей заводят не только ради удовольствия: дети – это гарантия старости. Когда не сможешь работать, благодаря детям проживешь лишних двадцать лет. В благополучных государствах развитая социальная сфера снимает эту проблему, и рождаемость снижается. Но есть опасность, которая реализовалась у нас. Многие вообще отказывались заводить детей, не заботясь о будущем. Расчет был на "пензию". А сейчас периодика полна требованиями повышать пенсии, но, даже если удастся отобрать общественное богатство у приватизаторов, все равно, для наполнения пенсий реальными товарами кто-то должен работать! То есть те, кто не заводил детей, рассчитывая на пенсию, на самом деле рассчитывал, что их будут обеспечивать чужие дети. Что произойдет с бездетными стариками при развале социальной сферы – вообще не хочется обсуждать. А такое в истории случалось!

Но действительный перелом в ситуации в стране наступит тогда, когда каждый человек задаст себе вопрос: "собираюсь я здесь оставаться или собираюсь уезжать?". Тут даже не важно, каким будет ответ, важно, чтобы был хоть какой-нибудь. Пусть даже человек будет гундеть, что он хочет ездить на "джипе", а не на "Запорожце". Но надо, чтобы он решил – **здесь** он собирается ездить или **там**?

Одна знакомая мне семья переехала в Южную Африку, продав отличную московскую квартиру за несколько десятков тысяч долларов и открыв там на эти деньги небольшую лавочку. Их я еще могу понять. Но не могу понять того, кто эту квартиру купил – "заработал" на эту квартиру он на вывозе из страны ресурсов (других состояний в стране нет), приближая тем самым катастрофу страны. Он-то кому продаст эту квартиру, когда все люди с деньгами побегут из страны?

Самая главная проблема именно в том, что слишком многие подсознательно никак не определятся, живут они здесь или уезжают. И тянется это десятками лет, то есть совершенно очевидно, что большая часть здесь живущих никуда не уедет. Так, значит, надо беспокоиться о том, чтобы в "этой стране" надолго хватило основных жизненных благ, а интересы мирового сообщества нас не должны волновать. Странно, что об этом приходится говорить, но ясности в мыслях, по моим наблюдениям, у многих нет.

Многие сами не уезжают, но почему-то думают, что их дети захотят уехать. Ну, захотят, ну и что?

Говорят и пишут, что одной из целей Запада является эвакуация наиболее деятельной молодежи перед всеобщей катастрофой. Боюсь, эти оптимисты слишком хорошо о Западе думают. Да и преуспела за период реформ наиболее криминализированная часть этой активной молодежи, а на Западе своих жуликов хватает. Не пустят, да и многих, кто уехал, вышлют. Разве что пустыню Негев осваивать – это пожалуйста. Один, что ли, Коротич лишился сейчас контракта в Америке? Думаю, и некоторые из известных олигархов, прибыв на Запад, с удивлением обнаружат себя в наручниках. Знаете ли вы, что значительная часть западноевропейской молодежи при возможности уехала бы в Америку? Америка гораздо богаче Европы, и, открой туда свободный доступ, не только вся Африка сразу оказалась бы в США. США умело защищаются от наплыва иммигрантов. Возможность легко влиться в американское общество – иллюзия, созданная специально для нас с определенной целью.

Пока наше общество о будущем не думает, а без этого оно не будет поддерживать дальновидных политиков. Но, предположим, наше общество все-таки задумается, чего же оно хочет. Захочет ли оно продать все, что есть (см. табл.2) примерно за 40 лет и оставить своих детей ни с чем? Ведь наши учтенные ресурсы примерно таковы. Кроме того, чем ближе к исчерпанию, тем добыча дороже. (Буквально в последний час перед сдачей рукописи я слышал заявление Рэма Вяхирева, главы Газпрома. Он официально заявил, что Россия через несколько лет столкнется с дефицитом газа. Вот вам и запасы на 80 лет!)

Нет, такое разумное общество эту распродажу потребует остановить и будет требовать от правителей экономного расходования ресурсов.

А как проверить, заботится ли правитель о стране или только имитирует заботу? Я думаю, что мы должны все-таки определить какие-то ориентиры.

Надо ли говорить, что наши государственные деятели не должны рассматривать варианты проживания своих потомков где-то, кроме как здесь? У меня большие сомнения вызывают правители, не видящие будущего своей семьи в России. Возможно, должен быть и закон на эту тему. Тогда их политика будет такова, чтобы знакомые и дорогие им люди – внуки и внучки – в зрелом возрасте не оказались в стране, переживающей катастрофу отсутствия ресурсов. Пусть в Америке такого закона нет, но у них и проблемы такой нет. По признанию С.Н.Хрущева, его мать заботилась, чтобы он учил английский язык еще в советские времена, и ее заботы не пропали – он живет теперь в США и даже получил американское гражданство. Не знаю, было ли это мечтой Никиты Сергеевича, но его супруги – несомненно. Очевидно, она планировала лучше, чем ее супруг.

Но тот временной период – по крайней мере пятьдесят лет – на который мы должны рассчитывать экономику, это только один параметр. Существенно важнее, чего мы хотим достичь?

Сразу, с порога, хочу отмести ту цель, что провозглашалась у нас десятками лет: "удовлетворение все возрастающих потребностей". Думаю, любой может назвать конкретных, знакомых ему людей, для удовлетворения потребностей которых будет маловато ресурсов средней по размерам страны. Цель экономики должна быть другая. Даже не так существенно, что она должна быть посильная – но она должна быть проверяемая. То есть если цель провозглашена, то все общество, по крайней мере, люди с правом голоса, должны иметь возможность проверить, достигается ли эта цель.

Видимо, потребление вообще нельзя выдвигать в качестве цели – по разным причинам, моральным, практическим. Степень "удовлетворения", вообще говоря, не проверишь. Я не большой любитель ссылаться на западные реалии, но для многих они убедительнее любых доводов – так вот на Западе их парадигма о потреблении ничего не говорит. Только об эффективности (прибыльности) **производства**!

Видимо, основной критерий "правильности" нашей экономики должен состоять в том, чтобы каждый человек мог при желании работать. Чтобы для этого были все необходимые условия – сырье, оборудование, возможность получения образования. Чтобы возможности каждого – использовались. И чтобы производилось не что-то "вообще", а то, что другие захотят приобрести. Если все будут работать и производить нужное, то, автоматически, и уровень жизни будет расти! Это надо подчеркнуть, потому что если предоставлять возможность всем делать только то, что они хотят – то такая экономика долго не проработает. Надо, чтобы каждый работник постоянно держал в уме простую мысль: купит ли кто-нибудь сделанное им?

А если этот критерий не будет выполняться? Тогда будет происходить потеря капитала, причем невосполнимая. Ведь из чего складываются нынешние потери нашей страны? Потери территорий и населения их – не потери. Они никуда не делись, и их население – не наша собственность. Да, жалко военных баз, но мало ли мест на Земле, где у нас их нет и не было? Возможно, что когда-нибудь в будущем какие-то из территорий к нам вернутся, история не кончилась двадцатым веком.

КАПИТАЛ

Из России утекает капитал. Сколько раз вы слышали и читали эту фразу, в том числе в этой книге? А что такое "капитал"?

Надо четко понимать, что капитал – это не только зелененькие бумажки. Капитал – это факторы производства – и сырье, и оборудование. Это и персонал, и квалификация персонала. Это энергия и помещения. А вот из долларов к капиталам относятся лишь те, на которые приобретаются факторы производства. Остальные доллары, те, которые расходуются на личное потребление – не капиталы.

Так что утечка капитала – это не только и не столько вывоз долларов "новыми русскими".

Мы терпим утечку капитала не в тот момент, когда доллары по фиктивным контрактам уходят за границу, а когда позволяем частным гражданам самим принимать решение, на что тратить валютную выручку от продажи общественного достояния. Вот в этот момент капитал и утекает! Продажа сырья, энергии, оборудования, выезд квалифицированных специалистов – вот это на самом деле безвозвратные потери капитала. Все это к нам уже не вернется.

Продав сырье, российский продавец получает доллары. Здесь имеется еще второй шанс остановить утечку капитала, заставив владельца этих долларов купить средства производства и поместить их в России. Но, как правило, этого не происходит. Доллары тратятся на товары потребления или уходят за границу.

Так что же должно быть в правильной экономике?

В правильной экономике не должно быть утечки факторов производства из страны. **Всех факторов!** В крайнем случае допустим лишь обмен одних факторов производства на другие!

Что препятствует правильной экономической стратегии?

Когда решение принимает более мелкий субъект (лицо или фирма), то он находится под давлением большей выгодности мировой экономики, и решение получается в его пользу, но не в пользу российской экономики. Поэтому в правильной экономике все решения по перемещению капитала наше общество должно в идеале принимать в обстановке "круговой поруки", хотя это и неудобно.

Конечно, и просто непроизводительная трата ресурсов – также утечка капитала, "утечка в никуда".

Все эти потери в “правильной” экономике терпеть нельзя.

Но мы несем сейчас самые тяжелые потери вот в чем: вся человеческая цивилизация создана из природных ресурсов трудом. И если человек один день хотел и мог трудиться, а экономика не предоставила ему такой возможности – то земная цивилизация потеряла один человеко-день, потеряла безвозвратно. Заменить его, возместить – уже нельзя. Вот где самые тяжелые потери из-за “реформ” – мы потеряли плоды труда целого поколения. Молодой парень, сидящий целый день за прилавком со жвачками, и сам этому не рад. Он мог что-то сделать, но ему этого не дали. И мы все должны переживать эту ситуацию еще сильнее. Потерял не только парень, потеряли все мы.

М.М. Голанский, о котором я упоминал, эмоционально говорит о том, что “глобальная экономика” останавливает производство в “неэффективных странах”, рассматривая его как зряшную трату сырьевых и человеческих ресурсов. Это не точно – сырье и многие другие виды капитала западное общество порой из “отсталых” стран забирает, но ему дела нет до человеческих ресурсов! Вообще субъекты западной экономики живут, как колония бактерий, никаких моральных оценок они не используют, по крайней мере в “третьем мире”. Поэтому растрата “человеческих ресурсов” в “отсталых” странах, влившихся в “мировую экономику”, на самом деле гораздо сильнее, чем до того, когда эти страны были изолированы. В изолированных от мирового рынка странах человек что-то, хоть и “неэффективно”, создает, но после прихода туда глобализма, в зависимости от условий, он либо начинает работать “эффективнее”, либо выключается из товарного производства вообще, выкидывается в натуральное хозяйство.

Бывает ли так, что люди могут и хотят трудиться, но не имеют для этого возможности? Сколько угодно. Для труда нужны другие виды капитала, и их порой нет. Чем дальше, тем ситуация у нас в стране напоминает ситуацию в Китае 19-го и начала 20 века. Вспоминаю эпизод из мемуаров одного европейца, жившего там в 20-х годах. На улицах продавались сувениры – скорлупки грецких орехов, изукрашенные тончайшей, высокохудожественной резьбой. Почему ценнейший труд тратился на такой бросовый материал? А не было некоторых видов капитала! Серебро, нефрит, слоновая кость ушли из Китая, как и другие виды сырья, на Запад за опиум и соль. Соль, к тому же, была своя, китайская, но монополизирована европейцами!

Вот поэтому главный критерий правильности экономики – все ли граждане заняты добровольным производительным трудом? Есть ли у них все для этого необходимое? Сырье, оборудование, энергия, квалификация? Ведь производить надо не лишь бы что-то производить, а современное и полезное!

Если слишком много не по своей воле безработных, или занятость смещается сверх меры в непроизводительную сферу (разнос фломастеров по электричкам – крайне непроизводителен), то правители должны быть сменены и, возможно, наказаны, но главное, должна быть изменена политика.

Как добиться того, чтобы труд был не только производительным, но и полезным для других – другой вопрос, очень важный. Может быть, в будущем придется использовать и "западную парадигму" – но без выхода за пределы российского рынка. Я не могу утверждать, что так же хорошо понимаю перспективу, как текущую ситуацию, но не мне одному и решать, что делать.

Но запомним это: в основе нашей экономики должен лежать принцип максимального использования ценнейшего ресурса – человеческого труда. О том, что для этого нужно, поговорим позднее, сейчас чуть-чуть вернемся к дискуссиям 80-х годов.

Нужен ли в России рынок?

ВТОРОЙ ОТВЕТ ПЕТРОВИЧУ

Приведу второй фрагмент того же письма и моего ответа на него:

"... мой собеседник сделал потрясающий вывод: рыночная экономика хороша тем, что регуляция в ней осуществляется теми же методами, что и в природе ("выживает сильнейший"), а раз эта система "близка" природе, то и справедлива и является наилучшей. Я возразил: если бы человек подчинялся природе, а не пытался бы приспособить ее для себя, то мы и сейчас жили бы в пещерах (если жили бы)".

"Петрович!

Вторая проблема, затронутая в письме – истоки рыночной экономики.

Сначала насчет близости к природе. У нас в компании, в молодости, когда о ком-то говорили, что он "близок к природе", то имелось в виду, что он "от природы недалек".

Уверены ли вы с вашим другом, что в природе выживает сильнейший? Для бактерий это так. А уже для птиц и млекопитающих, кроме самых примитивных, это вовсе не так. Почти нет животных, которым не были бы свойственны те или другие формы общежития – в стае, стаде, группе. Вопреки тому, что иногда думают, стая дает возможность выжить покалеченному собрату, и иногда даже распространяет принципы взаимопомощи на другие виды – я как-то видел редкие кадры, как бегемот отбил антилопу у крокодила. Маугли – не вымысел. Слабый, но в стае – выживает, а сильный, но неуживчивый – погибает.

Попробуйте отобрать у собаки еду! Но у меня был случай – как-то раз я приболел, и мой пес принес мне на подушку свою кость.

Все домашние животные – от природы коллективисты, даже домашние кошки. Они происходят от нубийской кошки, которая легко приручается, а очень похожая европейская лесная кошка – к общежитию с человеком непригодна. А почему? Лесная – по жизни индивидуалистка, а нубийская живет в норах небольшими коллективами.

По своим моральным качествам собака гораздо ближе к человеку, чем волк, но не из-за тысячелетней близости – она и одомашнена была именно потому, что психологически совместима, а волка человек так и не приручил.

Вся взаимопомощь в стае построена на принципе посильной взаимности. Я читал мемуары одного нашего полярника, по-моему, Федорова, в которых он много пишет о ездовых собаках – у него было время за ними наблюдать. В стае собак на зимовках были сложные отношения, и бывали случаи, когда всей стаей они разрывали какую-либо одну. Случаи для невнимательного человека необъяснимые, но Федоров заметил, что всегда эти "казни" были за дело – жертва была или вороватая, или беспричинно агрессивная, или даже просто ленивая – не тянет лямку, как все.

То есть это у нас в биологии – ты мне спину почесал, я тебе. Но если ты раз попользовался и не возместил, два – то иди-ка ты, милый друг, куда подальше!

То есть тот индивид, который получает блага, должен отдать столько же, и стая за этим следит. Нельзя пускать дело на самотек – если возврат товаров и услуг не будет контролироваться со стороны, то ленивые или бестолковые индивиды разрушат "внутренний рынок стаи". Как легко догадаться, этот принцип общественного контроля ставит предел увеличению стаи – начиная с определенной численности контроль всех за каждым становится невозможным, и рано или поздно это отражается на качестве обмена.

Так что вы верно говорите, что "рыночная система близка к природе", потому что некоторые основы рынка коренятся даже в биологической природе человека. Это естественно для человека – предложить что-то, ценное для другого, и ожидать, что тот что-то даст взамен. Даже если этот "тот" – собака.

Но вот только не надо путать рынок, то есть обмен вещами и услугами, и борьбу за существование, естественный отбор. И цель рынка – не в селекции, не в "выживании сильнейшего", а во взаимопомощи, в обмене плодами труда. И то чувство неловкости, которое возникает, когда не можешь отплатить за услугу, возможно, вполне инстинктивно. Наша идеология в недавние годы не любила подчеркивать родство психики животных с человеческой, но ведь и многие потребности, на удовлетворении которых базируются целые сектора рынка, являются вполне биологическими. Это человеческий шовинизм – считать, что мы так уж далеко ушли от животных. Многое у нас общее, и не только красная кровь.

Конечно, неумение существовать в рынке снижает шансы индивида на выживание, как и другие дефекты поведения. Но отбора в рынке нет, он не для этого создавался, он от других механизмов произошел.

Конечно, человеческий рынок более сложен, чем обмен услугами в собачьей стае, но даже некоторые его механизмы могут осваивать не только люди.

Так, наиболее высокоорганизованные животные могут даже понять, что для других представляют ценность вещи, им самим не нужные. Вот пример: вокруг одного из храмов в Южной Индии живет стая священных обезьян, которая является туристической достопримечательностью. Тамошние макаки выпрашивают подачки у туристов, но не едой, а деньгами. Они разбираются в сравнительной ценности монет, а незадачливых шутников, дающих им монетку, не имеющую хождения, обезьяны могут и покусать. Обезьяны покупают то, что им надо – ну там, бананы, газету "МК" – у торговцев вокруг храма, освоивших вот такой экзотический рынок. Так как кроме ценности мелких монет эти макаки больше ничего в валютно-финансовой сфере не понимают, то их смело можно считать непосредственными предками "школы монетаристов".

Независим ли современный рынок от общества? Иногда даже говорят, что сначала возник рынок, а потом уже все остальные институты человеческого общества – община, государство. Так ли это?

Вот представьте себе ситуацию. Вы идете по переулку, а там бабуля с прилавка продает яблоки. Почему вы не просто берете яблоко, а платите за него? Ведь бабуля ничего вам сделать не сможет, даже если догонит?

А очень просто. Есть милиция, суд и тюрьма, и каждый человек принимает участие в рыночных отношениях, подсознательно учитывая существование этих государственных институтов. Кто не хочет или неспособен их учитывать, рано или поздно с ними знакомится, если государство цивилизованное. Вот поэтому государство первично, а нынешний, современный рынок – вторичен, и все разговоры о независимости рынка от государственного регулирования – глупости.

Кстати, когда говорят, что где-то люди цивилизованы и так, без жестоких наказаний, надо просто посмотреть повнимательней на историю такого общества. Да, англичане законопослушны, а лондонские "бобби" дежурят без оружия и дубинок, как у нас милиционеры когда-то. Но чудес не бывает. Просто в Англии триста лет подряд вешали за кражу носового платка, разве не отразилось это на "ментальности", извините за выражение, англичан?

Тут можно несколько вольно процитировать умнейшего нашего писателя-мариниста А.Б.Снисаренко, пишущего на исторические темы:

"Первые купцы, в гомеровские времена, были одновременно пиратами и бандитами. Подплывая к поселению какой-нибудь прибрежной общины, они мучительно соображали, оценивая соотношение сил. От этого зависела программа действий, что делать – налететь и ограбить или торговать? И местные, глядя на подплывающий корабль, решали в уме такую же экономическую задачу.

Торговля же с чужаками была делом рискованным. Не редкость были случаи, когда, усыпив бдительность местных несколькими сеансами мирной торговли, "купцы" захватывали столпившихся у кораблей женщин и отчаливали, за считанные минуты в десятки раз повысив рентабельность торговой экспедиции.

Зачастую в те времена чужеземца на всякий случай сразу убивали, это была единственная и очень действенная защита от коварства морских разбойников".

Какой рынок был тогда возможен? Только обмен между соседними общинами, поскольку соседи хоть и не любили друг друга, но знали, что от кого ожидать. Не было государств с их полицией и судами, зато существовало межобщинное право, регулировавшее отношения с помощью известных стандартных приемов вроде кровной мести. В этих условиях был еще не рынок, а обмен – пленницу на меч, шкуру медведя – на пару овец, меру репы – на меру ячменя.

А первые государства, взимая некоторую мзду, обеспечивали для всех участников торговых операций общие и понятные "правила игры", и в конце концов именно эта форма рынка, а не гомеровская, привилась. Очень многие известные города возникли именно как укрепленные, безопасные рынки под патронажем местного авторитета (царька), а не как племенные убежища на случай войны. Тогда и появились предпосылки для настоящего рынка.

Так что рынок – это не борьба индивида с индивидом за существование. Голливудские герои – красивые, сильные и агрессивные индивидуалисты – вымерли миллионы лет назад, еще на стадии пресмыкающихся. Их нет в природе. Остались связанные взаимной защитой стаи, соединенные взаимопомощью общины, скрепленные внутренним рынком государства.

А теперь о справедливости рынка. Справедлив ли рынок? Да, рынок справедлив.

Человеку, да и любому существу, несмотря на весь стихийный коллективизм, присуще чувство, что он дает много, а получает мало. Ты можешь считать, что отдал достаточно, не меньше, чем взял, но так ли это? Как подтверждается справедливость обмена в коллективе, где нет рынка? Только мнением коллектива.

В стае зверей обмен услугами был не одномоментным, то есть если тебя защитили, то ты не в тот же момент должен был отдать долг, а когда надо будет. Если ты долгом сманкировал, то вокруг тебя начинало нарастать напряжение.

В условиях обмена товарами обмен считался справедливым, когда он происходил без принуждения, и его участники были удовлетворены. Мне нужна была шкурка лисы, и я согласен отдать сто мер ячменя. Для каждого обмена меру устанавливали потребности сторон.

И в обмене между людьми, благодаря наличию языка и чувства времени, был вполне возможен разнесенный по времени обмен – я даю тебе сейчас, а ты отдашь мне потом. Но такой обмен был ограничен кругом знакомых и доверявших друг другу людей – общиной.

А если меняешься с незнакомым, а он говорит, что отдаст потом, так верить или нет? А обмен выгодный, жалко упускать! Но человек – все-таки существо более-менее разумное, и смог найти выход. Для случая людей малознакомых мог помочь делу материальный залог – какая-нибудь вещь, вообще ценная, но не нужная в данный момент ни продавцу товара, ни покупателю. Так появились деньги. В качестве денег выступали вещи ценные, небольшие и ликвидные, то есть такие, которые легко было поменять. Это были бронзовые или железные заготовки ножей, бусы, золото и серебро. У славян была единица "плат" – кусок ткани, от него произошло слово "платить".

Монеты вообще первоначально были, видимо, заготовками бус – во всяком случае у склонных к традициям китайцев деньги долго делались в виде монет с дырочками. Но в некоторых провинциях Китая деньги были в виде бронзовых ножичков, да и иероглиф "деньги" содержит, по-моему, значок в виде ножика. Так было, потому что сам материал значения не имел, важно было, чтобы он имел широкую полезность. И древнегреческая монета "обол" первоначально была железным прутком – заготовкой ножа, а 6 штук их называлась "драхмой" – "горстью" по-гречески. Железный пруток был не менее ходовой вещью, чем золотая бусина, и потребность в железе гарантировала, что этот пруток у вас в любом месте возьмут. Понятно, чем гарантируется и ценность мешка зерна.

Чем обеспечивается само золото? Дело ведь не только в его редкости. Редких и уникальных минералов в мире много! Золото, видимо, должно быть обеспечено какой-то самостоятельной ценностью, которое в нем заключено. Причем ценностью, очевидной для всех.

Кто или что гарантирует ценность золота? Ценность не в предмете, а в отношении к нему со стороны людей. Зачем золото на необитаемом острове? В человеческом же обществе золото вполне обеспечено страстью женщины к украшениям и страстью мужчины к женщине. Поэтому золото и стало универсальным обменным товаром еще до потопа – везде, где есть человек – мужчина или женщина – путник мог выменять на золото еду, одежду, ночлег и другие услуги. То есть человеку важна не самостоятельная цена платежного средства (вполне возможно, что железный пруток в данный момент ни торговцу, ни покупателю не нужен), но важна гарантия, что он всегда это платежное средство может поменять на жизненные блага. Так единая обменная мера появилась из неодномоментного обмена между незнакомцами.

Но у денег появилось одно побочное качество – оказалось, что с их помощью можно разносить сделки по месту и времени, и, самое главное, заочно оценивать выгодность обмена самых разных предметов, что дало резкий импульс торговле. Конечно, внутри регионов (рынков), где действовали хотя бы сравнимые денежные системы. Но и между разными рынками был воз-

можен обмен, и помогали в этом менялы – весьма распространенная в древности профессия.

Так вот рынок, Петрович, справедлив. Ты сделал какую-то вещь, и считаешь, что по полезности для общества она соответствует ведру пшеницы, а покупатели не дают и полведра. И никакие твои убеждения, что ты затратил на ее изготовление массу сил и энергии, никого не убедят. Значит, твой труд, с точки зрения других людей, оказался мартышкиным трудом. А как еще измерить заслуги человека перед обществом? Только оценкой других людей. А оценка объективна, без круговой поруки и взаимного захваливания, когда оценивающим приходится жертвовать чем-то для себя ценным. Если согласен за чье-то изделие отдать плоды своего труда, тогда оно действительно полезно.

Вот посмотрите на ситуацию: некто закупает картину для музея, тратя чужие (государственные) деньги и покупая вещь не для себя. Так и тратились миллионы на что-то, по художественной ценности сравнимое с … молчу, молчу. Когда книги выпускались, не обращая внимания на то, будет ли кто-нибудь их читать, то в результате было выращено целое поколение литераторов, чьи творения совершенно непригодны для чтения.

Оценка труда рынком – самая справедливая оценка. Альтернатива рыночной оценке только одна – если все общество будет оценивать труды каждого человека – дает ли он столько же, сколько берет у общества, или же обмен неравноценен. А как это сделать в рамках общества, состоящего из тысяч и миллионов граждан? Даже если для всех видов деятельности разработать научные нормативы производительности, где гарантия, что произведены будут нужные в данный момент вещи? Труд-то бывает, повторюсь, и мартышкин – все вспотели, а результат никому не нужен. Труд должен быть умным, а умный труд – это когда что-то делают, имея в виду интерес потребителя. Так вот пока объективной оценки умного труда человека всем обще-

ством не придумано, все идеи об отмене рынка – архиблагоглупости.

Лишь если производятся такие блага, которые нельзя продать конкретному человеку – например, обороноспособность, то нельзя применять рыночные принципы, тут приходится государству собирать налоги. А вот оплачивать за счет налогов то, что потом потребляют конкретные люди – неправильно. Всякие там бесплатные квартиры и путевки в дом отдыха были чреваты злоупотреблениями – некто, не платя, ими пользовался, а некто – нет, и учесть было нельзя. Деньги ведь полезны еще и этим – можно посчитать, сколько каждый тратил! Ведь бывало, что на кого-то расходовались огромные общественные ресурсы, но численно они никак не учитывались.

Но, конечно, рынок справедлив только тогда, когда покупаешь и продаешь без принуждения. Когда тебя не пускают на рынок, когда о цене тебе приходится договариваться с кем-то, кроме покупателя – это уже не рынок. К сожалению, в этом-то и проблема: современный "свободный рынок" теряет те качества, которые делали его свободным. Принуждения быть не должно, но селянин может хоть год не продавать свои продукты, а горожанин должен есть каждый день. Это принуждение, хотя и неявное. Бывают и ситуации, когда средства обмена, принятые на данном рынке, по каким-то законам скапливаются у небольшой группы людей, и рынок парализуется – все хотят друг для друга работать, но не могут! Это тоже принуждение, принуждение к безделью.

Дело-то в том, Петрович, что современный "мировой рынок" большую часть истинно рыночных свойств потерял, а, кроме того, конкретно для нас он еще и смертельно опасен. Но основной принцип рынка для нас жизненно необходим: "делай то, ради чего другие захотят что-то делать для тебя". Экономика нашей страны лишь тогда будет нормальной, когда каждый субъект ее будет вынужден руководствоваться этим принципом, когда он не получит денег никак иначе, кроме как сделав что-то нужное другим".

ПРОИЗВОДИТЕЛЬНОСТЬ ТРУДА

И вот уже трещат морозы
И серебрятся средь полей...
Читатель ждет уж рифмы "розы"
На вот, возьми ее скорей

А.С. Пушкин

Читатель, возможно, уже начал ощущать какое-то внутреннее неудобство. Книга, как оказалось, имеет какое-то отношение к экономике... а где же "производительность труда"? Что это за рассуждения, если не провозглашена анафема "низкой производительности труда российского рабочего", с чего обычно начинаются и чем заканчиваются труды российских политиков и ученых?

Признаюсь – я отношусь к этому понятию без должного пиетета (уважения). Я не очень доверяю принятым оценкам и методам измерения этой величины.

Возможно, дело в личном опыте. Я работал на сборочном конвейере – это тяжелый труд, дальше интенсифицировать его уже некуда. Когда для того, чтобы, извините, сбегать на пять минут в туалет, надо посвистеть мастеру – мысль о том, что у американцев производительность труда в десятки раз выше – как-то отвергается сознанием.

И не рассказывайте друг другу, ради Бога, о роботизированных линиях. Я, конечно, не большой специалист, хотя писал диплом как раз по специальности "Роботы и манипуляторы", но знаю, что единственный роботизированный цех сборки кузовов фирмы "Ниссан" так и остался единственным в Японии, для съемок фильмов и показа президентам и премьер-министрам слаборазвитых стран. Японцы обнаружили, что корейцы и узбеки гораздо лучше, дешевле и надежнее роботов. У роботов масса ограничений при их использовании, и, если учесть затраты на изготовление самих роботов, то производительность труда поднимается ими не так уж сильно. Не подумайте, что я хулю саму идею автоматизации, но польза роботов и автоматов заметна не всегда и лишь в действительно массовых производствах, когда продукция идет не тысячами, а миллионами единиц. А на Западе нет таких массовых производств, какие были у нас.

Не могу не рассказать одну историю: один мой знакомый как-то поехал в командировку в Японию, на неделю, и прожил там из-за своей дотошности три лишних месяца. Мы заказали там какой-то уникальный испытательный стенд, и этот инженер ездил его принимать. Оказалось, и японцы могут смухлевать – пытались сдать стенд с отступлениями от согласованных характеристик. Пока они устраняли замеченные недостатки, у инженера было время поболтаться по заводу. По его наблюдениям, настоящие, не показные производства в Японии ничем не отличаются от наших, особенно если к лицам не приглядываться. И бардак встречается, и грязь, и одеты рабочие так же, только пьянства на производстве нет (у японцев другая физиологическая реакция на алкоголь, они, как и турки, в нетрезвом состоянии к работе неспособны). Кстати, есть и стенды передовиков производства. В общем, не так уж сильно мы от них отличаемся.

Вернемся к "производительности труда". Почему мы о ней не говорим в этой книге? Потому что производительность труда в конкретном производстве – это расход рабочей силы на производство единицы продукции, то есть издержки лишь одного фактора производства, лишь одного ресурса. Но ресурсов-то много! Мы-то насчитали пять групп! Почему же они не учитываются при анализе теми, кто “уперся рогом” в производительность труда?

Ну, предположим, мы добьемся превышения среднезападной производительности труда. Но победим ли мы в этом случае в глобальном соревновании? Если расход энергии в 4-8 раз больше, выигрыша-то все равно не будет!

То есть соревнование по этому критерию с западной экономикой мы заведомо проигрываем, и идеология, построенная на соревновании в производительности труда – в лучшем случае ошибочна.

Причина такой однобокости традиционного подхода экономистов кроется, возможно, в излишнем доверии Маркса к сообразительности других людей. Много у него умных вещей, понятых у нас, и, по-моему, даже и переведенных, неправильно.

Почему Маркс так напирал на производительность труда? Потому что он рассматривал проблемы экономики применительно к Западной Европе, географической зоне, практически не различающейся условиями. Там, действительно, достигнутый кем-то из конкурентов более высокий уровень производительности труда давал солидное преимущество. Другой-то разницы между странами Западной Европы нет! И по энергоемкости, и по транспортным возможностям все они практически в одинаковых условиях.

Именно это, на мой взгляд, имел в виду Сталин, когда отвечал на вопрос, в чем его подход к экономике отличался от марксового. Он ответил, что Маркс рассматривал экономику “в лабораторных условиях”, а ему, Сталину, пришлось иметь дело с реальной жизнью.

Кроме того, Маркс считал, что все издержки можно в конце концов выразить через издержки рабочей силы. Так, Маркс полагал, что капитал – это прибавочная стоимость, овеществленный труд рабочих, присвоенный капиталистами. Ведь все создается трудом!

Пока не все экономисты признают, что в идеале цена продукта соответствует его "стоимости", то есть издержкам общественно необходимого труда, затраченного на изготовление этого продукта. А как же разница, то есть прибыль? Как же природная рента? Но практика показывает, что в совершенно конкурентном рынке цена, которую дают покупатели, неумолимо сближается с объемом издержек.

Но беда в том, что и эта идея Маркса, как и многие другие, была профанирована. Маркс считал, что затраты труда будут точно измеряться на всех этапах производства, но в нашей науке и практике на каждом отдельном этапе считали лишь производительность труда на данной операции, а не весь труд, который был затрачен ранее, на добычу сырья, изготовление оборудования, добычу топлива, строительство зданий и т. д. Да еще и занижали цену сырья. Считали, что энергия ничего не стоит, хотя, в физически-философском смысле, наоборот: ничто ничего не стоит, кроме энергии.

Поэтому-то наше производство, кроме совершенно неизбежных потерь, было еще и дополнительно энерго- и материалоемко.

Мы можем все это экономить, и должны, пусть даже мы и не догоним Запад.

Один мой знакомый, придерживающийся сходных с моими взглядов, был в Швеции. Его не удивило, что эта страна – на самом деле теплая, теплее Западной Украины, он это и так знал. Но вот что его поразило – что на автомобильном заводе "Вольво" ворота цеха – двойные, со шлюзом, чтобы тепло не уходило. Вы у нас видели двойные ворота?

Да, мы можем экономить. Но они уже экономят! В более теплой, чем Россия, Финляндии выпускаются массовым тиражом популярные книжки по энергосбережению, в домах ставятся герметичные окна с тройными стеклами. А у нас?

А теперь по производительности труда. Помните громкие крики, что мы уступаем в десятки раз "развитым странам"? Товарищи дорогие, ох и дурят нашего брата!

Так, по стандартной методике исчисления ВВП (внутреннего валового продукта) разница между Россией и США в выработке на одного занятого была в 9,3 раза. Не в нашу пользу. Но по более сложной и более объективной методике, разработанной Статистической комиссией ООН, разница уже в 5,1 раза – в США 51000 долл, в России – 10000. Но и это еще не все! Надо бы учесть, что в структуре нашего ВВП услуги занимают 20%, в ВВП США – 75%. По реальному, материальному сектору мы производили даже в 1993 году всего в полтора раза меньше американцев! Дело в том, что методику подсчета ВВП в Америке проверить трудно. Они считают не только конечный потребительский продукт, но и промежуточный, например, продажу комплектующих между фирмами-производителями и даже филиалами одной фирмы. И уровень монетизации у них выше. Что это такое? Грубо говоря, если я почищу ботинки вам, а вы мне, то в России это скорее всего будет бесплатно, и не войдет в ВВП и ВНП, а в США в этом случае сначала вы мне заплатите 10 долларов, потом я вам. В обоих случаях мы будем с начищенными ботинками и при своих, но в США ВВП увеличится на 20 долларов. Об этих, в общем, очевидных особенностях американской статистики писали и сами американцы – например, Василий Леонтьев.

Это то, что касается производительности труда. Теперь о такой штуке, как общественная производительность труда. Дело в том, что у нас в стране значительная часть рабочих, очень интенсивно трудясь, не производят продукцию. Результатом их труда является возможность работать для остальных – они производят топливо и обеспечивают теплоснабжение. Да снег, в конце концов, на улицах сгребают. Ну нет в других обществах таких работ! И нигде объемы собранного снега не учитывают. Поэтому наше общество в целом, при тех же, предположим, трудовых ресурсах и той же организации труда, все равно всегда выработает готовой продукции меньше.

Подводя итог, замечу: критерий производительности труда, конечно, применять можно, но он ограничен и не характеризует состояние экономики. Сравнивая наше общество с другими, необходимо считать удельный расход и других "факторов производства", как это сейчас называется.

Да, пока не забыл. Частенько в прессе можно встретить замечания "знающего человека", что две трети наших заводов нерентабельны, и дешевле купить соответствующую продукцию за рубежом. Это действительно так, с одним уточнением – достаточно ли рентабелен сам "знающий человек"? Он-то свою продукцию способен продать за доллары? Это надо иметь в виду и выдающемуся экономисту, и уважаемому профессору. Да, наши рабочие и крестьяне малоэффективны. Пусть так. А насколько эффективны выдающиеся экономисты и уважаемые профессора?

А те отставания по производительности труда в десятки раз, которыми козыряли в свое время идеологи реформ, как были фальшивками, так фальшивками и остались.

НЕ БОЙТЕСЬ!

Я хотел бы обратиться к тем читателям этой книги, которые причисляют себя к оппозиции.

Многие из вас с самого начала перестройки прониклись стойким отвращением к политике реформ и ее организаторам, другие прозрели несколько позднее. Но даже многие сознательные противники реформ оказались в стане оппозиции, просто потому что не любят Запад, или воров, или демократов, и т. д. То есть в основном на их выбор повлияло развитое чувство собственного достоинства или интуиция, а не рассудок. А настало время – оно уже давно настало, на самом деле – включать рассудок. Сколько можно жить эмоциями?

Еще раз повторю важнейшее положение, которое до сих пор не доходит ни до реформаторов, ни до многих оппозиционеров. И те, и другие считают, что Запад скупит наши заводы и фабрики, только первые думают, что это будет для нас хорошо, а вторые – что плохо. Но не правы ни те, ни другие. Запад не собирается скупать нашу экономику. Это невыгодно. Наша экономика в любом случае будет приносить им убытки. Нет смысла, живя в субтропиках, разворачивать в тундре какое бы то ни было производство, кроме плантаций морошки. Это имеет смысл только для тех, кто в тундре и живет, то есть для нас.

Но при беседах с оппозиционерами, независимо от их взглядов, чувствуется невысказываемое опасение. Эти люди в течение всего периода реформ боялись, хотя и не высказывали этого открыто, что политика реформ все-таки увенчается успехом. Многие боятся этого и сейчас.

В основном такие опасения присущи тем, кто не приемлет западное общество с морально-этических позиций. Их пугает, что Запад скупит наши заводы, нефтяные месторождения и золотые прииски, что мы будем работать на капиталистических предприятиях, и в нашей стране окончательно возобладает западная мораль, с ее культом потребительства и вседозволенности.

Вдруг Запад вложит в нашу экономику сотню миллиардов долларов, вдруг придут в реформаторское правительство умные и честные люди, и сделают из нашей страны настоящую витрину капитализма. Что же делать тогда? Тем более, что каждого очередного реформатора (а сколько их было – не сосчитать!) СМИ характеризуют как умного человека, талантливого экономиста или администратора, и, как ни относись к пропаганде, какое-то воздействие она оказывает даже на стойких оппозиционеров. Вообще СМИ в профессиональном отношении хороши тем, что они предоставляют лживую, но привлекательную информацию для любого, какой бы политической ориентации он ни придерживался. "Обслуживаются" и духовные нужды оппозиционеров, и, если у оппозиционера есть какие-то заблуждения, то СМИ их очень профессионально закрепляют и усиливают. Национал-патриотам добавят аргументов о "геноциде русского народа коммунистами", марксистам напомнят о "черносотенных взглядах" националистов, и т. д.

Вдруг жизнь в нашей стране в материальном отношении будет "рыночным капитализмом" улучшена?

Оппозиционеры стыдятся признаться в своих опасениях, потому что многие из них, будучи лично равнодушными к "мирским благам", признают нормальным стремление человека к лучшей жизни. И, борясь с реформами, чувствуют внутреннее неудобство. Получается, что оппозиция борется... против лучшей жизни для большинства народа!

Я хотел бы таких людей успокоить. Нет никакой опасности того, что мы сольемся с Западом в единое общество, даже несмотря на то, что такое желание у значительной части нашего народа есть. Западнические реформы не могут увенчаться успехом в нашей стране ни в коем случае, ни при каких условиях. Они не приведут к лучшей жизни. И бороться против политики реформ надо потому, что они ведут к физической гибели страны, скорее всего в виде крупнейшей гуманитарной катастрофы, смерти большинства населения от голода и холода, а вовсе не из-за секса и наркотиков (кроме наркотиков, остальное не так уж плохо).

Если же вы, уважаемый читатель, сторонник реформ, то есть поддерживали Горбачева, искренне осуждали ГКЧП, а также если вы более одного раза голосовали за Ельцина – то не могу вас обрадовать. Мало того, что реформы кончились крахом и разорением страны. Но вы даже не сможете как-то устроить свою жизнь, уехав за границу.

Нет легких решений у "новых русских". Их не ждут на Западе. Кому они там будут нужны? Недвижимость отнимут за неуплату налогов – они ведь доходят кое-где до 30% в год, а источники-то доходов у них здесь, и они иссякают. И на Западе уже заранее развернута такая антирусская кампания, что в каждом русском видят мафиози. Так или иначе, вывезенных туда средств они лишатся. Я не буду приводить серьезных материалов (они есть) о реальных шансах эмигрантов устроить свою жизнь на Западе. Шансы незначительны, если вы не физик-ядерщик. Вы надеетесь обеспечить детям хорошее образование? Многие американцы тоже бы хотели… но Америке выгоднее импортировать инженеров и врачей, причем их дети, став американцами, также не смогут стать врачами и инженерами.

Есть, впрочем, среди “новых русских” “красные директора”, предприниматели, считающие себя патриотически настроенными капиталистами. Их духовным лидером является Лев Черной. Относясь с брезгливостью к “фанатикам-реформистам”, они все-таки “в долговременной перспективе ориентируются на нормальные отношения с миром”. Они “твердо верят, что барьер отчуждения будет преодолен”. То есть они видят действительное отношение к нашей стране со стороны Запада, но все еще считают “климат отчуждения” плодом временного непонимания или даже реакцией на заявления “патриотов”. Порой “Заявления” и “Обращения” этой социальной группы бывают столь искренними, что остается только удивляться: как такие богатые люди могут быть столь наивны? О “нормальных”, то есть не унизительных для нас отношениях можно будет говорить, когда мы будем сильны, а добиться этого, не озлобляя Запад, нельзя. Неужели трудно это понять? А ведь о грозящей нам хозяйственной катастрофе эта категория знает не понаслышке.

Что же касается всех нас, то общее замечание таково: все предложения, как выйти из кризиса без резкого снижения жизненного уровня – несерьезны. Половина жизненного уровня обеспечивается за счет импорта. Любого жизненного уровня – даже у тех, кто вынужден кормить детей кашей из комбикорма. Сейчас импорт прекратится – как же уровню не упасть?

А импорт прекратится потому, что поступления валюты в страну неуклонно снижаются, а выплаты по долгам растут. И наши кредиторы в любой момент могут вообще "перекрыть кран", потребовав безусловной выплаты по кредитам. В этом случае включается механизм банкротства, и вся выручка от экспорта поступает заимодавцам. Пока этого не произошло, но может произойти в любой момент, и выбор этого момента – за Западом, а не за нами. В любом случае импорт в 1999 году упал по сравнению с 1997 в несколько раз.

Поэтому-то легких решений нет и у будущих руководителей. Их, с одной стороны, будет обжигать народный "желудочный" протест, с другой – давление "новых русских", пытающихся отстоять остатки "прежней роскоши". Не отобрав у одних, не отдать другим, но и суммарный пирог-то уменьшается! К тому же свою долю требует и третий – наши друзья-заимодавцы с Запада.

Сейчас настает момент, когда приходит пора отдавать долги. Иллюзия благосостояния сменяется реальной нищетой на грани физического выживания.

Но с другой стороны – правильную парадигму нам все-таки придется принять, хотим мы этого или нет. Время свободного выбора кончилось, началось время "принудиловки".

ИСТОРИЧЕСКИЙ ПРИМЕР

Пруссака дави в окопе
И коли штыком, и коли штыком!
А француза бей… по шляпе,
Побежит бегом, побежит бегом!

Солдатская песня (Ю. Ким)

Но каким путем надо идти, к какой цели надо стремиться? И почему никто не нашел верной цели? Ведь если бы кто-то предложил что-то разумное, неужели бы за ним не пошли? Разве народ не мудр? Почему он не видит выхода сам?

Ответ, на мой взгляд, очевиден. Выход из ситуации не виден обществу, потому что не соответствует его желаниям, его умонастроению. Но бывает ли такое?

И бывали ли в нашей истории случаи, когда все хотели поступать определенным (неправильным) образом, но к успеху вел другой путь, который обществу в целом был не виден? И почему общество его не видело?

На мой взгляд, такая ситуация была у нас неоднократно, и вот, пожалуй, один из ярких случаев.

Все знают, что Кутузов – великий полководец. Но мало кто задумывался, чем же он велик. Он воевал всю жизнь, но не выиграл ни одного знаменитого сражения, ничего подобного громким победам Наполеона или Суворова у него нет – ни Измаила, ни Аустерлица. То поражения, то отступления, то довольно спорные победы с ничейным счетом. Когда задумываешься об этом, то сначала возникает какое-то неприятное чувство – а может быть, авторитет Кутузова – дутый? Может быть, он просто плыл по течению, а народ и русская зима сами все сделали? Трактовка его личности Толстым, надо сказать, лежит в русле именно такого взгляда на эту историческую фигуру.

Вот Наполеон – это да. Армии под его управлением были на полях сражений на голову выше своих соперников. Они били всех – и русских, и англичан, и саксонцев, и австрийцев, и пруссаков, и янычар. Они дрались артиллерией, "как человек кулаками", огромные массы конницы (революционное новшество!) сметали и пехоту, и отлично вымуштрованную, но малочисленную кавалерию европейских армий. Тактика боя у Наполеона была передовая, суворовская, и недаром горячим желанием Суворова было "встретиться с мальчиком, чтобы все взятое им вернуть". Под "взятым" подразумевались как раз суворовские нововведения. Суворов бивал наполеоновских маршалов, но лицом к лицу с Наполеоном они не встретились, и вопрос – кто сильнее – так и остался открытым.

В то же время как стратег Наполеон был никто. Его армии, даже в Европе, еще до встречи с противником теряли до четверти состава, из-за болезней и голода! Он совершенно не интересовался судьбой своих солдат. Наполеон не имел ни малейшего представления о государственном устройстве и особенностях России. Вторгшаяся в Россию Великая Армия не имела ни полевых кухонь, ни палаток, ни нормальных лазаретов – уже в Смоленске на перевязки использовали пергаменты из городского архива.

Но если уж Наполеону удавалось вывести свою армию на генеральное сражение, сделать с ним ничего не удавалось – на поле боя он лучше всех управлял своими солдатами, и те его не подводили.

Насколько отличен от него был Кутузов! Перед Бородиным Кутузов заготовил десять тысяч подвод для раненых и десять тысяч санитаров для их эвакуации с поля битвы, а Наполеон своих раненых просто бросил.

И Суворов, и Наполеон называли Кутузова соответственно хитрецом и хитрой лисой – такое совпадение отзывов разных людей говорит, что эта оценка личности Кутузова – объективна, и, поскольку исходит от полководцев, то имеются в виду не только качества "лукавого царедворца". Когда после катастрофы союзной нам австрийской армии под Ульмом Кутузову пришлось уводить от уничтожения русскую армию долиной Дуная, от Браунау до Брюнна, французам ничего не удалось с ним сделать. Лягаясь как конь, Кутузов не отдал ничего и не пожертвовал никем – а отступление, что ни говори, труднейший вид действий. Действуя постоянно лишь частью сил (остальные-то должны уходить), надо сдерживать все силы противника, и части прикрытия надо, постоянно чередуя, то разворачивать в боевой порядок, то сворачивать в походный, да еще и из перевернутого фронта. Выполнившие свою задачу войска, не допустив задержки, надо пропускать в колонну сквозь развернутые сменные части. Все это технически очень сложно, здесь полководец должен быть в первую голову просто военным профессионалом, но ему нужны еще и понимание местности, и хладнокровие, и, конечно, хитрость. Малейшая заминка – и "хвост", а то и вся армия, были бы потеряны. Я уж не говорю о такой "мелочи", что арьергард русской армии должен был в **каждом** столкновении с французским авангардом безусловно побеждать.

Это отступление – шедевр военного искусства.

Но в то же время – и об этом осталась масса свидетельств – Кутузов всячески избегал генерального сражения с Наполеоном, даже в конце кампании 1812 года.

Так вот почему мы говорим, что вообще в ту эпоху Наполеон проиграл, а Кутузов победил? Дело в том, что, не проиграв вчистую ни одной битвы, Наполеон проиграл свою главную войну. Можно сколько угодно спекулировать на эту тему, но Наполеон потерял не только величайшую (вплоть до Гитлера) всеевропейскую армию, но и дело всей своей жизни, и не по своей глупости, а из-за ума Кутузова.

Ум Кутузова проявился в простом признании очевидного факта: Наполеон – величайший полководец-тактик того времени, и, сразившись с ним, в лучшем случае можно устоять, но победить его, маневрируя на поле боя, атакуя, нельзя. Он делает это лучше! И сражение с ним, кончившееся вничью, вовсе не гарантия того, что следующее не кончится катастрофой. Отходить, отбиваясь, Кутузов умел, как оказалось, мог и устоять под ударом Наполеона в генеральном сражении. Говорят, что Кутузов считал рискованным в ходе решающей войны учиться побеждать Наполеона на поле боя. Да нет же, дело не в риске. Кутузов совершенно определенно был уверен, что будет неминуемо разбит, если попытается разбить армию Наполеона.

Вот поэтому Кутузов и "построил золотой мост" Наполеону для выхода из России, а не попытался захлопнуть его армию. Да, планы Кутузова нельзя назвать величественными – он хотел не громкой победы, а всего лишь совершенного истребления неприятеля и спасения отечества. Да, Кутузов отступал, уворачивался, он ни разу всерьез не атаковал Наполеона, не уничтожил его артогнем и молодецкой штыковой атакой. Но и Наполеон ничего не мог сделать с Кутузовым, то есть Кутузов не был плохим полководцем! Французы атаковали – русские отбивались. Французы наращивали удар – он приходился уже по пустому месту. Французы уходили – русские вцеплялись в них сзади.

Французские генералы с обидой вспоминали, что они раньше Кутузова успели бы к Малоярославцу, если бы тот не посадил своих солдат на подводы. Это было не по правилам, но у Кутузова в решающий момент войны оказалось под рукой несколько тысяч телег с упряжными лошадьми, видимо, по чистой случайности. И Великой Армии пришлось идти не по благодатной Украине, а по выжженной Смоленской дороге.

Наполеон, по его собственному признанию, побеждал в сражениях, потому что во всех деталях продумывал их заранее, в отличие от своих противников. Зато в войне в целом он поступил согласно другому своему принципу: "надо ввязаться в бой, а там посмотрим". А у Кутузова была идея, он ее реализовал, и эта идея оказалась правильной.

Кутузов, я так понимаю, точно рассчитал, что Наполеону не удастся обеспечить фуражом более 50 тысяч лошадей. И старый профессионал оказался прав – еще перед попыткой прорыва на юг Наполеону пришлось отправлять безлошадную кавалерию на Запад пешим порядком. А был лишь сентябрь!

Кутузов понимал войну, а Наполеон – нет. Что радости Наполеону, что он непобедим? От его "Гранд Арми" осталось в живых 5 000 человек. Это от пятисот или шестисот тысяч!

Кстати, план Кутузова не был планом гения-одиночки – министр обороны Барклай-де-Толли придерживался тех же взглядов, что и Михайло Илларионович. Он, видимо, и был автором этого плана, ведь вообще именно Барклай-де-Толли был генератором нестандартных решений – вспомнить хотя бы его вторжение в Швецию… через замерзшую Балтику! Самым удивительным было не то, что операция удалась и привела к нейтралитету Швеции, а как сама мысль могла прийти в голову военному профессионалу – марш целой армии в течение нескольких суток, с ночевками на льду… аналогов в истории ни до, ни после не было и не предвидится.

Вернемся к плану войны с Наполеоном: почему же общество в целом не видело этого плана и не приняло его от “немца” (шотландца Барклая), и с большим скрипом послушалось Кутузова?

Потому что важнейшей предпосылкой этого плана было признание неприятного и неприемлемого для всего русского общества того времени факта: мы не можем победить Наполеона тем способом, который считался тогда правильным – разбив его армию в генеральном сражении. Кутузов знал, что сделать этого нельзя. Именно поэтому его план войны был непопулярен. Не могло русское общество прийти к этому плану “своим умом”. Мы теряли одну из столиц, теряли значительную часть страны, мы претерпели осенью 1812 года национальное унижение – впервые за 200 лет неприятель вторгался в сердце России. Но Кутузов последовательно и целенаправленно свой план выполнял.

Бородинское сражение было нарушением его плана, это была уступка общественному мнению, Кутузов сражения не хотел, но не уступить не мог даже он. Русская армия страстно желала одного – умереть под стенами Москвы – кто бы мог воспротивиться?

Хотел ли Кутузов победить при Бородине? Ни в коем случае. Он лишь надеялся сберечь сколько можно солдат и офицеров. Сохранив половину армии, Кутузов победил – он мог теперь реализовать свой план.

* * *

Вот дилемма – все российское общество рвалось в бой. Не было солдата, офицера, генерала, который боялся бы сражения, который хотел бы отпустить армию Наполеона, как потом оказалось, умереть своей смертью. Но принимать правильного сражения было нельзя. Кутузов признал превосходство Наполеона в тактике и оперативном искусстве – и наверняка уничтожил его.

Мало кто понял Кутузова, но не из-за его чрезмерной мудрости – предпосылка к плану Кутузова была для всякого русского оскорбительна, только в этом было все дело. Признать реальное положение дел не всегда трудно, но порой очень обидно, и обида мешает действовать правильно. И Сунь-цзы говорил: “Если полководец чрезмерно обидчив, его могут спровоцировать”.

Ведь даже и Кутузову не удалось до конца выполнить свой долг перед Россией, ему не удалось уберечь всех нас от страшной ошибки. Все слои русского общества – и царь, и дворянин, и, возможно, крестьянин – больше всего хотели тогда освободить Европу от “узурпатора”. Но на самом-то деле не надо было “освобождать” Европу – европейцы легли под Наполеона, пусть бы сами с ним и кувыркались, как хотели, нам-то какое дело? Второй раз в Россию “Буонапарте” на аркане бы не затащили!

Таким было мнение Кутузова, и об этом на смертном одре весной 1813 года просил он царя. А царь просил прощения у него за то, что не послушался. Кутузов ответил “Я-то прощу, простит ли Россия?”.

Мы знаем об этом разговоре со слов лишь одного человека – чиновника для поручений, который его подслушал, спрятавшись за ширмой. Достоверность его не стопроцентная, но даже если он выдуман – сама идея этого диалога не могла появиться на пустом месте. Нечего нам было делать в Европе, Кутузов знал Европу и понимал, что, пытаясь играть какую-то роль там, русское общество ошибалось.

И можно лишь гадать, что было бы, если бы Александр внял-таки мольбам Кутузова и не пошел в Европу вслед за Наполеоном. Дело даже не в тяжелых поражениях нашей армии в 1813 году от тех же французов, того же Наполеона. Вся история России повернулась бы в другом направлении! Не было бы финансового кризиса, вызванного необходимостью содержать русскую армию за рубежом, не было бы Священного Союза, не было бы позорной роли "европейского жандарма", не было бы, возможно, и Крымской войны.

Это я к тому, что все наше общество страстно хочет, чтобы российская валюта была самой лучшей. Чтобы не за долларом в мире гонялись, а за рублем, и чтобы рубль был надежней золота. Потому что считается, что правильная победа в экономическом соревновании – это когда рубль свободно конвертируется, да к тому же и постоянно растет по отношению к другим валютам. Но вот только верны ли такие представления?

ОШИБКИ ОППОЗИЦИИ

Кто хочет больше, чем может –
Имеет меньше, чем мог бы иметь.

Принцип Пляца

Все наше общество подвели наши же успехи за предыдущие 70 лет. Все, что мы хотели, у нас получалось. В каждом прямом столкновении с остальным миром мы выигрывали. Например, самое честное соревнование – военное, там каждый строй показывает все, на что он способен. В войне мы победили безоговорочно.

Довольно долго в западном мире считалось, что критерий прогрессивности страны – ее темп промышленного развития. Но экономика СССР добилась таких темпов, которые до сих пор в западных учебниках экономики приводятся как рекордные. Несколько превышали наши только показатели небольших азиатских стран, которые "накачивались" всем западным миром, и то в течение короткого времени. Этот рост советской экономики в 30-е – 50-е годы – неопровержимый факт, признанный всем миром, и странно, что у нас он не признается.

Что уж говорить о космосе, о бомбе – никаких причин для "комплекса неполноценности" у нас не было. А культура? Даже на Западе признано, что в искусстве 20-го века после Первой мировой войны появился лишь один новый полноценный художественный стиль, и это был стиль соцреализма (модерн и авангард на самом деле появились ранее), а Запад ничего такого не родил. Даже жизненный уровень был, как оказалось, неплох, хотя с 50-х годов каждое новое руководство страны оказывалось экономически безграмотным. Незадолго до перестройки в рейтинге городов мира по качеству жизни в первой десятке было три советских города, и ни одного американского, хотя среди критериев была и обеспеченность товарами. Тем не менее, даже этот параметр не отбросил наши города в конец списка. Запад победил нас, просто показывая глянцевые картинки. Если бы мы знали реальную картину даже западного образа жизни, то умонастроение общества было бы иным уже в 80-х годах, а не к концу 90-х.

В 80-х годах от советской, коммунистической идеологии осталось не так уж много, и именно эти-то остатки нам и повредили. Мы считали, что нам все по плечу, и настолько были в этом уверены, что "просчитывать варианты" и не пытались. Мы действительно могли все, на что способно было в двадцатом веке остальное человечество, могли мы и в 60-х годах высадиться на Луне (вопреки распространяемым мифам, еще Хрущев официально заявил об отказе участвовать в "лунной гонке", так как это было очень рискованно). Но возможность – была.

Вот эта уверенность во всемогуществе и была первой предпосылкой неверного выбора цели всем обществом, не только реформаторами. Мы не могли войти на равных в мировой рынок. Ошибка тут была в том, что мы могли все, кроме одного: мы не могли сделать издержки на промышленное и сельскохозяйственное производство меньше, чем в остальном мире. Вот это нам не подвластно.

Во-вторых, мы, несмотря на предупреждения советской пропаганды, подсознательно приняли неверное представление о движущих мотивах Запада. Многие, слишком многие вплоть до нападения НАТО на Югославию думали, что целью Запада является объединение всех стран в единое рыночное сообщество, богатое и свободное.

Это надо подчеркнуть, потому что многие простые сторонники реформ думали, что Запад настроен главным образом против нашего ВПК и нашей военной машины, и, стоит нам разоружиться и перевести военные заводы на мирные рельсы, как опасения Запада будут развеяны.

Если бы оппозиция раньше начала объяснять, что нет опасности скупки нашей экономики – есть только опасность ее уничтожения, то обстановка в обществе в 90-х годах, возможно, была бы иной. Ведь многим рабочим все равно, что производится на его предприятии и кто будет директором, японец или американец, лишь бы платили зарплату.

Не придет на наш завод крепкий хозяин из Германии. Наши заводы и нефтяные прииски нужны только нам самим, и мы сами, как рабочие руки, тоже нужны только нам самим, а больше никому мы не нужны.

Мало провозглашать, что не надо надеяться на иностранные инвестиции, просто потому что мы сами с усами, как об этом заявляют и видные оппозиционеры, и даже некоторые предприниматели. Так создается впечатление, что к нам со всех сторон лезут с этими самыми инвестициями, а мы по своей сиволапости от них отмахиваемся. На самом деле нет никаких идеологических причин для отказа от иностранных инвестиций! Китайцы используют их, и правильно делают, с их помощью они строят все более современную промышленность, но у нас так не получится, как бы мы этого ни хотели.

Из-за наших особых условий нам нельзя ожидать иностранных инвестиций, какие бы законы у нас ни принимались. И ведь отсюда следует, что все вложения якобы в экономику России имеют на самом деле иную природу. Это в значительной степени ростовщические деньги, которые вместо благосостояния приносят разруху. Или того хуже – это деньги, которые напрямую направлены на уничтожение каких-то предприятий и отраслей, или предназначены для людей и структур, ведущих разрушительную работу против нашей страны.

То есть само присутствие иностранных средств в каком-то месте – это сигнал тревоги, это SOS, это сирена и мигалка! Так просто иностранные деньги не могут у нас появиться! Либо это признак какой-то дыры в экономике, через которую утекают наши невосполнимые ресурсы, либо там копошится гнездо отвратительных вредителей, и нужны дуст и керосин.

Мы не можем победить в экономическом соревновании с Западом. Это многих оскорбляет. Да, но ведь соревнования бывают разные! Запад побеждает нас по критерию "эффективности", то есть соотношению выручка/издержки – и то только потому, что он контролирует новые промышленные регионы с низкими накладными расходами и низкой зарплатой рабочим.

Но даже не достигнув победы в этом, очередном соревновании, точнее, не участвуя в этом соревновании, мы можем выжить как народ и как государство. Разве этого мало? А всего-то надо изолироваться от мировой экономики. С нашим-то опытом – плевое дело.

И меры в этом направлении уже предлагаются и временами даже реализуются.

Мер этих три: госмонополия на внешнюю торговля, прекращение вывоза капитала и отмена конвертации рубля, то есть нецелевого выделения валюты кому угодно. Если валюта выдается безусловно, то есть на благоусмотрение, то высока вероятность, что она будет потрачена в ущерб отечественной экономике.

Эти меры почти одновременно начали предлагаться в 1998 году в целом ряде публикаций. Зачастую не экономистами, а, в основном, “технарями” и историками. Это говорит о том, что историческая наука и технические дисциплины у нас пока есть.

Были в прессе статьи о ситуации в России летом 1917 года (она во многих чертах сходна с нынешней), и о пакете предлагавшихся тогда мер (отмена коммерческой и банковской тайны, запрет на вывоз валюты и т. д.). Они один в один применимы сейчас. Тогда их осуществили большевики, интересно, кто это сделает сейчас.

Летом 1998 года даже в Совете Федерации появилось заявление 16 сенаторов, основанное на разработке Аналитического управления СФ. Предположительно разработка базировалась на идеях С.Глазьева. Почему я говорю “даже”? Потому что и сенаторы – часть существующей экономической системы, и ожидать от них желания что-то менять трудно. Говоря конкретно, как у нас происходят сейчас выборы в регионах? Без финансовой поддержки каких-то коммерческих структур участие в выборах невозможно. А чем в 90-х годах жили коммерсанты? Экспорт нефти, цветных металлов, импорт продовольствия, табака, производство водки.

Тем не менее, разработка содержит ряд правильных предложений – монополия на экспорт газа, прекращение импорта за счет госбюджета продукции, выпускаемой в стране и т. д. Излишне говорить, что эти меры половинчаты. Если госмонополия на газ, то почему не на нефть? Не на аммиак и мочевину? Не на черные и цветные металлы? То же касается и других стабилизационных мер.

Но неполнота их предложений не страшна. Сама жизнь их усовершенствует. Решимость в принятии даже таких мер вызовет такую цепную реакцию и в обществе, и на Западе, которая приведет в конце концов к их полному комплексу. Половинчатость в действиях будет просто невозможна. Сказав “А”, придется говорить и другие буквы алфавита, и быстро. Начав откат в либерализации внешней торговли, придется идти до конца, и в этом заграница нам поможет. Меры по изоляции нашей экономики от мировой приобретут характер снежного кома: в ответ на действия наших властей, например, по повышению таможенных тарифов, Западом будут тут же предприняты экономические, политические и военные санкции. Это неизбежно.

В отношениях с "мировой экономикой" мы либо рыночное государство, либо – нет.

Это, кстати, не зависит от того, какая экономика у нас внутри – рыночная или плановая. Это никого в мире не интересует, также как рабовладельческий у нас общественный строй или феодальный. С их точки зрения, мы должны быть открыты для мировой экономики – и никаких гвоздей!

* * *

Все эти экивоки понадобились мне только для категоричного утверждения: вся наша политика и идеология должны отторгнуть идею соревнования с мировой экономикой по критерию эффективности.

Пусть даже иностранный товар появится на наших прилавках – он не должен, благодаря его более низкой стоимости в производстве, пользоваться форой в цене перед нашим, аналогичным по потребительским качествам.

Иностранный покупатель наших природных ресурсов не должен иметь преимущества перед собственным потребителем. А он имеет! То, что наши города замерзают при сохранении 130 млн. тонн экспорта нефти ежегодно – лишь одно проявление этого более общего явления.

Итак, принимая решения, мы должны постоянно помнить одно: в конкуренции по сравнительным издержкам мы проигрываем. Это мы должны иметь в виду всегда. Также надо иметь в виду, что это не единственный вид конкуренции, и конкурируют не только на рынке товаров!

ТАК ПОВЕЗЛО НАМ ИЛИ НЕТ?

Из каждого безвыходного положения есть, по крайней мере, два выхода.

Отталкиваясь от правильного понимания ситуации, можно предположить, какой должна быть политика разумного правительства нашей территории. Я сознательно не упоминаю ее названия – когда-то это были, наверно, Хазария, Булгария, Великая Пермь, Русь, потом Золотая Орда, потом Россия, потом СССР, потом Российская Федерация. Границы порой смещались, и довольно значительно, на нашей территории создавались и исчезали государства, пользовавшиеся, кроме русского, и другими языками.

Но правильная экономика на территории Восточной Европы должна быть одна, и она не будет зависеть от этнического состава населения нашей страны. Да и что такое "этнический состав"? В конце концов, мы называем себя "славянами" или "татарами" с большой долей условности – генетически мы имеем мало общего с людьми из крошечных придунайских или северокитайских племен древности, и культура у нас другая, да и язык – разговаривать с ними без переводчика мы бы не смогли.

И религия тут вовсе не причем. Славяне – не такие уж фанатичные христиане, да и татары – не все поголовно воины джихада. Принципы устройства экономики в нашей стране должны учитывать особенности наших условий, а не пресловутый "менталитет".

Основная особенность образа жизни в нашей стране – любой результат достигается нам труднее, чем жителям других стран. И не все мы можем компенсировать даже и более интенсивным трудом!

Даже собирательство на нашей территории менее продуктивно, чем в Западной Европе. Между прочим, грибное изобилие уцелевших к настоящему времени лесов Германии значительно превосходит наше, и собирать грибы там можно чуть не круглый год. Та территория просто биологически более продуктивна, и выражается это в разных формах, но всегда в одну сторону. Но поэтому те территории гораздо плотнее освоены человеком, а это не всегда плюс.

Если мы занимаемся скотоводством, то нам приходится обходиться менее продуктивными, но более выносливыми породами домашних животных, и конечной продукции мы получаем меньше, относительно затрат кормов, площади пастбищ и труда пастухов. Даже северные олени в Финляндии и Норвегии более продуктивны, чем у нас.

Если мы занимаемся земледелием, то, как показал профессор МГУ доктор исторических наук Л.В. Милов, выращенного едва хватает крестьянину для прокормления себя и своей семьи, а для городов и аппарата управления остается совсем немного, гораздо меньше, чем в Западной Европе, и ситуация не определяется недостатком пахотных земель – сил у крестьянина, даже русского, порой не хватает и на имеющиеся. Проблема в том, что на нашей территории из озимых культур устойчива только рожь, а все остальные возделываемые культуры, если и дают урожай (это бывает не каждый год), то втрое-вчетверо меньший, чем в Европе, при работе крестьянина без сна и отдыха в течение пятимесячного земледельческого сезона (норма урожайности пшеницы для Швеции – 77 ц/га, для России – 14 ц/га). Но и в оставшуюся часть года крестьянин занимается буквально выживанием – нигде нет столь трудных условий для жизни, как у нас.

Если же на нашей территории будет существовать индустриальное общество, то его экономика из-за специфических условий Средне-Русской равнины также будет специфической. Я уж молчу про Поволжье, Урал и Сибирь! В процессе производства значительная часть ресурсов и труда будет расходоваться на преодоление неблагоприятных условий. Это кроме необходимых производственных издержек! И это при производстве почти любой промышленной продукции!

Поэтому себестоимость нашей продукции по сравнению с аналогичной по потребительским качествам, но произведенной в других странах, будет выше. Поэтому производить здесь продукцию из других стран сюда не поедут и инвестиций не дадут. Капитал к нам сам собой не потечет! Индустриальное общество на нашей территории всегда будет вынуждено опираться только на собственный капитал – то есть овеществленный труд предшествующих поколений и накопленные ими материальные запасы, других опор у такого общества нет и никогда не будет. И крайне трагичной ошибкой любого правительства нашей страны является допущение оттока этого капитала и других ресурсов с нашей территории. Извне нам никто ничего не пришлет и пирожка не подсунет.

Таковы особенности жизни здесь. И совершенно все равно, кто здесь будет жить после нас – пусть большинство через сто лет будет за смешанным еврейско-чеченско-армянским населением. Основной чертой хозяйства страны должно быть то же – **закрытость экономики от конкуренции с мировой**. Платой же за ошибочное открытие экономики будет падение и без того невысокого уровня жизни, может быть после кратковременного лихорадочного подъема.

Наверно, неприятно такое читать? Но это так. Против природы не попрешь.

Так что же, лучше уезжать? Да, кто хочет, кто считает, что ему здесь делать нечего – пусть уезжает. Таково мое мнение – держать здесь таких людей – себе дороже. Америку можно только поздравить: она приобретает новых граждан, которые – случись что – всегда помогут своему государству, всегда подставят плечо. И детей своих так же воспитают.

Я это говорю не потому, что недолюбливаю их – Россия не доллар, чтобы ее все любили. Наоборот, я на их стороне – зачем людям мучиться? Пусть едут в ту страну и к тому народу, который им кажется приятнее. Это их проблемы – ведь есть индивидуумы, которые даже своим полом недовольны, и идут на мучительные операции и огромные затраты, чтобы его изменить. В результате, правда, получается все равно имитация, но это тоже их проблемы. Не запрещать же такие операции, в самом деле?

Тем более я не осуждаю уехавших не по причине нелюбви к России, а по другим причинам. Их не много, но они есть. Любовь, например – ведь и не в Швецию порой уезжают, а и в Зимбабве. Дело молодое, не нам запрещать.

Вот кто мне действительно не нравится – так это те, кто недовольны нашим народом и нашей страной, но не уезжают. Подсознательно я воспринимаю их как каких-то агентов, которым не разрешают вернуться к своим, пока они не выполнили здесь какое-то таинственное задание. А они не могут его выполнить, и, поэтому, всем недовольны!

Нам же надо в этом случае только соблюсти свой интерес, не допустить вывоза при эмиграции того, что им не принадлежит, и все. Больше всего расстраивает, когда вывозят образование – "элиту" учили за счет тех средств, которые отрывались у рабочих и крестьян, а пользоваться образовательным капиталом будет Запад. Тут надо что-то придумать. Но не надо делать из эмиграции пугала! Не обезлюдеем, может, кто и к нам приедет.

Русский народ хреновый, конечно, но лучше его нет, и страны лучше нет. Кого-то и из других стран наша может привлечь, не все люди одинаковы, природа любит шутки шутить – где-то сами собой рождаются люди с русским менталитетом. Пусть они и приезжают. (О русском народе я пишу только потому, что лучше его знаю. Но ко всем народам, населяющим Восточную Европу, вышеизложенное также относится.)

Недавно я побывал на Севере, там, откуда я родом, провел там две недели. В той деревне, где я останавливался, вопреки опасениям, народу сейчас немногим меньше, чем раньше, хотя население сильно сменилось. Прежних жителей – поморов – почти нет, там осели люди из России, чьих родителей или их самих по складу характера привлекло северное раздолье, лес, рыбалка. Кого только нет! И из тамбовских дворян, и из ссыльных украинских кулаков, и из Центральной России, и из Южной. И поляки встречаются, и белорусы. У кого дед китаец, у кого – негр. Северный говор исчез, поветь называют сараем, хотя северными диалектными словечками стараются козырять перед посторонними. Но и быт, и хозяйство остались во многом теми же – ведь никакие другие там просто невозможны. Правда, некоторое увлечение "субтропической" архитектурой наблюдается (окна, на мой взгляд, делают в новых домах великоватыми), но со временем придет и лучшее понимание местных реалий.

А прежние жители разъехались, кто в 30-е, кто после войны осел в городах, кто уже потом. Потянуло в город, что ж поделаешь, там можно работать от звонка до звонка. "Зачем пахать – лучше в городе порхать". Север тянет, но больше новичков – когда там родился и вырос, когда постоянно живешь среди обычного пейзажа, привыкаешь, не ценишь. Из отцовской деревни многие стали большими людьми – кто в ЦК, кто в Звездном городке, кто просто в Северодвинске титановые подлодки варил. Или как мой отец – крестьянин и лесоруб, а во второй половине жизни – шифровальщик, и вроде бы неплохой.

Еще когда выезд из нашей страны был затруднен, мне случалось говорить на эту тему со знакомыми – немцами и евреями – для которых проблем с выездом было меньше. Но, будучи по увлечениям охотниками, фотографами, они говорили: "А что я там буду делать?". И некоторые остались до сих пор – а, значит, видимо навсегда.

Так что засели Нечерноземье папуасами – и те, кто выживут, будут класть русские печи и рубить избу "в лапу", будут сажать репу, а не батат, собирать клюкву, а не ананасы. И жить будут общинами, а не хуторами. А папуасское правительство после нескольких сот лет проб и ошибок будет каленым железом выжигать любую попытку осуществить вывоз капиталов и ресурсов за границу. Даже не только вывоз, а любую попытку пропихнуть саму идею вывоза в любой форме. Вместе с идеологами "врастания в мировой рынок".

Что же касается привлекательности или непривлекательности нашей страны, то приведу в вольном изложении слова Конрада Лоренца, австрийского ученого, Нобелевского лауреата. Он этолог, то есть изучал поведение животных, их "язык", но также писал книги – не менее интересные, чем, например, книги Джеральда Даррела. Его специфические знания сделали его крупным философом, он по-другому, чем мы, видит взаимосвязь всего живого на Земле, поскольку ему приходилось часто встречать в поведении животных вроде бы человеческие черты, и наоборот.

Так получилось, что он посетил нашу страну, не по своей воле, а будучи врачом полевого госпиталя вермахта. Отдельных воспоминаний об этом периоде жизни у него нет, но замечания, обличающие его зоркий взгляд психолога, рассыпаны по текстам книг, и многие из них необычны для немца (австрийцы все-таки считают себя немцами, хотя и "верхними"). Так, его удивила такая наша особенность: в стайке белоголовых белорусских ребятишек обязательно крутились две-три собаки, в то время как "нормальная верхненемецкая собака, завидев нормального верхненемецкого мальчишку, улепетывает со всех ног". Говорящая деталь!

Лоренц много думал о будущем человека как биологического вида, и вообще его взгляды трудно назвать оптимистическими. Так вот мнение этого человека – а к его мнению стоит прислушаться – таково: "все цивилизации (имеются в виду не только индустриальные – *А.П.*) разрушают свою среду обитания, и исключением является только цивилизация, сложившаяся в Северо-Восточной Европе". Он свое мнение специально не мотивировал, но у него никогда не было излишне спорных или легкомысленных умозаключений. Я ему верю, с его стороны – виднее. Вот в этом я вижу преимущество нашей страны над другими. Ведь мы освоили ее более тысячи лет назад, но почти не ухудшили, а то, что стало хуже – легко привести в норму за какой-нибудь век. Конечно, при плохом правительстве мы можем попытаться загадить и всю Восточную Европу, но при хорошем – можем сделать так, чтобы точка зрения Лоренца была верна и далее. Помните, у Маркса: "стихийно развивающаяся цивилизация оставляет за собой пустыню". Так нам надо лишь, чтобы развитие нашей цивилизации было не стихийным, а разумным, и у нас появится редкий шанс!

А еще, как мне кажется, пора внести небольшую оптимистическую струйку в изложение.

Не стоит особенно расстраиваться из-за того, что вы прочитали ранее. Бог не попустит! Как ни странно, ситуация не так трагична, как должна бы быть, даже сейчас, и не все из негативной информации верно. Я уже упоминал, что по реальной продукции, которую "можно пощупать", на душу населения еще в начале 90-х годов США превосходят нас лишь в полтора раза! И это несмотря на нашу сумасшедшую энергоемкость. Ведь наша экономика выросла в российских условиях, и, при всей нашей безалаберности, у нас действуют самые разные компенсационные механизмы. Мы до сих пор превосходим Запад в остроумных, дешевых технологиях. Они действительно хороши – только это не значит, что они обеспечат нам конкурентоспособность на мировом рынке. Тот реальный ВВП 80-х годов был достигнут в отсутствие конкурентоспособности!

Мы даже приспосабливаемся к чужим технологиям, введенным у нас дураками-начальниками. Все видели, что в каждом современном магазине-"стекляшке" несколько входных дверей, "как в Европе". Совершенно естественно, что у нас открыта только одна. Также совершенно естественно, входя в тамбур магазина, мы делаем маневр и идем к дальней внутренней двери тамбура, хотя напротив входной тоже есть дверь. Но мы прекрасно знаем, что она закрыта. Причина понятна – энергосбережение, или, по-нашему, сквозняк. Никакого Закона или Указа на этот счет нет! Причем и летом, по инерции, делается так же. Иностранных туристов, посещающих нашу страну в основном летом, этот русский обычай удивляет и кажется чем-то необъяснимым.

А сколько лет наш человек ведет – и успешно – борьбу с дураками, запрещающими стеклить лоджии? А ведь застекленная лоджия на солнечной стороне снижает зимой теплоотдачу через стену вдвое-вчетверо! В русских домах будущего две-три стены обязательно будут обнесены застекленной галереей.

Все это я веду к тому, что мы можем жить в государстве с передовой промышленностью и наукой, обеспеченном продуктами питания, с лучшей в мире экологической обстановкой. Государстве, ни от кого не зависимом, государстве, у которого будут друзья. Пусть в рейтингах западных институтов мы не будем стоять высоко, и пусть даже мы не войдем в какую-нибудь "десятку" или "двадцатку" – в этом ли дело? Немаловажно, что недовольные этим всегда должны иметь возможность уехать туда, куда они хотят – это создаст в обществе психологический комфорт.

С чего нужно начать?

Сначала географический экскурс, и довольно далеко – в Африку.

НАШ ПОБРАТИМ В АФРИКЕ

– Крокодила?
– Ноу, сэр!
Анекдот

Как вы уже поняли, есть в мире страны, находящиеся по сравнению с другими в не совсем хороших условиях. Например, пустынные – но их и странами трудно назвать, ведь где нет воды, там нет практически и населения. Но есть довольно населенные государства, которые, тем не менее, не могут влиться в экономику мира, хотя они и не такие замороженные, как мы и Монголия. Это те, кто расположен в глубине своих континентов, без удобных транспортных путей. Железные дороги и тем более автотрассы – это дорого, и по действующим в мире "правилам игры" в таких странах никогда не будет обрабатывающей промышленности. Исключение – южноамериканский Парагвай, так как он стоит на "океанской" реке, и расположен между довольно развитыми и перспективными Аргентиной и Бразилией.

По терминологии М.М.Голанского, это "отсталые" страны. В основном они расположены в Африке, из остальных это Афганистан, Непал, Боливия. Интересно, что Швейцария имеет все предпосылки, чтобы быть "отсталой" страной, но... банки, банки правят миром, ребята! А Швейцария – их родина!

Как вы уже поняли, мой любимый политический деятель на Западе – Маргарет Тэтчер. И вот как-то раз она, видимо, стараясь посильнее выразить свое отношение к Советскому Союзу, назвала нас "Верхней Вольтой с ракетами".

Была тогда такая страна в Африке. И действительно, по европейским понятиям она не самая развитая – так, кофе собирают, козоводство там развито... и все. 7 миллионов населения. Хотя и какая-никакая история есть – государства там были с 11-го века. Уходя оттуда, французские колонизаторы оставили там короля – ну, так, молодой человек, по моральным и интеллектуальным качествам – что-то вроде Немцова или Бревнова, да и внешнее сходство было, тоже курчавенький. Жил он в основном во Франции, и госказну туда же забрал. Небольшая казна, примерно на "Мерседес" и жене на леопардовую шубку.

Уже после появления тэтчеровской характеристики случился, как водится, в этой Верхней Вольте государственный переворот. Король и казна остались в Европе уже насовсем, а к власти пришел один армейский капитан. Не помню уже, как его звали, видел фотографию – умное, интеллигентное лицо, в очках, хоть и офицер. И решил этот капитан жизнь в стране переделать на лучший лад. Но как это сделать? Ведь жители-то все знают, где они живут – в Верхней Вольте! Причем без ракет.

Знаете, с чего он начал? Он переименовал страну. Стала она называться Буркина-Фассо. А значит это название – "Родина Честных Людей". Вот так.

А уже потом начал переделывать, что мог. Что-то, наверно, получилось – ведь если президент хотя бы казну не разворовывает, то жизнь не может быть хуже, чем при том короле!

Я даже не знаю, как там дела сейчас обстоят – времени много прошло. Сам капитан трагически погиб – против него тоже устроили переворот. Хоть и Буркина-Фассо, а дураков там тоже, видимо, хватает. Но потом был беспрецедентный в истории государственных переворотов эпизод – удачливый путчист при вступлении в освободившуюся должность в своей "тронной речи" оправдывался, объясняя, что он не планировал убивать капитана – дескать, ему предложили сложить полномочия, но его охрана стала стрелять... так вышло. Настолько этот капитан был, видимо, уважаем в стране. Действительно, столица там – Уагудугу – городок небольшой, все видели, что окошко бунгало президента всегда светилось допоздна, и все знали, что он думал о том, как ему лучше устроить жизнь своего народа.

История драматическая, но на карте мира есть теперь страна с таким странным названием – Родина Честных Людей. Я даже думаю, что доведись сейчас Тэтчер придумывать нам обидную кличку – она постаралась бы выбрать какую-нибудь другую страну. Она ведь неглупая женщина, эта Тэтчер! Зачем ненужные ассоциации?

Но слово вылетело. Так что мы теперь – не по своей воле – "Буркина-Фассо с ракетами". Так сказать, в потенции. Нам надо лишь не подвести народ-побратим, о котором мы, честно говоря, ничего не знаем. Но я думаю, не подведем.

То есть, конечно, не стоит ожидать общественной поддержки политики, ориентированной на интересы страны, пока в обществе не произойдет перелом. Но он уже начался: никогда ранее не было такого отторжения телевизионной пропаганды даже состоятельной частью населения. А по результатам исследований среди молодежи выявлено, что сейчас процент ориентированных на интересы страны втрое выше, чем 10 лет назад. Приходит время патриотической политики.

А когда в обществе происходит смена настроений, тогда открывается возможность объяснить ему, что наша страна не так плоха, как некоторые о ней говорили последние пятнадцать лет.

И осталось лишь предложить правильный, разумный путь.

(Кстати, во время чеченской войны в 1999 году нас поддержала группа исламских стран, во главе с Ираном. Эта поддержка нам чрезвычайно важна – ведь голубая мечта врага представить конфликт как войну русских против религии ислама, а не против бандитов. Так вот среди этих дружественных стран была и Буркина-Фассо).

Часть 5.
ЖИТЬ ПО УМУ

По разумным причинам ничего не делается.
Закон О'Брайена

Старая, старая проблема – все вместе согласны, что жизнь устроена неправильно, и даже могут согласиться с предлагаемыми улучшениями – но каждый в отдельности поступает так, как ему выгодно, как ему хочется, и суммарный эффект такого поведения порой приводит к гибели и государство, и народ. Много в земле лежит людей, которые могли бы рассказать нам об ошибках прежних времен, но их не расспросить. Все мы надеемся, что все само собой образуется, но бывают и фатальные просчеты огромных обществ, для которых уже ничто никогда не образуется.

Можно ли объяснить каждому, в чем именно кроется угроза? Ведь эта опасность (мировой рынок) многие годы представляется, напротив, величайшим благодеянием. Можно ли убедить и переубедить? Конечно, вероятность успеха в этом деле невелика. Тем не менее, не аморально ли, зная об опасности, не предупреждать тех, кто может услышать?

Именно попытка России выйти на мировые рынки товаров, капиталов и рабочей силы разорила нашу страну в 90-х годах XX века, а социализм, рынок или капитализм тут совсем ни при чем, эти альтернативы – наше внутреннее дело. Ни при чем оказались и православное (или исламское, или атеистическое) самосознание, и "загадочная душа", славянская или азиатская, и "тлетворное влияние Запада". Все и проще и сложнее, и чья-то злая воля не то чтобы ни при чем, но она не смогла бы сделать того, что случилось.

Мы могли бы начать жить по уму, если хорошо представим себе, кто мы, где мы живем, что у нас есть, а главное, чего мы хотим, и если мы будем действовать на основании этих наших знаний.

Пока, если послушать самых разных ныне действующих политиков, то только ленивый из них не говорит что-то вроде: “реформы не ради реформ, а ради блага человека”. Но среди целей обязательно числится “достижение конкурентоспособности на внутреннем и внешнем рынках”. Все линии политического спектра – от Кириенко до Кондратенко – в один голос скандируют: “кон-ку-рен-то-спо-собность!”. А что это значит? Это значит, что ими предполагается выход отдельных предприятий на мировой рынок, потому что внутри страны достичь конкурентоспособности проще простого. Закрыл внутренний рынок от мирового – и все дела.

На самом деле хочется вывозить! Причем вывозить капитал, а вовсе не товары (здесь, конечно, я не имею в виду Кондратенко). Чтобы надежно спрятать листок дерева, лучше это делать в лесу. Чтобы замаскировать вывоз капитала, нужно всем-всем конкурировать на мировом рынке! То, что наши предприятия при нынешнем уровне цен на энергоносители неконкурентоспособны, уже многие поняли. С этой целью предлагается даже снизить цены на энергоносители. Ученые в учебниках для элиты рекомендуют еще и ограничивать уровень зарплаты. Политики перед выборами не решаются говорить этого вслух, но имеют в виду именно это. А все зачем? Для конкурентоспособности. В переводе на русский язык это означает вот что: “**чтобы олигархи продолжали спокойно экспортировать, надо усилить эксплуатацию рабочего и крестьянина**”. Вот какой “заботе о благе человека” учат “нашу элиту”. Весь вопрос, о благе **какого** человека такая забота.

Но все это пустое. Конкурентоспособность недостижима в условиях открытости. Если кто-то считает, что он уже ухватил фортуну за хвост, то он заблуждается. У наших нынешних богачей впереди тупик.

С начала реформ предпринимается попытка поделить единый хозяйственный субъект (заведомо неконкурентоспособный) на много мелких. Считается, точнее, объявляется, что каждое предприятие в отдельности будет более эффективно, но откуда это следует? Конечно, при дележе того производственного организма, которым была экономика СССР, некоторым самым ушлым удалось выделить себе кусочек таким образом, чтобы взять эффективную часть, а неэффективные затраты остались у смежников. Например, приватизировать рентабельное предприятие, а инфраструктуру вокруг него (жилье, службу быта, транспорт) оставить муниципалитету. Но все это ненадолго.

И все предложения о регулировании экономики с помощью валютного курса ничего не дадут. Любой субъект экономики, стремящийся к прибыли и имеющий капитал, будет стремиться использовать его наиболее прибыльным образом, иначе он разорится. Где капитал (производственный) выгоднее применить? За границей. Низкий курс доллара – будут скупать и вывозить доллары, высокий – будут скупать и вывозить ликвидные ценности, главным образом сырье. Будет дешевый бензин – будут вывозить бензин, пока его цена не сравняется с мировой – доллар за литр.

Ведь уровень издержек в нашей стране, на нашей территории выше, как его ни измеряй – хоть в долларах, хоть в ракушках каури, хоть в мешках риса. Если будут принудительно удерживать на низком уровне цены – то же самое, будут вывозить сырье. И как только наша страна включается в свободное перемещение товаров и капиталов – всё, аллес капут. Тупик.

В обществе, соглашаясь с “реформами”, исходили из неверной предпосылки – что неэффективность нашей экономики происходит из-за плохого управления. Конечно, это тоже фактор, с которым надо бороться, но к неэффективности из-за большого расхода энергоресурсов и длинного транспортного плеча он не имеет отношения, это совершенно независимая задача. Кстати, более эффективного управления в результате реформ тоже не достигли, сами реформы – это очень хороший пример очень плохого управления, если уж на то пошло. Но это уже другая история.

Никто, из требующих от нашей экономики конкурентоспособности, не говорит – а что будет, если достигнуть этой цели не удастся? Все, в общем, понимают, что, прыгнув из люка самолета, надо иметь исправный парашют. Но вот что будет, если парашют не раскроется? И можно ли прыгать, если уверенности в парашюте нет? Боюсь, в благодушии нашего общества сказалось отсутствие чувства опасности, отмершего за последние десятилетия спокойной жизни. А ведь были люди, которые предупреждали – Юрий Бондарев, например. Его осмеивали, и, боюсь, не от глупости только. Уже тогда эта самоубийственная храбрость нашего народа кому-то сулила выгоду, и для "наркоза" нашего общества не жалели средств.

Если мы окажемся неконкурентоспособны на внешнем рынке, то мы всего лишь не сможем ничего продавать. Если же будем неконкурентоспособны на внутреннем – то, на первом этапе, умрет внутреннее производство, а затем исчезнет и платежеспособный спрос – ведь здесь живут не марсиане, и источником средств к жизни для наших людей служит только работа на производстве. Кто ничего не производит – тот ничего и не потребляет, это не только лозунг коммунистов, это для нас – непреложная истина, мы в массе своей не банкиры и не капиталисты.

ЭКСПОРТ ПО МАТРОСКИНУ

Кот Матроскин Э. Успенского – величайший экономист всех времен и народов! Даже половина его знаменитой фразы – это квинтэссенция разумной внешнеторговой политики.

Итак, вот оно, это изречение кота Матроскина: “Чтобы купить что-либо нужное, надо продать что-то ненужное…”

Конгениально! Итак, задача упрощается. Мы вспомнили, что внешняя торговля – это дорога с двусторонним движением. Мы покупаем (это импорт) и продаем (это экспорт).

Причем, прежде чем перечислять, что хочется нам, надо сначала вспомнить, что можем предложить мы. У нас любят говорить, что мы – неограниченный рынок сбыта. Извините, не надо путать свой аппетит со своей платежеспособностью. Никого не интересует, сколько мы хотели бы или могли бы потребить – и так ясно, что много. Вопрос в том, сколько мы можем оплатить. Классики марксизма (или их переводчики на русский) оказали всем нам медвежью услугу, внедрив в массовое сознание термин “рынки сбыта”. До сих пор подсознательно многие считают, что частные предприниматели только тем и озабочены, как бы побольше произвести и сбыть с рук всем желающим (то есть нам), чтобы удовлетворить наши “все возрастающие потребности". Как кочегары, забрасывающие лопатами уголь в топку.

Вовсе не так. Частные предприниматели контролируют рынки сбыта, потому что на них получается прибыль. Если частные предприниматели могут вложить свои капиталы в какое-то дело без производства и сбыта товаров, но прибыльное, они это делают, не думая. Товары производят и продают (а не “сбывают”), только когда без этого не получишь прибыли. Это мы ходим на рынок, чтобы нам сбыли товар – продавцы ходят туда за зарплатой, а их хозяева – за прибылью.

Как говорил, наверно, Конфуций: “И страж у ворот не свободен от желаний, но его желания можно не принимать во внимание”. Даже если он этого не говорил – ограничим (пока) наши желания и посмотрим, что можем предложить мы.

Итак, первая группа: наши товары и услуги, экзотические для иностранцев. Много ли у нас этого добра? Уральские самоцветы – не уникум в современном мире, как некоторые ошибочно думают, и малахитовые шкатулки режет сейчас не Данила-мастер, а черный, как сапог, умелец из африканской глубинки. Заирский малахит гораздо лучше остатков уральского, да наш, увы, уже и порядком поистрачен. Не слишком дорогой, но интересный камень родонит, который был на колоннах исторической станции метро "Маяковская", в начале 90-х ободрали вандалы, при участии какой-то сволочи из администрации метрополитена. И что вы думаете? Сейчас его заменяют похожим, но вовсе не таким мрамором. Нет родонита, кончился он в стране! Янтарь еще есть в Калининградской области, но он есть и в Германии, и в Прибалтике.

То есть наш список экзотических товаров не очень велик, и он примерно соответствует экспортным возможностям России 17-го века, а кое в чем и сильно сократился. Нет у нас сейчас речного жемчуга, маловато кречетов и черных соболей. А если товар не экзотичен, то нам приходится при его экспорте конкурировать. Внутри страны мы можем избежать конкуренции просто – пошлинами, тарифами, другими способами. А вне – если мы пытаемся продать то, что кроме нас продают и другие – можем только конкурировать, то есть предлагать свою продукцию того же качества по той же цене, сокращая издержки.

У нас есть туристические возможности. Хотят молодые японцы (и, наверно, японские разведчики) участвовать в ралли по таежным дорогам Дальнего Востока – почему не торговать этими путевками? Но даже англичане, например, предпочитают больше принимать туристов, чем ездить сами. Во всех развитых странах введен такой порядок: турфирма имеет право отправить своего гражданина за рубеж, только если обеспечила приезд иностранца. Поэтому по туризму мы сколько получим, столько и потратим. Да и мода на Россию прошла, и вернется не скоро. Ни гор у нас, ни парковых лесов – болота, да осины, да елки.

В Шотландии можно токующего глухаря сфотографировать с десяти метров (есть такой вид туризма), на Аляске – как медведь лососей из водопада ловит. А у нас? У нас богатая история, но маловато памятников, слишком часто пылали наши деревянные города (если кто не знает, то в пределах Садового кольца Москва до сих пор наполовину деревянная). Судя по московскому метро, иностранных туристов сейчас здорово поубавилось. Помню, еще до Олимпиады по "Комсомольской-кольцевой" всегда одновременно гуляло по две-три группы американских сушёных старушек, щелкая фотокамерами мозаики на потолке, а сейчас это редкость.

Хотя, конечно, кое-что в России есть. Одна панорама ледохода на наших реках – настолько сильная эмоция, что многие не пожалели бы денег, чтобы на это посмотреть, жаль, что наши турфирмы до этого еще не догадались.

Но это все по государственным масштабам мелочи. Многое у нас недоиспользуется, но все это в пределах сотен миллионов долларов. А экспортируем мы ныне на 50 млрд. долл.

На самом же деле только то, что не понадобится ни нам, ни нашим детям и внукам, или хотя бы то, что в обозримом будущем будет для них доступно, можно рассматривать в качестве экспортного товара.

"Купил – нашел, продал – потерял". Ведь что такое что-то "продать"? Это значит – отдать чужому дяде или свои ресурсы, или свой труд. А зачем нам это нужно? Только если рассчитываешь получить взамен что-то такое, что тебе нужно больше, чем отдаваемое.

Так давайте и посмотрим, ориентируясь на сложившуюся структуру экспорта, сколько можно продавать, отняв от нынешнего экспорта то, что нельзя продавать ни в коем случае.

Вернусь к данным об основных товарах нашего экспорта за 1994 год (взято из ежегодника Госкомстата за 1995 год). Всего мы продали тогда на 50 млрд. долларов, примерно таков наш экспорт и в другие годы, в том числе и сейчас. Повторюсь: конечно, приводимые цифры условны – у нас еще значительный экспорт в страны СНГ – до четверти от нижеприводимого, и за достоверность данных из таблицы тоже никто не поручится, так как велика доля контрабанды и декларируемые цены часто занижены экспортерами.

Таблица 4

ЭКСПОРТНЫЕ ТОВАРЫ, ДАЮЩИЕ СВЫШЕ 500 МЛН. ДОЛЛ. ЕЖЕГОДНО

ЭКСПОРТНЫЙ ТОВАР:	СТОИМОСТЬ, млн. долларов США
Сырая нефть	9245
Нефтепродукты	3370
Природный газ	7942
Уголь	585
Черные металлы, ферросплавы, прокат, полуфабрикаты	4840
Из них:	
Полуфабрикаты из железа и стали	1606
Прокат	1433
Медь	921
Никель	677
Алюминий	2367
Машины, транспортное оборудование	1860
Легковые автомобили	631
Продукты неорганической химии	1132
Аммиак	3889
Органические химические соединения (метанол и т. д.)	1141
Удобрения минеральные	1182
Круглый лес	716
Пиломатериалы	594
Целлюлозно-бумажные материалы	819
Рыба и дары моря	1625

Эта таблица достаточно показательна для периода 90-х годов. К настоящему времени структура экспорта примерно та же, только легковых машин поменьше. Есть еще экспорт оружия, но он сильно колеблется по годам – в пределах 2-7 млрд. долл.

Перед тем, как решить, что мы можем продавать, проще сказать, что мы ни при каких обстоятельствах не можем экспортировать. Попробуем оценить, что мы не можем, при разумной политике, вывозить, и выбросим эти виды экспортных товаров из списка. Посмотрим, что же останется "в сухом остатке".

ЭНЕРГОРЕСУРСЫ

Основа нашего экспорта – энергоресурсы: нефть, нефтепродукты, газ. В последние годы мы продаем их примерно на двадцать-тридцать млрд. долларов в год – от половины до трети экспорта.

Мы – самая холодная страна мира. Для одинакового с другими странами уровня комфорта нашим согражданам приходится расходовать в 4-8 раз больше энергии, чем в других странах. Потребность в энергоресурсах – у нас самая большая.

Поэтому экспорт невозобновляемых энергоресурсов (электричество, нефть, газ, уран) должен у нас расцениваться не просто как государственное преступление. Государство – это еще не все. Это преступление перед еще не рожденными поколениями нашего народа! По опасности оно сравнимо с геноцидом, и в чем-то даже страшнее. В нашем уголовном законодательстве должно быть предусмотрено наказание за такие преступления. Слова "геноцид" и "экология" слишком затерты неточным употреблением, но исчерпание энергоносителей на нашей территории приведет именно к экологической катастрофе – не только к гибели нынешнего населения и его потомков, но и к невозможности проживания здесь любого народа, уже не только русских и татар. Даже если на территории Восточной Европы когда-нибудь будут жить другие этнические группы, тепло и свет им будут нужны. Конечно, быт у них может быть иной, в конце концов можно жить и в чуме – но и в чуме лучше иметь телевизор. Мы что – собираемся существовать как народ всего сто лет? А почему хотя бы не тысячу? Очевидно, нельзя ожидать, что за сто ближайших лет "ученые что-нибудь придумают". Ведь и Ясин – "ученый", а что он может придумать, представляете?

Наши современные сырьевые ресурсы недолговечны, и они невозобновляемы. Мы могли бы экспортировать энергию возобновляемых источников – гидро- и ветростанций, если бы ее нам хватало. Увы, это лишь 17% от потребляемой, остальное мы дожигаем газом и нефтью, не думая о последствиях.

Пусть даже у нас запасы газа – одни из самых больших в мире, как у Ирана. Пусть так, хотя это не очевидно, и хорошо бы в этом удостовериться. Учтите еще то заявление Вяхирева от 18 июня 1999 года! И ведь и потребление у нас самое большое! Побольше, чем у иранцев, им ведь отопление почти не нужно.

Сокрытие официальных статистических данных сейчас уже не удивляет. Но ситуация тяжела: после 90-го года (добыча нефти – 512 млн. тонн) шло постоянное падение, в 98-м году добыто около 280 млн. тонн. Дальше кривая падения может загнуться еще круче – месторождения и трубопроводы массово выходят из строя. На Самотлоре уже эксплуатируются скважины, дающие только пять процентов нефти, остальное – вода. Ежегодный экспорт нефти от нас – около 130 млн. тонн. Недалек день, когда графики уровня добычи и вывоза пересекутся – до него не более 5 лет. Чем тогда будут отапливаться сибирские города?

Нет, совершенно очевидно, что ископаемые источники энергии должны использоваться только нами. Мир от этого не перевернется, а нефть пусть эмиры Кувейта продают, у них и так жарко. Принятие "Закона об энергии" – насущная необходимость, и рано или поздно для его принятия сложатся необходимые условия, но лишь бы не слишком поздно. Иначе экспорт энергоносителей прекратится естественным образом – некому будет добывать.

"Закон об энергии", или, возможно, соответствующая статья конституции должны говорить, что нельзя вывозить те энергоресурсы, запасы которых у нас меньше, чем на тысячу лет. А других у нас и нет! Даже запасы торфа в Московской области в период интенсивной их разработки оценивались в 15 лет. Может быть, у нас большие запасы угля, хотя и это не очевидно. Но предположим, что экспорт угля можно оставить. Все равно, таким образом, из нынешнего объема экспорта следует исключить 20 млрд. долларов – 40%.

Но этого мало – для обхода этого принципа – принципа экономии энергоносителей – можно найти массу кривых дорожек, если экспортом будут заниматься частные лица или бесконтрольные чиновники. Если нельзя вывозить нефть – будут пытаться вывозить продукты ее переработки. Очень многие вещи содержат энергию нефти и газа, в виде тепловой энергии, хотя мы об этом не задумываемся.

Почему пирамиды и крепостные стены Вавилона были построены из сырцового кирпича и лишь облицованы обожженным? Ведь сырцовый менее прочен. Тут не неосмотрительность. Для обжига нужно горючее, и проблемы у вавилонян были именно с этим – Междуречье страна безлесая, а на верблюжьем помете кирпичей для пирамиды не наготовишь. То есть обожженный кирпич – это тоже продукт, полученный путем затраты большого количества тепловой энергии. Цемент и кирпич нельзя производить без большого расхода тепла, печи для обжига цемента и кирпича очень прожорливы. В последнее время появляются новые, прогрессивные строительные материалы – газосиликат, пенобетон – их производство, пожалуй, еще больше нуждается в топливе. Практически все строительство у нас базируется на энергоресурсах.

Можем ли мы себе позволить экспортировать что-либо подобное?

Значит, надо учитывать долю энергии в стоимости произведенной продукции, и те виды, которые состоят из энергии, продавать нельзя. Их не надо и производить в излишнем количестве, надо поберечь энергоресурсы.

Ведь электроэнергия у нас стоит в 5-10 раз меньше, чем за границей. Но производится она из тех же нефтепродуктов, что и во всем мире. Откуда же электростанции берут деньги для закупки мазута и газа? Ответ один – дотация государства, в той или иной форме, за счет всей экономики.

Как учитывать долю энергоресурсов в каком-то продукте? Есть один простой способ. Не надо устанавливать государственную дотацию на энергию в форме снижения цены – все должно стоить столько, сколько оно стоит. Если бы у нас в стране алюминий стоил столько, сколько стоит его производство реально, с учетом реальной стоимости электроэнергии, никому не пришло бы в голову им торговать. Ну не может быть реально выгодной нынешняя схема, когда бокситы везут в Россию для переработки в алюминий из Африки. Она выгодна пока только потому, что государство, за счет всей экономики, дотирует производство электричества.

Когда же электроэнергия будет стоить столько, сколько она действительно стоит, операции по варке алюминия для всего мира не будут выгодными. И алюминий будем варить только для себя.

Вопрос об отмене дотаций на топливо – один из ключевых в правильной политике. Конечно, в этом случае надо четко представлять себе, что наши товары, если учитывать затраченные при их производстве энергоресурсы по мировым ценам, будут неконкурентоспособны на мировом рынке. Естественно, в этом случае нельзя допускать конкуренцию с аналогичной иностранной продукцией на рынке и внутри страны.

Леса растут всегда, то есть, это вроде бы возобновляемый источник сырья и тепла. Правда, неизвестно, вырастут ли на месте срубленных аналогичные по качеству, или их качество ухудшается. Но если топить жилища всей страны дровами, то надо иметь в виду, что на зиму крестьянскому двору нужно хотя бы 20 кубов дров. У нас в СССР ежегодный прирост древесины был 4 куба на человека в год ("Лесная энциклопедия", М., "Советская энциклопедия", 1985) – как раз дрова на семью из пяти человек. Но ведь нужна и деловая древесина! И, главное, почти весь прирост древесины – в Сибири! Далековато дрова-то возить. И население сейчас не то, что в "дровяные" времена, а побольше.

Так что нормальный народ может продавать за границу природный газ только под общим наркозом. На чем потом шти-то варить?

Конечно, пока наш народ не может остановить гонку "элиты" за роскошью. Она хочет торговать достоянием нации, но остановить надо. Сейчас это даже легче сделать, чем в брежневские времена – тогда энергоносителями торговало вроде бы общенародное государство (как против него выступишь?), а сейчас ненавидимые всеми олигархи. Надо лишь, отобрав кормушку у олигархов, не скатиться в хрущевскую расточительность, а перейти к разумной политике.

То же касается и экспорта товаров, производимых на базе энергоносителей. Мы не можем себе позволить производить для других "твердое электричество" – алюминий, и электросталь, и некоторые другие металлы и продукты органического синтеза. Только в одном случае мы могли бы их экспортировать – если их стоимость будет компенсирована аналогичным количеством энергоносителей. Но кто, а главное, зачем, стал бы это делать?

ОСТАЛЬНОЙ ЭКСПОРТ

Теперь проанализируем остальные крупные составляющие экспорта. Цветные металлы – на самом деле разные по редкости элементы, например, меди в земной коре мало, алюминия много. В одном случае мы продаем редкий элемент, который мы ничем не можем заменить, в другом случае – продаем не сам металл, а затраты по его извлечению.

Что касается относительно редких металлов, то каковы у нас вообще их запасы? Каюсь, мне не удалось сделать подборку по разведанным запасам, более подробную, чем та, что приведена ранее – по месторождениям, запасам не в годах, а тоннах, уровням добычи и т. д. Эти данные не то секретны, не то просто не печатаются. Но по многим косвенным данным, они невелики. Многие рудники, по разрозненным сообщениям прессы, близки к окончанию работы из-за исчерпания запасов. Вообще впереди у нас плохие перспективы – базовым районом добычи цветных металлов была Средняя Азия, поэтому мы можем рассчитывать в будущем лишь на незначительную часть прежнего богатства СССР. Уверен, что если бы у нас честно печатались таблицы с данными о разведанных запасах, с квалифицированным комментарием – на сколько лет их хватит – многие задумались бы.

А не печатают их не только из-за разгильдяйства, и, тем более, не из-за секретности. Секретность в этом деле и не соблюдается. Очень многие месторождения предлагались иностранцам для совместной разработки, при этом, естественно, давалась и информация о запасах. Более того, во многих случаях иностранцы сами проводили геологоразведку – их право, это же у них денег просят. Потом, как правило, сделка все равно не совершалась.

Так что, скорее, население страны держится в неведении, просто чтобы не волновалось. Реально, современное индустриальное общество столкнется через несколько десятков лет с дефицитом многих видов необходимого и незаменимого минерального сырья. Необходимого уже не для экспорта, а для собственных нужд. Когда мы исчерпаем свою медь, каким образом мы будем ее покупать? Чем будем платить замбийцам и чилийцам? Клюквой? Американская, с плантаций, урожайнее и дешевле. Нефтью? А нефть кончится еще раньше меди!

Есть также в структуре нашего экспорта продукты, исходное сырье для которых вовсе не редкое. Об алюминии я уже упоминал: это распространеннейший на Земле элемент, но иначе как с помощью больших затрат электричества производить его нельзя.

Экспортируем мы и другие металлы – магний, титан – производство которых также чрезвычайно энергоемкое. Присмотримся и к экспорту черных металлов: часть из них – это особо качественная электросталь и ферросплавы – то есть, по технологии, те же цветные металлы, в том смысле, что при их производстве расходуется уйма электроэнергии.

А продукция органического синтеза? А производство аммиака? Ведь что такое аммиак? Один атом азота и три атома водорода. Где на Земле нет азота? Он на 80% составляет атмосферу. Где на Земле нет водорода? Он получается из воды. Так почему именно из России вывозится почти на 4 млрд. долларов аммиака? Может быть, в других странах проблемы с воздухом? С водой?

Ответ один: все это вывоз энергоресурсов. Как могло случиться, что жители самой холодной страны мира вывозят и свое тепло, и тепло своих внуков в субтропики? Просто загадка. Отчасти это объясняется незнанием, тщательно культивируемым теми, кто экспортирует, отчасти вообще нежеланием оставлять на Земле потомство, которому подвержена значительная часть нашего общества.

Можем ли мы себе позволить снабжать своим алюминием, то есть своей энергией, весь мир? Ответ очевиден. Может быть, можно экспортировать излишки энергии сибирских гидроэлектростанций в виде продукции близлежащих алюминиевых заводов, но только после точного расчета.

Да и вся черная металлургия требует затрат топлива, в том числе и дефицитного. Кстати, а как у нас с коксом? Много ли у нас коксующихся углей? Я уже упоминал, что крупнейший производитель меди – Норильск – сидит на единственном газовом месторождении, которое ограничено по запасам. А без топлива тамошний завод не сможет извлечь металл из руды, да и жизнь персонала там, за Полярным кругом, несколько осложнится. Сибирский Полярный круг – это не норвежский Полярный круг, разница зимой достигает 40 градусов, не в нашу пользу. Тянуть туда газопровод из Южной Сибири?

Нет, конечно, торговать цветными металлами мы не можем, и сталью тоже с разбором.

Таким образом, из экспортных возможностей можно смело исключить цветные металлы – это около 5 млрд. долл., или еще 10%. Также можно исключить и продукцию органического синтеза, и часть продукции черной металлургии, это еще около 15%.

Что же получается? 65% нашего экспорта – то, что мы не должны вывозить из страны ни при каких обстоятельствах! А наш экспорт в случае проведения разумной экспортной политики будет в пределах 15 млрд. долл. Это, кстати, значит, что с долгами мы расквитаемся в лучшем случае через два десятка лет, и то, если ничего не будем импортировать. Напомню, на весну 1999 года у нас было минимум около 140 млрд. долл. долга.

После нашей оценки получается, что экспортировать мы можем лес и лесоматериалы, рыбу и рыбопродукты, машины и оборудование, меха и лосиные шкуры. Увы, как на грех, к настоящему времени производство бумаги у нас скуплено иностранцами, рыболовный флот приватизирован, лес вырублен, а лосей перебили голодные браконьеры.

10 Зак. № 981 Паршев

А кстати, почему при переходе к "мировому рынку" из экспорта исчезли продукты высоких технологий – машины и оборудование? Оказывается, в условиях конкуренции с остальным миром – это неизбежно. "Высокие технологии" на нашей территории более уязвимы, чем простейшие производства.

ПЕРЕДЕЛ

Есть в металлургии такое понятие: "передел". Можно сказать, что это что-то вроде технологической операции. Так, первый передел – получение чугуна из руды, второй – выплавка стали из чугуна, третий – обработка стали – прокатка, прессование, ковка, штамповка. Бывает и четвертый – волочение, нанесение защитных покрытий, производство метизов и некоторых готовых изделий. Если распространить это понятие "передела" дальше черной металлургии, то изготовление деталей машин – это пятый передел, сборка – шестой, может быть еще и какая-то окончательная обработка готового изделия. Кстати, мы не учитываем в качестве передела добычу руды или иного сырья – "для чистоты эксперимента" надо бы назвать эту стадию технологического процесса "нулевым переделом". Таким образом, на пути от исходного, первобытного сырья к готовому изделию лежит несколько этапов обработки, их количество зависит от сложности изделия. Крышка канализационного люка получается после одного передела исходного сырья, автомобиль – после шести-семи-восьми (точное число для деталей разное, например, лобовое стекло получается в результате пяти переделов, а остальные – после четырех). Чем такое расширенное понятие передела отличается от классического понятия технологической операции? Тем, что при производстве какого-то устройства технологические операции насчитываются сотнями и тысячами, но если мы проследим судьбу каждой конкретной детали, то окажется, что ее касаются только шесть-семь. Я условно считаю за "передел", например, всю механобработку заготовки, превращающую ее в деталь. Переделы происходят на разных производствах, и могут быть даже разнесены географически.

Ранее мы уже выяснили, что любая технологическая операция в нашей стране обходится дороже, чем в остальном мире. Насколько? От точного знания того, насколько та или иная работа обходится в нашей стране дороже, чем в остальном мире, зависит правильный выбор российской технической политики. Вообще говоря, именно этим и должны заниматься в основном российские экономисты. Пока такие исследования не очень распространены, и, если и проводились, их результаты не слишком известны.

Итак, мы знаем, что каждая стадия технологического процесса (каждый передел) обходятся нам дороже на несколько десятков процентов, чем в среднем в мире. Но это превышение накапливается по стадиям технологического процесса – а их в среднем 5-6. Продукция одного передела является исходным сырьем для следующего.

Вспомним приведенную ранее таблицу из книги В.Андрианова, показывающую, что производство продукции ценой в 100 долл. стоит нам издержек на 253 долл. Даже, из-за ее важности, воспроизведем еще раз:

Страна	Все издержки	Топливо, электроэнергия	Сырье, полуфабрикаты	Зарплата	Амортизация
Россия	253,0	25,0	127,5	93,0	7,5
Великобритания	121,5	6,0	65,0	45,0	5,5
Италия	111,5	5,5	54,0	46,0	6,0
Германия	110,5	7,0	59,5	39,0	5,0
Франция	109,0	6,0	56,5	41,0	5,5
США	93,0	8,5	56,5	24,0	4,0
Япония	89,5	5,5	51,0	29,0	4,0

Как накапливается отставание наших “высоких технологий” от зарубежных? Предположим даже, что мы не так уж сильно отстаем от других стран, что наше производство более энергоемко по сравнению со средним всего в 3 раза, по амортизации в 2 раза, по зарплате (напомню, это не только то, что “на руки”, это стоимость обеспечения жизни рабочего вообще) в 1 раз, хотя реально это не так. Примем также, что мы начинаем производство, работая с сырьем (рудой), которое стоит одинаково для всех. Среднемировые пропорции затрат на технологический процесс по этим статьям примем (довольно условно) 1:5:3:1, но в нашей стране будет, соответственно с “налогом на климат”, 3:5:3:2.

Итак, эта “средняя” страна потратит за один передел 10 долл. на топливо, 50 на сырье, 30 на зарплату, 10 на амортизацию – итого 100 долл. Мы потратим соответственно 30, 50, 30 и 20 – итого на 130 долл.

К следующему этапу мы будем иметь результат передела, который послужит полуфабрикатом для следующей стадии, уже в 1,3 раза более дорогой, чем у наших конкурентов.

Новый передел: конкурент опять тратит 10, 50, 30 и 10. А мы тратим уже 30, 65 (а не 50, как на первом этапе), 30 и 20 – итого 145. Продукт уже в 1,45 раза дороже, чем у конкурента.

Третий передел: конкурент тратит 10, 50, 30, 10. Мы – 30, 72,5, 30 и 20 – итого в 1,53 раза больше, чем конкурент.

На следующем этапе сырье (полуфабрикат) для нового передела будет стоить нам уже 76 долл. по сравнению с 50 у конкурента. А ведь начинали-то с сырья одинаковой цены! При этом мы условились, что производственные ресурсы расходуются на разных стадиях в одинаковых пропорциях. Но обычно на последних этапах доля стоимости сырья растет. В этом случае издержки в нашей стране на более поздних этапах будут еще сильней расти.

То есть относительная затратность каждого продукта по сравнению с мировым зависит от количества переделов – чем больше переделов прошел продукт, тем выше его себестоимость (или затраты на него) по сравнению с таким же продуктом, произведенным в других промышленных регионах мира. А ведь мы не учли, что сырье на самом деле обходится нам дороже, как нефть, например – напомню, что ее себестоимость у нас по сравнению с кувейтской выше в 3-4 раза!

Так что же получается – чем сложнее продукт, тем труднее ему конкурировать на мировом рынке?

Именно так. Если сырье в России обходится дороже на десятки процентов, то готовые изделия уже на сотни, и, продавая их по мировым ценам, российский производитель, чтобы быть конкурентоспособным, отнимает у себя. Раньше это было в неявной форме, потому что внутри страны цены устанавливались произвольно, без учета реальных издержек, а сейчас, с частичным входом в международный рынок, многое проявилось. Почему и цемент наши заводы не могут продавать по мировой цене даже внутри страны – она меньше, чем их издержки на производство. Раньше мы тоже разоряли себя, хотя и неявно.

Что может отнять у себя производитель, чтобы снизить отпускную цену? За все покупное (сырье, энергия) надо платить, хочешь не хочешь. Экономить приходится на зарплате (не платить ее) и, самое неприятное, на амортизации. **То есть приходится не восстанавливать основной капитал, расходуемый в процессе производства!**

Вот именно поэтому и складывается, вообще говоря, та самая сырьевая ориентация российского экспорта, которую ставят в вину Брежневу или Ельцину, в зависимости от политических пристрастий обвинителя. Но суть дела проще – если уж мы приняли решение: “Вывозить!”, то сама жизнь быстро объясняет экспортерам, что вывозить лучше сырье, а не готовую продукцию. Меньше потери! Так и было во все времена, во все века.

Об этой ориентации говорится и в первой главе "Евгения Онегина" – помните, за что поставлялись в Россию предметы роскоши: "...за лес и сало...". Не зря эту книгу называют "энциклопедией русской жизни", это не лесть Пушкину. Пушкин в лицейские годы был дружен с семьей Н.М. Карамзина, можно сказать, не выходил из его дома, и, очевидно, многое впитал. А Карамзин был не только историк, но и блестящий экономист, гораздо лучше понимавший суть дела, чем нынешние публицисты.

Так что в вину руководителям того или иного времени можно поставить лишь идею широкой внешней торговли, но структура ее во многом складывается уже по экономическим законам, естественным путем. "Свободная" внешняя торговля автоматически и очень быстро ведет к деиндустриализации страны, но и "социалистическая" не способствует развитию собственных высокотехнологичных производств.

Кстати, из той же главы "Онегина" виден глубокий аморализм внешней торговли того времени. Пушкин не подчеркивает его, не "обличает", просто показывает. Умный не скажет, дурак не додумается. Подумайте на досуге, кто и в нашем обществе получает выгоды от внешней торговли, а кто обеспечивает ее существование и несет, соответственно, тяготы. И справедливо ли это? История показывает, что несправедливое общественное устройство в нашей стране может долго существовать, но рушится потом с очень тяжелыми последствиями. В первую очередь для виновников несправедливости. Приведу слова того же Карамзина, хоть и не совсем на эту тему, но, по-моему, к месту: "... Но какой народ в Европе может похвалиться лучшей участью? Который из них не был в узах несколько раз? ... И какой народ так славно разорвал свои цепи? Так славно отмстил врагам свирепым?". По-моему, надо быть очень храбрым человеком, чтобы сознательно делать своим врагом население Восточной Европы.

Вернемся от "высоких материй" к "нашим баранам". Постойте, постойте, скажут мне. Что же получается? Что нам выгоднее, раз уж решили торговать, вывозить сырье, а не высокотехнологичную, наукоемкую продукцию? Ведь нам все последние десятилетия говорили о выгодности "глубокой переработки сырья"? Что лучше вывозить качественные доски, чем круглый лес?

Да! По экономике производства – именно так. С точки зрения "эффективности" выгоднее продукцию, прошедшую меньшее количество переделов, менять в мировой экономике на высокопередельную, а не наоборот. Сколь бы ни была совершенна технология изготовления продукции, если в мире еще кто-то ее производит, если технология известна еще кому-то, кроме нас – то при внешней торговле такой продукцией мы несем потери, тем большие, чем глубже степень переработки исходного сырья. Вот так-то. Экспортируя автомашины, мы, вместо прибыли, на самом деле разоряемся, хотя автостроители и продавцы богатеют.

Неожиданно? Но ошибки в рассуждениях нет – хотите, проверьте.

Но при этом – пытаясь добиться "эффективности" и продавая сырье – мы не используем ценнейший ресурс – рабочую силу. Наше население остается без работы!

То есть надо уточнить: торговля высокопередельной продукцией не "менее выгодна", а "более невыгодна". Вывоз сырья нам невыгоден тоже, если мы не монополисты или не договорились с другими производителями такого сырья.

Далее я покажу, что вывоз сырья нам все-таки невыгоден, даже, можно сказать, является медленным самоубийством. Мы можем вывозить только готовую продукцию.

И, еще раз: нельзя продавать уникальные технологии – мы себе сразу все концы обрубаем. Эти технологии, примененные в другой стране, дадут более дешевую продукцию, с которой мы будем тягаться, только неся тяжелые потери.

И покупать технологии только с целью развивать экспортное производство – тоже смысла нет, по той же причине. Лишь для себя технологии приобретать смысл есть.

ВОЕННОЕ ПРОИЗВОДСТВО

> Любой приказ, который может быть неправильно понят, будет понят неправильно.
>
> *Армейская аксиома*

Обычно изложение моей концепции вызывает в собеседниках чувство внутреннего протеста, и они начинают искать какие-то варианты преодоления неконкурентоспособности нашей продукции на мировом рынке. Похоже, что такое же чувство возникает и у многих людей, профессионально или любительски следящих за ситуацией в экономике и стране. Ну должно же у нас быть что-то, благодаря чему мы можем все-таки вырваться вперед!

И в прессе "патриотического" лагеря, и из уст некоторых "умеренных" и "просвещенных" реформаторов можно слышать разговоры о "наукоемких" технологиях, на основе которых мы могли бы выйти на уровень развитых стран Запада. Упоминается при этом и наша военная промышленность.

Найдите и прочитайте книгу Максима Калашникова "Сломанный меч империи". Это поэма, ода советскому оружию, **так о нашей военной технике никто не написал.** По прочтении этой книги не остается никаких сомнений в превосходстве советской технической мысли над западной. Но! Все это оружие, и секретное, и известное, могло разнести в клочья военную машину Запада... но оно не обеспечит нам победы в экономическом соревновании.

Торговля оружием – дело, конечно, выгодное, американцы с этого хорошие деньги имеют. Оставим пока в стороне моральные и политические проблемы – для обширного производства оружия необходимо, чтобы все страны мира постоянно готовились перервать глотки друг другу – а в этом благом деле бывают и перерывы лет по пятьдесят. Но дадут ли нам что-то высокие технологии нашей "оборонки"?

С самого начала надо сказать, что в реальной жизни используются не только последние достижения науки и техники. Какая там нужна супертехнология, чтобы штаны пошить? Ну не может же экономика состоять только из производства луноходов.

Да, есть страны, которые живут вроде бы только за счет уникальных производств, например, Швейцария. Но, боюсь, швейцарские часы, сыр и перочинные ножи дают на самом деле не так много прибыли, как швейцарские банки, а это совсем не промышленное производство.

Если мы будем рассчитывать, что можем всех забить военным и конверсионным производством, то это – легкомыслие.

Переучить конструктора танков на конструирование посудомоечных машин непросто, и его продукция нескоро сможет конкурировать с машинами, которые разрабатывают уже сорок лет. В любом деле есть технологические школы, традиции, у нас они есть в ракетостроении, в автомобилестроении они послабее, а в производстве видеотехники – почитай что вообще нет, хотя и больше, чем в США – там и не пытались делать видеомагнитофоны, а мы делали. И предложить конверсионной технике сразу начать конкурировать на мировом рынке – ну, это зверство какое-то.

Кроме того, очевидно, что в случае действительно уникальных технологий мы столкнемся не только с экономической конкуренцией. Скорее всего, как в случае с предложениями наших ракет-носителей для коммерческих запусков, нам не позволят этого сделать. Не разрешат продавать ракетные двигатели Индии, реакторы Ирану, да мало ли что.

А теперь по сути вопроса, действительно ли наши танки и автоматы дешевы.

В нашей стране любое производство в любой сфере не свободно от высокого уровня издержек. Любой образец военной техники разрабатывается и собирается точно так же, как любое изделие гражданского назначения. Точно так же каждая военная гайка, шайба, деталь обойдется у нас дороже в производстве, чем в любой стране мира, из-за высокой энергоемкости производства. Танк или пушка – везде танк и пушка, и по конструкции они аналогичны. Да, на Западе могли себе позволить "вылизывать" военную технику (говорят, английские танки времен войны имели шлифованную снаружи броню, а изнутри они были обшиты пробкой), а по-моему, это как раз свидетельство отсутствия технологической школы. Но у них есть своеобразная фора – они военную технику делают во многом на продажу, и покупатель это оплачивает.

И разработка новой техники – тоже своего рода технологический процесс, включающий и подготовку студентов к разработке военной техники, и работу многих тысяч людей в конструкторских бюро, лабораториях, опытных производствах. Вот когда у нас начали готовить прорыв в космос, то, начиная с 1946 года, в наших ВУЗах целевым назначением готовили сотни инженеров именно для этой отрасли.

А дешевы ли в производстве наши инженеры?

Считается, что в США дорого и качественно готовят специалистов. Да, дорого, год обучения в Гарварде – 250 тыс. долл. Но специалистов ли там готовят?

Посмотрите на списки разработчиков, которые приводятся в заставках некоторых программных продуктов – WINDOWS, PHOTOSHOP. Среди фамилий – японские, корейские, индийские, даже русские и украинские. Ежегодно США импортируют десятки тысяч готовых врачей и инженеров из Европы и “третьего мира” – оказывается, там вполне нормальный уровень подготовки. А разве американская молодежь – все сплошь такие дебилы, что из них нельзя готовить врачей? Просто давняя болячка Америки, обострившаяся в последние годы – там нет нормальной системы высшего образования. Там хорошо готовят менеджеров, юристов и психоаналитиков, но только из богатых семейств. Там диплом Гарварда – свидетельство принадлежности к высшему классу, а не признак высокой квалификации.

Поэтому подготовка десяти российских инженеров, конечно, дешевле обучения одного американца в Гарварде, но инженер из ВУЗа азиатской англоязычной страны вряд ли дороже нашего.

А что касается собственно процесса проектирования, то каждая технологическая операция в нашей стране дороже, в том числе и прочерчивание линии на ватмане и сложение двух чисел на калькуляторе. Ведь это делается в отапливаемом помещении и т. д. См. выше.

А если каждый винтик и каждая операция в среднем дороже, то как изделие в целом окажется дешевле? Это иллюзия, созданная у нас в 60-е – 70-е годы, когда у нас отрицалось само существование затрат на военные цели. На самом же деле разработка и освоение производством новой военной техники обходятся для нас ничуть не дешевле, чем для любой страны мира. И при попытке конверсии в конце 80-х годов это сразу проявилось: разработанная в “оборонке” “бытовуха” обошлась в такие деньги, что заводские экономисты глазам своим не поверили. Какой-нибудь чайник с вещевого рынка был дешевле нашего “оборонного” в десятки раз!

Выгодным военное производство, точнее, торговля военным снаряжением может быть только в одном случае – если мы продаем часть продукции, которая в основном производится для своей армии, когда это подспорье, а не самостоятельное производство ради прибыли. Хороший пример еще с советских времен. У нас подтрунивали над пристрастием иностранцев к советской эмалированной посуде, и действительно, их багаж в аэропорту, с привязанными к чемоданам баками и кастрюлями, смотрелся забавно. Но на самом деле производство эмалированной посуды дорого и сложно, и возможно только в непосредственном соседстве с "оборонкой", точнее, тяжелой промышленностью. Ведь нужно производство металлического листа, мощные прессы и штампы, сварка, гальванические цеха, энергоемкие обжиговые печи. Только ради детских горшков такое производство развернуть просто невозможно. А у нас все это продавалось за копейки, и ладно бы только нам – но и иностранцам!

Вообще говоря, чем производство обширней, тем дешевле единица продукции. До определенного момента в этом проявляется выигрыш из-за разделения процесса производства на отдельные операции, как об этом писал еще Маркс применительно к изготовлению булавок. В еще более массовом производстве выигрыш идет из-за того, что для больших объемов можно создавать новые технологии или переделывать известные – для малых объемов это не имеет смысла, разработка новых технологий – штука дорогая. Роторные линии по производству боеприпасов, вроде тех, что были придуманы академиком Кошкиным, есть смысл разрабатывать, если патроны предполагается производить не сотнями тысяч, а миллиардами.

Кстати, в западных учебниках экономики обязательно приводится гипотеза, что при превышении объемами выпуска некоего порога стоимость единицы продукции начинает возрастать (так называемый U-график). Дескать, не делайте так, как в советские времена делалось! Но на практике эта гипотеза не оправдывается, и в наиболее серьезных книгах об этом говорится. Массовое производство – всегда экономичнее мелкосерийного, и "Пепсико" и "Кока-кола" об этом хорошо знают.

Что же получается, противоречие с принципом "невыгодности экспорта сложной продукции"? Нет, противоречия нет. Там мы говорили о невыгодности экспорта продукции, технология которого в мире распространена. Но если мы будем выпускать по уникальной – чрезвычайно массовой технологии – то в этом случае, за счет отличий в технологии, такое производство может быть более выгодным. Массовый патрон нашего производства может оказаться выгодней мелкосерийного, произведенного "у них". Но технология не должна быть простым объединением под одной крышей тех же самых процессов и станков, а должна быть принципиально иной – тогда выигрыш возможен.

Если мы делаем танки или патроны для собственных нужд – а это приходится делать не по экономическим причинам, а по другим – то частью выпуска можем торговать. Но если мы попытаемся выходить на внешний рынок с продукцией, разработанной специально для мирового рынка – то в чем может быть наше преимущество? Временно, используя труд поколений конструкторов, на этом рынке можно продержаться, но развиваться на этом багаже нельзя. Нам придется организовывать производство только на базе выручки за проданное оружие, то есть мы проиграем в конкуренции точно так же, как проиграем, производя на продажу стиральные машины или яблочное повидло. Почему МиГ-29 хорошая машина? Потому что на ее разработку с 70-х годов не жалели средств, делали-то для спасения своей жизни и жизни наших детей. А если бы разрабатывали, надеясь на несколько миллиардов, которые через 10 лет получим от Бахрейна какого-нибудь, то не сделали бы ничего. С-300 пресловутый испытан аж в 1978 году – разве сейчас можно что-то подобное сделать, рассчитывая только на внешний рынок? Кто нам его закажет? Сама разработка этой системы была возможна при значительной концентрации средств и усилий.

Сейчас торгуют тем оружием, что было создано в СССР, а не в России.

Кстати, те же американцы будут конкурировать с нами, продавая обычную серийную военную технику. Они-то отнюдь не разоружаются!

То есть военная промышленность не существует и не может существовать сама по себе, рядом с больной экономикой. Это ветка на дереве экономики, и ее задача – не плоды приносить, а колючки, и поострее. И при засыхании корней она высохнет тоже.

Таким образом, производство рядовой, обычной военной техники будет неконкурентоспособно по тем же причинам, которые делают неконкурентоспособной нашу промышленность вообще. Производство же уникальной военной техники, за которую мы могли бы брать монопольную цену, окупающую наши издержки – невозможно по другой причине. Дело в том, что все больше стран переходят на стандарты НАТО. Это касается не только братьев-славян (чехов и поляков), но и других стран всего мира. Причины этого прискорбного явления известны. Этот дополнительный отрицательный фактор с лихвой перекрывает невыгодность работы военной промышленности только на внешний рынок.

Не будет страна-союзник Запада покупать русское оружие, даже не по причине врожденной пакостности. В одной армии, в одном военном блоке трудно иметь разные системы оружия, это касается и совместимости по боеприпасам, по источникам питания, по радиочастотам, по топливам, по маслам и т. д. Поэтому нельзя рассчитывать, что системы наведения какая-то страна закупит в США, а штурмовики у нас. Вряд ли страна купит у нас партию армейских пушек, если в ее флоте используются снаряды других калибров.

Когда-то мы делали оружие, к которому подходили натовские боеприпасы. Из 82-мм миномета можно стрелять американскими 81-мм минами и т. д.. Сейчас ситуация изменилась. Что делать нам? Перейти на НАТОвские боеприпасы? Разворачивать "экспортное" военное производство?

Реальным стандартом русского происхождения в мире остается, пожалуй, только патрон 7,62x39, от которого мы сами в 70-е годы в связи с избытком ума отказались. Но ведь под этот патрон может делать оружие не только Тула – на мировом рынке есть автоматы и пулеметы Калашникова и китайские, и хорватские, и аргентинские, и из арсеналов бывшей ГДР... Чем они хуже?

Есть системы оружия, которые можем пока продавать только мы. Но Запад стал поумнее, или, точнее, остался достаточно умным. Он создал невыносимую обстановку именно для потенциальных покупателей нашего оружия. Ирак, Ливия покупали бы наше оружие и платили бы долги, но Запад крайне затруднил им доступ к нефтедолларам политическими и военными методами.

Сейчас ситуация дополнительно осложняется и государственной политикой, определяемой тем самым "золотым правилом". Военное производство Китая базируется во многом на советских стандартах, с ним возможна и кооперация. Она и идет явочным порядком, но что это за кооперация? За несколько десятков тысяч долларов у наших НИИ и КБ, живущих "на вольном выпасе", покупаются разработки и образцы, а производство развертывается в Китае. С секретной техникой и того лучше – приобретается образец и копируется. У нас очень хвастаются комплексом С-300, и, боюсь, зря. Образцы его есть уже и в США (через Белоруссию, еще до Лукашенко) и в Китае. Результат? Китай уже выбросил на рынок свою версию С-300, несколько упрощенную. Вместо РЛС с фазированной решеткой там стоит простая, но наша ниша рынка вооружений резко сузилась. Уже и на американских фрегатах стоят РЛС советской разработки, а что мы получили? Сейчас – несколько десятков тысяч долларов для разработчиков и чиновников, а в перспективе – смерть тысяч наших моряков и летчиков в морских волнах.

Раньше, производя уникальные системы оружия, мы по крайней мере цену могли устанавливать сами. А сейчас и уникальными системами оружия советской разработки приходится конкурировать. На рынке оружия есть Украина со своими танками и БМП. Да даже когда на рынок независимо выходят два российских завода, этот рынок вместо монополистического становится конкурентным – невыгодным для обоих продавцов.

Можно рассказывать долго, но итог один – мы не победим на мировом рынке, пока его прилавки контролируются другими. Это касается и оружейного прилавка мирового рынка – как одного из самых богатых.

Оружейное производство может служить неплохим подспорьем, если торгует само государство, и если это государство – СССР, но как только на рынок выходят наши предприятия по отдельности – то их технологического задела хватит лишь на несколько лет, и эти несколько лет почти кончились.

Ну и в добой – даже коммерческие запуски спутников нам, по законам физики, обходятся дороже, чем другим странам. Чем дальше старт от экватора, тем мощнее, а значит и дороже, должна быть ракета-носитель. Сделали наши и украинские ракетчики уникальную штуку – "Морской старт" на базе нефтяной платформы. Но права на эту технологию – у американцев, у "Боинга". Ну, так уж вышло, никто не виноват.

Вот поэтому оставьте все надежды. Мы не победим в конкуренции на мировом рынке. Да, грустно, да, обидно, но это так. Воспринимайте это как данность.

ПОЧЕМУ НЕВЫГОДНО ТОРГОВАТЬ СЫРЬЕМ

Горький опыт открытия мировому рынку вызвал в среде тех, кто способен думать, потребность осмыслить причины краха российской экономики. Процесс утечки капиталов из нашей экономики не слишком заметен, и на эту главную составляющую кризиса внимания обращают как-то меньше. Те, кто вывозят капитал, не заинтересованы в рекламе своих достижений, а те, кому для производства капитала не хватает, говорят об этом... но они деморализованы тем, что их производство неэффективно, и все их попытки конкурировать даже в производстве простых и традиционных товаров терпят фиаско. Большинство реальных производителей не считают себя вправе требовать капиталовложений, зная, что в нынешних условиях они не дадут прибыли на вложенный капитал.

Поэтому промышленники (неважно, директора это государственных предприятий или частники) пытаются сначала найти причины убыточности экономики, а потом уж претендовать на капиталовложения, чужие или свои.

Многие из них подсознательно склонны винить себя (на природу грешить у нас не принято), хотя многие уже подметили, что при расчете производственных издержек самой тяжелой гирей на весах служат затраты энергоносителей – если бы не счета за отопление, говорят они, мы могли бы держать мировую цену.

Но некоторые склонны обвинять... “засилье иностранных товаров”. Дескать, именно оно приводит к разорению наших производителей. Но такие обвинения не слишком разумны – иностранные товары и оказались-то у нас в стране, потому что наши не могут составить им конкуренции.

Еще раз напомню – увы, приходится – “конкурентоспособные” не значит “качественные”. Это сейчас и дети знают! И зарубежные товары бывают невысокого качества, просто цена должна ему соответствовать, и товар будут брать. Бывают разные по цене стиральные машины одной фирмы, у одних бак пластмассовый, у других – стальной, такие подороже. Берут и те и эти, у каждой свой покупатель. На мировом рынке, грубо говоря, можно дырявые носки прямо с ног продать, надо только назначить правильную цену.

Наша проблема лишь в том, что на товар одинакового с зарубежным качества мы больше тратим при производстве, чем иностранцы, и приходится продавать в убыток. Производитель либо не может продать, если пытается установить цену, окупающую издержки, либо разоряется, если продает по мировой цене.

Отсюда и бартер пресловутый! Не может наш производитель продать за "живые" деньги свою продукцию, потому что он должен выручить больше, чем затратил, а мировая цена – ниже. Вот он и меняется с другими такими же, баш на баш. **То, что называется бартером, на самом деле стихийно возникшая неконвертируемая российская валюта, пока безналичная.**

Но наши промышленники и экономисты не решаются признать, что нельзя избежать неизбежного, и как бы не знают о более высоком уровне издержек в нашей стране. А если не использовать обычный экономический анализ "выгоды-издержки", то остается только подозревать нечестную игру иностранцев. Считается, что в мире существует предвзятое отношение к России, и что нас разоряют целенаправленно:

"...Как только СССР стал проводить политику "включения в мировой рынок", ему немедленно опустили цены на все экспортные ресурсы: нефть, лес, руды, металлы и т. д. То есть, начали обворовывать граждан СССР, их детей и будущие поколения". (Ю.И. Мухин, "Кредит", газета "Дуэль" № 17, 1999 г.)

Действительно, дела обстоят таким образом, что цены на сырье в мире падают. Произошло ли это из-за того, что на рынок вышла Россия? Нет, и до того мы экспортировали сырье в довольно значительных масштабах. Просто Россия более зависит от внешней торговли, чем зависел Советский Союз – у него и свое производство было, а нам это падение цен гораздо заметнее. Тут чувствуется давнее наше заблуждение – мы считаем, что мы очень значительная величина в мире, и что ради нас приводятся в действие глобальные процессы. Это не так, наши огромные пространства, как и Антарктида, ни на кого не производят впечатления. В мире что-то значили не миллионы квадратных километров тундры, а государственная мощь СССР, и с ее исчезновением мы выпали даже из первой десятки, и Франция и Англия более значимы, чем мы. Во всех отношениях – и в науке, и в спорте, и в культуре особенно. И это касается и сырья – с нашими жалкими 40 млрд. долларов сырьевого экспорта – мы никто. Поставляем мы нефть, не поставляем – никто в мировом масштабе этого не заметит. Даже лес – в мире его много, а в Америке, Канаде, Европе уже давно действуют лесные фермы, где, как на конвейере, убирают насаждения нескольких американских видов сосны, которые быстро растут и дают отличную древесину. И вообще сырьевыми регионами двадцать первого века станут тропические области Африки и Южной Америки.

А вот целенаправленное давление на производителей сырья – имеет место, и не только Россия является мишенью. Падение цен на сырье – давний процесс. Добывать сырье умеют все лучше, расходуют все экономнее, а запасы даже невозобновляемых ресурсов еще далеко не исчерпаны. Казалось бы, месторождений становится все меньше, цены на сырье должны расти – ан нет, на все виды сырья идет планомерное падение с 50-х годов. Только нефть росла до 86-го года (в 5 раз с 50-х годов), правда, с учетом инфляции, это не в пять раз, а поменьше. Но в 86-м начался резкий спад, а сейчас он еще усилился.

Все-таки, в данном случае, видимо, более правилен другой закон, а не закон спроса и предложения, как утверждают западные экономисты. Согласно закону стоимости, открытому, по-моему, еще Марксом (так нас по крайней мере учили), в условиях конкуренции цена на товар стремится упасть до уровня издержек на его производство. Вот она в мире и падает. Бывший владелец сырья в результате получает не стоимость сырья, а только возмещение затрат на добычу, плюс прожиточный минимум.

Вы думаете, колумбийские старатели, добывающие лучшие в мире изумруды, богачи? Нет, нищие.

Кстати, может быть, вы думаете, что мы – владельцы наших природных богатств? Нет. Даже если не принимать в расчет разнообразных ...ских, то все равно: владелец ресурсов тот, кто их потребляет. А это не мы!

Немцы потребляют на душу населения 26 кг алюминия, а мы 10, и не немцы его производят. Фосфорных удобрений американцы расходуют 157 кг на душу, мы – 16. И эти данные относятся к тому периоду, когда у нас все работало. Вот кто владелец ресурсов!

Нас не только разоряют целенаправленно – так и само собой получается, как только мы вливаемся в "мировой рынок". Причем все мировые производители от продажи распространенного сырья имеют хоть мизерную, но выгоду, а мы продаем чаще в убыток – у нас и на добычу сырья затраты больше. Нашим лесорубам телогрейки нужны, а бразильским – нет и т. д. и т. п.

Для высокотехнологичных товаров этот закон стоимости не успевает подействовать – появляются все новые виды, и производитель такого товара, пользуясь монополией, держит высокую цену. Это хорошо видно по процессорам Пентиум – новые модели довольно дороги, пока конкуренты – АМД, "Сайрекс", некоторые другие фирмы – не выпускают аналог. После этого цена быстро падает до уровня себестоимости. То же касается и других высокотехнологичных изделий. И на автомашины каждой конкретной модели цены после выхода в серию снижаются, и порой довольно резко, но новые модели – новые цены. Автомобиль нынешний – не тот, что был в 50-х годах! Такие производители, как серфингисты, должны держаться на переднем фронте волны, и тогда они несутся вперед.

А вот руда – и всегда была руда, ее потребительские свойства не меняются, и сейчас немыслима ситуация, как в войну, когда добыча какого-либо стратегического сырья давала десятикратную прибыль. Но тут надо быть шведами: чтобы все вокруг воевали, а мы бы только рудой торговали.

Удержать цену существенно выше себестоимости могут только монополисты, и против сырьевого монополизма Запад борется всеми силами. Западные страны эффективно разрушают все союзы экспортеров сырья типа ОПЕК, не давая производителям удержать цены на высоком уровне.

Но, кроме того, наша страна и не борется за цены, особенно сейчас. Нефть, например, экспортируют мелкие фирмы, нередко это просто бандитские группы. Их задача – продать как можно больше и поскорее смыться, какая уж тут стратегия. То же – и в других областях.

И самое грустное, что эта ублюдочная политика не нова. Мы и раньше могли лучше влиять на мировую конъюнктуру, но... Например, многие виды сырья производили только мы и ЮАР, но по причинам "идеологического" свойства какое-либо взаимодействие между нашими странами было невозможно. Как мне кажется, западный мир намеренно осложнял ситуацию в Южной Африке, поощряя наиболее непримиримые к "коммунистам" слои, делая тем самым в конечном итоге дешевле сырье. На мой взгляд, тот странно высокий накал войны в Анголе, явно превышавший геостратегическое значение этой страны, инспирировался Западом через свою агентуру и в ЮАР, и в СССР. Цель та же – чтобы алмазные и хромовые короли не договорились между собой о монопольно высокой цене.

И опять-таки, если кто думает, что такая ориентация нашей внешней торговли навязана нам западными теоретиками, то это от невежества. Практическими политиками – в какой-то степени да, но не экономистами-теоретиками. В западных учебниках для туземцев особо предупреждают, что опасно базировать экономику на сырьевом экспорте, а тем более на монокультуре. В случае падения цен на этот вид сырья экономика такой страны кончает крахом!

В качестве примера в "Экономикс" С.Фишера приводится Гана, специализировавшаяся на какао. В 70-х годах мировая цена на какао иногда ни с того ни с сего падала в три раза. Эффект для экономики

Ганы был как в известном театральном анекдоте про “гонца из Пизы”.

Сейчас можно уже приводить в учебниках в пример и Россию – наше “какао” – энергоносители.

Дело старое, но в 70-х – 80-х годах данные о нашей внешней торговле были секретны, и неспроста. От кого секрет? От американцев? Так с ними и торговали. Просто кое-что делалось явно не в национальных интересах. Мы снабжали Америку титаном в виде титановой губки (то есть после самой энергоемкой операции) в объемах, как раз достаточных для ее производства военной авиации. И это при том, что тогда действовали унизительные ограничения во внешней торговле, санкции против СССР, да и вообще – “холодная война”. Нет бы сказать – ах, так? Летайте на фанерных. Но уж очень хотелось долларов... а чтобы народ не беспокоить, все было секретно. В общем, не с Горбачева все началось, при нем фурункул просто прорвался наружу.

Но это уже субъективный фактор, то есть неблагоприятное влияние на нашу жизнь конкретных лиц, оказавшихся у власти. Если народ не может регулярно контролировать и наказывать власть, если власть не будет ответственна перед народом – такая ситуация неизбежна.

АВТАРКИЯ

> Государство – это самодовлеющее общение граждан, ни в каком другом общении не нуждающихся, и ни от кого другого не зависящих.
>
> *Аристотель*

То есть, видите, никакая внешняя торговля стране в целом ничего не дает, даже если мы постараемся распределить вывоз по уму. За сырье платят – только за добычу, сложная техника нам слишком дорого обходится... Отпустив частника в свободное плаванье по волнам мирового рынка, мы лишь теряем достояние наших потомков, созданное нашими предками.

Надо лишь признать реальное положение вещей. На мой взгляд, для создания жизнеспособного государства на российской территории нужно лишь одно:

внутренний российский рынок должен быть изолирован от мирового.

Я сказал эту фразу, которой, как черт ладана, боятся демократические журналисты, политологи и экономисты. Стоит только намекнуть на благотворность изоляции российского "экономического пространства", как начинается жуткий, отвратительный для слуха визг: "автаркия!", "международная изоляция России!", "железный занавес!", "экономический ГУЛАГ!". Реакцию легко предсказать, фантазия у сторонников "мировой экономики" небогата.

Но полностью ли изолирован? Или частично?

Попробуем сначала рассмотреть вопрос теоретически – а можно ли полностью изолироваться от внешнего мира, а если нельзя, то почему? И если мы все-таки решим, что изолироваться не стоит, то, на каких основах должно базироваться наше взаимодействие с внешним миром? И что оно нам даст?

Полная изоляция от внешнего мира, или самодостаточность, или изоляционизм, или полное самообеспечение – по-научному называется "автаркия". К ней призывают сейчас те, кто по горло наелся мировым рынком. Согласно "Президентскому посланию 1999 года", такие призывы – подрыв российской государственности, не больше, не меньше. Зная аристотелево определение государства, можно сказать, что подрыв российской государственности начался давно.

Уже привычно слышать заклинания из уст тех, кто считает себя "реформаторами" и "демократами": "изоляционизм не нужен, вреден, бессмыслен". Так любит говорить Л. Черной – предприниматель, сделавшийся миллионером на приватизации российского алюминиевого комплекса и внешней торговле алюминием.

Приводят иногда и якобы цитату из Маркса с тем смыслом, что ограниченная экономика якобы обречена на гибель. Странная мысль – любая экономика ограничена территориально – например, современная ограничена по крайней мере размерами земного шара. И поэтому она обречена? Не знаю, говорил ли так Маркс, но приводящие эту цитату явно не в ладах со здравым смыслом.

Поэтому ни одна сколько-нибудь разумная экономическая теория вовсе не может утверждать, что самодостаточная экономика невозможна. Возможна.

Даже и небольшая страна может сколь угодно долго существовать по-робинзоновски, лишь бы ее население не превышало возможностей страны по производству продовольствия. Правда, развитие в такой изолированной стране может полностью остановиться – из-за отсутствия противоречий. Так, в начале 17-го века, одновременно с нашим Смутным временем, в Японии тоже происходили непростые события. После изгнания из страны европейцев (они вдохновили антиправительственное восстание японских христиан) и самоизоляции страны там наступил технический регресс. Вышло из употребления огнестрельное оружие и прекратилось использование денег (даже и не знаю, минусы это на самом деле или плюсы), вернулись платежные средства в виде мешков с рисом.

Другое дело, что современные средства обороны (а в покое никого в мире не оставляют, кто упал – того съели) требуют технического прогресса, который при полной изоляции затруднен. Американская эскадра коммодора Перри пушками заставила Японию в 19-м веке открыться мировому рынку, на свою голову. Японцы тогда этого не хотели, но их пушки были неконкурентоспособны по сравнению с американскими.

Кстати, японцы в считанные годы наверстали тогда отставание – то есть период “автаркии” не ослабил какую-то коренную способность нации к техническому прогрессу. Отчасти поэтому я считаю, что мы, дважды в 20-м веке войдя в мировую пятерку лидеров, сможем занять достойное место в мире и в 21-м.

Если мы не хотим, чтобы нас, как японцев 19-го века, "открывали", надо иметь хорошую военную технику, то есть современную, а в ней порой используется разный "дефицит". Даже у нас во время войны не хватало некоторых видов сырья, и вовсе не из-за технической отсталости, просто нет у нас, и все. Экзотический пример: ну не живет у нас шеллачный червец – а шеллак, использовавшийся и во время войны в некоторых специальных приборах, ни одна самая развитая страна заменить не смогла. Сейчас хрома нет, а в производстве специальных сталей заменить его нечем. Сурьмы нет, процессоров "Пентиум", мало вольфрама, мало урана, да мало ли чего.

Поэтому полная автаркия невозможна практически.

А вот желательна ли?

Даже если оставить в стороне военный аспект экономики – неприятная это наука, как бы убить побольше и подешевле – есть и в обычной жизни доводы против полной автаркии. Ведь мы говорим, что экономика построена на человеческих потребностях – то есть желаниях, для удовлетворения которых человек согласен трудиться.

Что такое "автаркия"? Это полная изоляция от мира. Что выкопал, то и съел. Хорошо ли это? Нет, это плохо. Кофе у нас не растет, а многие без него жить не могут. Был такой случай в истории, в 1813 году немцы восстали против Наполеона, потому что континентальная блокада оставила их без кофе и сахара.

Человек сформировался в Старом Свете как биологический вид без доступа к табаку и какао, значит, эти вещи для нас не необходимы. Но найдем ли мы в себе силы отказаться от этих порочных привычек – выкурить сигарету и съесть шоколадку? Лучше нашего шоколада – только швейцарский, но какао-бобы растут в тропиках. Из-за этих роскошеств мы нуждаемся во внешней торговле, так как у нас и приличный табак не растет. У нас нет хлопка, цитрусовых.

Я не буду это долго обосновывать – каждому понятно, что жить при автаркии можно, но современное общество слишком завязано на международную торговлю. Да что говорить, даже в доледниковую эпоху зафиксировано распространение каменных орудий и украшений далеко от места их изготовления. И наша история не подтверждает благотворность автаркии – у нас были периоды бурного роста промышленности при сохранении обширной внешней торговли. Значит, полная изоляция по крайней мере не необходима. Значит, если не интеграция в мировую экономику, то, по крайней мере, внешняя торговля желательна.

К сказанному надо добавить: самое неприятное в условиях автаркии – повышенный расход ресурсов из-за мелкосерийного производства. Мы – не такая уж большая страна. Наш рынок ограничен по объему, но не по разнообразию потребностей, и мы используем огромную номенклатуру изделий, многие из которых потребляются в небольшом количестве. Для их производства в условиях автаркии придется разворачивать огромное количество специализированных мелкосерийных производств. Мелкие серии плохи тем, что на единицу продукции уходит больше сил и получается больше отходов, чем в крупных сериях. Для производства многих видов продукции нельзя обойтись без развертывания технологического оборудования и оснастки "по полной программе" – независимо от того, сто эмалированных кастрюль будет производиться или миллион. Чем крупносерийнее производство, тем более эффективным его можно сделать.

Выгодно было бы выменять небольшую партию чего-то "у них" на часть крупной серии, производимой "у нас". Иначе, при нашем-то расходе ресурсов на выживание, мы еще дополнительно будем нести убытки из-за мелкосерийности.

Конечно, разнообразие красит жизнь. В США даже патроны к "Калашникову" выпускает чуть ли не десяток фирм, и стрелок-любитель может хвастаться перед друзьями любимой маркой. Там практически нет предмета, у которого не было бы "двойника", выпускаемого конкурентом. Но это во многом декорация: при всей непохожести телевизоров и огромном количестве их производителей кинескопы для них очень долго выпускались всего тремя фирмами, лишь сейчас к ним присоединился Самсунг.

В современном мире очень распространено так называемое ОЕМ-партнерство. При этом продукция производится вскладчину несколькими фирмами. После того, как изделия сходят с одного-единственного конвейера, ОЕМ-партнеры ставят свой "лэйбл" и реализуют самостоятельно. Таким образом, например, производятся популярные у нас фотообъективы "Солигор", поразительно дешевые для "японской" фототехники. Одновременно в мире продаются абсолютно идентичные объективы под марками "Косина", "Вивитар", "Фойхтлендер" и т. д. Это как раз ОЕМ-партнерство. Кстати, производят "японскую" фототехнику и электронику сейчас, конечно, на самом деле Китай, Юго-Восточная Азия и даже Ирландия, так как тамошнему рабочему можно меньше платить, чем японцу.

Если вам приходилось относить в ремонт старый ксерокс или лазерный принтер не очень популярной фирмы, то вы, возможно, замечали, что ремонтники первым делом листают потертые брошюры – таблицы соответствия. На самом деле некоторые устройства, идущие под маркой "Эппл", например, выпускаются "Кэноном" или "Хьюлетт-Паккардом". Причина та же – ну невыгодно выпускать тысячами, а сотнями тысяч – выгодно. В мире это понимают, пора понять и нам, что мелкие производства не всегда выгодны.

Есть в мире уникальные производства, снабжающие своей продукцией все страны. Например, станки для часовой промышленности делали только в Швейцарии, там же производили штампы для деталей кузова практически всех автомобильных производств мира. Некоторые микропроцессоры выпускаются лишь в одном месте, например, специализированный чип – электронные часы, устанавливаемые на все материнские платы персональных ЭВМ, какая бы фирма их ни выпускала, делаются на одном заводе фирмы Моторола. До перестройки некоторые серии микросхем, производимых в Зеленограде, расходились по всему миру, и не потому, что японцы не могли их скопировать – развертывать свое производство оказалось дороже, чем покупать. И даже сейчас Зеленоград держит в мире первенство по чипам для наручных часов, и не просто держит, а захватил подавляющую долю рынка – конкурентам оказалось невыгодно заново развертывать производство по устаревшей, 5-микронной технологии. Правда, не знаю, кому это производство принадлежит, нам или все-таки каким-нибудь, мягко говоря, японцам.

То есть в идеальном случае, когда решается вопрос о развертывании производства нового типа машин, надо просто считать – может быть, выгоднее произвести дополнительно партию уже освоенных производством машин и поменяться с иностранцами? Вот для таких расчетов понадобятся профессиональные (и высокооплачиваемые) экономисты! Вот в этом главная задача технологов и экономистов – точный расчет издержек в альтернативных технологических процессах. Будет ли выгода по сравнению с другими странами? С учетом нашей энергоемкости? Если будет – можно и продавать, точнее – меняться.

Мы говорили о невыгодности экспорта продукции, технология которого в мире распространена. Но если мы будем выпускать по уникальной – чрезвычайно массовой технологии – то в этом случае, за счет отличий в технологии, такое производство может быть более выгодным.

Еще раз: если наша промышленность будет производить все, то значительная часть производств будут мелкосерийными, что – технологи знают – верный путь к разорению. У нас 130 тысяч предприятий – а современное общество нуждается в гораздо большем числе производств!

Но нужен справедливый обмен, а как его достичь? Вот это – первый и главный вопрос – как достичь справедливого обмена. Есть принцип – рынок является справедливым, когда продажа и покупка на нем происходят без принуждения. А для этого нужно сильное государство, то есть не такое, где президент смотрит букой, а где экономика способна обойтись своими силами в случае шантажа и принуждения.

В порядке анекдота – но не совсем анекдот. До афганской войны серьезным экспортным производством у нас было изготовление галош, продавали мы за рубеж миллионы пар, правда, в основном в Афганистан. Никто не решался отобрать у нас такой экзотический сектор рынка – эта технология в мире была утеряна, как строительство пирамид.

Это еще одна иллюстрация к той же мысли – конкурентоспособной может быть почти любая продукция, лишь бы ее хоть как-то можно было использовать, и лишь бы цена соответствовала ее потребительской стоимости.

Итак – автаркия не нужна. Но изоляция нужна!

Так в чем же должна быть изоляция?

ПЕРВАЯ ПОПРАВКА

> *Третий закон Чизхолма.*
>
> Любые предложения люди понимают иначе, чем тот, кто их вносит.
>
> *Следствия.*
>
> 1. Даже если ваше объяснение настолько ясно, что исключает всякое ложное толкование, все равно найдется человек, который поймет вас неправильно.
> 2. Если вы уверены, что ваш поступок встретит всеобщее одобрение, кому-то он обязательно не понравится.

Как уже показано выше, основной и первой бедой для нашей экономики является утечка капитала. А что такое капитал? Валюта? Нет, как раз валюта – не всегда капитал. Если она предназначена для закупки чего-то необходимого для производства – тогда да. Если же она используется для покупок для себя, душу потешить – это не капитал. Вот сырье, энергия, оборудование, помещения – вот это всегда капитал!

Капитал – то, что может использоваться в процессе производства.

Понимаете суть дела? Если дебилу-наследнику достался завод, и он начал, вместо продолжения производства, распродавать станки – то что это такое? Это дебилизм чистой воды. Нормальные люди продают не капитал, а продукцию.

Поэтому продажа сырья – и есть сама по себе утечка капитала. Если бы мы меняли один вид капитала – сырье – на какой-либо другой, то такая продажа еще оправдана "трудовой протестантской этикой", да и любой другой трудовой этикой. Но пускать основной капитал в распыл... Нет, таких деятелей западный человек всерьез никогда не воспримет. Поэтому почти неприкрыто и издеваются "их" лидеры над "нашими".

Также видами капитала являются оборудование и комплектующие, и тут не всегда легко провести разницу между экспортом и вывозом капитала. Если оборудование отнимается у отечественной промышленности, или если часть выручки от такого экспорта не возвращается в страну, или если выручка от продажи оборудования не используется для закупки оборудования же – то это одна из форм вывоза **капитала**.

Сырье вывозить сложно – объемы и вес бывают довольно велики по сравнению с конечным продуктом, и во многих странах, непригодных для промышленного производства, все-таки первичную обработку сырья производят на месте, за счет чего некоторые "слаборазвитые" как-то живут. Но за время советской власти, с эпохи Брежнева, как на грех, создали целую систему экспорта ресурсов, а сейчас упорно поддерживается "режим наибольшего благоприятствования" – у нас пока просто смешные по сравнению со всем миром транспортные тарифы, поэтому пока вывоз капитала в виде промышленного сырья легок. Но это пора прекращать – впрочем, инфраструктура сырьевого экспорта как раз и выслужила срок, в частности, "труба". Она была рассчитана примерно на 35 лет, они уже почти и кончились.

Так что же, никакое сырье не продаем?

Конечно, если в хозяйстве перекос – одного вида капитала много, другого мало – то можно поменять, но нельзя менять капитал на потребительские товары! Это, как выражаются в определенной социальной среде, "западло". Капитал можно менять только на капитал!

И если уж в припадке государственной мудрости наши деятели допустили факт продажи национального капитала, то рвать на теле волосы по поводу судьбы долларов, полученных от этой продажи – уже немного поздновато. Не для того экспортеры взяли на себя эту трудную ношу – доллары получать – чтобы с кем-то делиться. Хотя все, конечно, понимают, что стоны по поводу утечки валюты – лишь имитация озабоченности, особенно перед выборами.

Надо позаботиться о сохранении **всего капитала** страны, а не только в виде валюты.

Вспомним, о чем мы говорили – высшей целью для нас является предоставление каждому возможности трудиться и трудом зарабатывать себе на жизнь. Что для этого нужно, кроме желания, рук и головы? **Производственный капитал.** Вот его и надо сохранять, насколько это возможно. И ныне, и присно, и во веки веков.

Прекратить утечку капиталов можно единственным методом – ликвидировать саму возможность этого. Ну так что, хождение доллара запрещаем, за попытку продать доллар – "три года расстрела" и т. д.?

Давайте не будем торопиться. Давайте сначала примем правильный закон.

Ведь мы говорили – вывоз капитала экономически выгоден. Значит, экономическими методами бороться нельзя, надо организационными, законодательно. Так как данная проблема у нас основная и никогда никуда не денется, то закон этот должен быть для нашей страны **основным.** Он у нас уже есть – Конституция. Если новой не будем принимать, то надо принять Поправку – "Первую Поправку" примерно следующего содержания:

"**Общественный строй России – капитализм. Высшей целью капитализма является сохранение и приумножение капитала. Капиталом является все, что может быть использовано для производства. Вывоз капитала из России запрещен**"

Если кто икнул, прочитав это, то вдумайтесь: а что тут такого? Тут, кстати, про частную собственность я ничего не говорю, ни полсловечка. Капитализм и государственный бывает. **Капитализм и частная собственность – не синонимы, это разноуровневые вещи!** Просто сейчас уже начали нести по кочкам и "капитализм", и "рынок", а ведь их у нас еще не было, мы их не попробовали! То определение "капитализма", к которому мы привыкли – "на основе частной собственности на средства производства" – идеологическое. На самом деле **капитализм – это человеческая деятельность, постоянно направленная к увеличению капитала**. Для нас именно такая направленность экономики в масштабах страны – жизненная необходимость, поскольку в нашей стране в условиях открытости рынку естественной целью деятельности экономических субъектов является ликвидация капитала путем его вывоза из страны.

С моей точки зрения, опасность для России того "капитализма", который мы знаем по учебникам, заключается только в возможности вывоза капитала, в денежной или натуральной форме. Все другие опасности частного (бывает и не частный) капитализма, то, чего боится левая оппозиция, на мой взгляд, преувеличены. Во всем мире есть определенные механизмы, юридические, налоговые и т. д., позволяющие ограничить возможность владельца капитала использовать его только в свою пользу, а, тем более, в ущерб обществу. Чтобы избежать нынешней ситуации – все общество беднеет, а некоторые богатеют –

нужно знать, как и почему это происходит. И не так уж жизненно необходимо, на самом деле, отбирать "многомиллиардные состояния" у Вяхирева или (свят, свят) даже у Чубайса – на самом деле владельцы их просто управляют целыми отраслями промышленности, и даже прибыль от них не используют на собственное потребление. И если они будут управлять ими и дальше, но не во вред стране, а на пользу – кто против? Просто придется поставить, к примеру, тому же Вяхиреву некоторые рамки в его деятельности.

Особенность частнособственнического капитализма, действующего в однородной по издержкам среде, в том, что кто эффективно управляет, тот, в конце концов, перехватывает ресурсы у неэффективных. И у нас должен существовать метод передачи ресурсов тем, кто может их применять эффективнее, на пользу всему обществу, состоящему из нынешнего населения и будущих поколений. Я тут рецептов не предлагаю, предлагаю самостоятельно подумать.

В конце концов, можно даже и оставить название "частная собственность", но из прав собственника убрать одно – право вывоза за границу, которое может принадлежать только обществу в целом – или в лице государства, или даже с помощью еще не существовавшего у нас механизма – когда любой вывоз будет осуществляться на основе консенсуса между административными структурами и органами народного представительства. Такого у нас еще не было, но это необходимо.

Еще больше уступлю – да мне нет дела, какая у нас будет форма собственности. Пусть хоть коммунизм. Лишь бы капитал (средства производства разного рода) из страны не вывозились, все желающие могли работать и чтобы производство было эффективным – производились лишь нужные вещи. И чтобы доступ потребителей к товарам не ограничивался нерыночными мерами ("черный ход – завмаг – товаровед").

Согласно Первой Поправке из страны нельзя будет вывозить сырье (в том числе теплоносители), комплектующие, оборудование, инструмент. Все, что может быть использовано для производительного труда, понадобится нам самим, для реализации того самого основополагающего принципа – чтобы каждый желающий трудиться из нынешнего и будущих поколений был по возможности обеспечен средствами производства.

Но мы ведь говорили, что не все виды сырья у нас есть. Значит, нужна Вторая Поправка – "**Под общественным контролем допустим обмен одних видов основного капитала на другие. При этом допустим обмен невозобновляемых российских ресурсов только на невозобновляемые**".

Итак, нефть или газ можем продавать? Нет, так как они могут использоваться в производстве. Менять можем? Да, на уран или вольфрам (помните – "государства торгуют меной вещей" – *Н.М. Карамзин*). А на зерно? Нет, на зерно мы можем менять только гидроэлектроэнергию, лес или клюкву. Причем при обмене капиталом выгодно менять сырье (возобновляемое, конечно) на трудоемкие в изготовлении машины.

А что же мы можем просто продавать? Только те потребительские товары, которые нельзя использовать в производстве. А если под видом потребительских товаров кто-то попытается вывозить сырье? Это придется контролировать так же, как американцы контролировали использование своих "стратегических" товаров в соцстранах, хотя и по другим причинам. Они как-то раз запретили продажу за рубеж каких-то электронных игрушек, потому что в них была микросхема, однотипная с применявшейся в каком-то оружии.

Так и у нас, если окажется, что что-то из проданного где-то используется в промышленности, то экспорт такого товара прекращается и производится расследование.

Забавно, но примерно аналогичный подход (запрет на вывоз сырья, или, точнее, на вывоз сырья под видом потребительских товаров) действовал и раньше, хотя он и не был документально зафиксирован.

Помню такую байку 70-х годов: японцы покупали у нас минеральную воду. По пути бутылки выбрасывали в море, ящики разбивали и дощечки из твердого дерева использовали в мебельной промышленности. Когда это вскрылось, ящики заменили на пластмассовые, и японцы покупать воду перестали. Интересно здесь то, что ящики заменили, то есть применили сходный принцип.

Схема внешней торговли будет такова: вырученные от продажи наших товаров валютные средства используются на закупку импорта. Импорт на торгах раскупают наши оптовики. Они же и формируют заказ на закупку импорта за рубежом, а закупки за границей производятся по тендеру (по конкурсу) – это важно, иначе неизбежна коррупция, как в советские времена. Кто и как продает за границей наши товары, чтобы не было нам ущерба? Есть варианты, но... это уже детали, все это решаемо, было бы желание. Эти экспортно-импортные торги идут и у нас в стране: для экспорта также закупают товар у нашего производителя. Надо ли подчеркивать, что никакого "экспортного" исполнения внутри страны не должно быть – доступность всех товаров для всех граждан и для Торговой палаты должна быть одинакова. Кто делает высококачественный товар, получает за него не валюту, а много-много рублей, гораздо больше, чем те, кто делает средний. И за эти рубли сможет купить и импорт, если захочет.

Аналогично решается вопрос с путевками – сколько валюты выручили от продажи буржуям путевок в Россию, на столько купили путевок на Канары. Обычно простых новых русских пугают, что при изоляции не будет туризма с чемоданом долларов. С чемоданом – не будет. Но вот припоминаю, что при устройстве на работу в "фирму" особо предупреждают, что отпуск – две недели, через пару лет – уже три, но уходить надолго – дурной тон. Если человека нет на рабочем месте месяц, и фирма не развалилась, значит, он не нужен. Поэтому разъезжать по заграницам нормальный человек в принципе часто и много не может, а кто может – те жулики и нечего о них беспокоиться.

Надо ли в такой обстановке запрещать хождение доллара или его вывоз из страны? А зачем? Откуда он, доллар, возьмется-то у нас в стране при разумной политике? Экспортированные средства производства возвращаются средствами производства, товары – товарами.

Зачем была нужна валюта в СССР? На нее можно было купить то, что на рубли было нельзя. Такая организация торговли являлась преступлением, хотя и выросла из вынужденных и оправданных в свое время Торгсинов. Подоплека этого преступления проста: верхний класс того времени, имея (номинально) небольшие денежные доходы, реально получал потребительских товаров на гораздо большие суммы. Если бы цены на товары в "Березках" формировались рыночным путем или на основе точного расчета спроса-предложения, как в 30-е годы, эта проблема была бы снята. Но тогда "верхнему классу", для поддержания своего жизненного уровня, пришлось бы назначать оклады в несколько раз большие! То есть ценность валюты в наших глазах на самом деле "вообразительна". Если бы импортом потребительских товаров у нас в СССР занимался совет из фарцовщиков, и он бы и устанавливал цены на импорт – не было бы никаких проблем с "дефицитным импортом". Только надо, чтобы в таких советах участвовали **все** фарцовщики, а не некоторые, особо отобранные начальством из своих отпрысков, как сейчас.

Если кто из сторонников советского образа жизни оскорблен моими словами про фарцовщиков, то извините – а внешней торговлей у нас в СССР ясноглазые идеалисты занимались? Да это тот же слой. Они, начиная с эпохи Хрущева, монополизировали внешнюю торговлю в интересах своего класса – да они, кстати, сейчас и правят, в первой-второй производных.

Ну вот почему у нас в стране джинсы не производились? Трудно было запланировать их выпуск? Ведь у тех, кто решения принимал, дети и внуки ходили в джинсах, что ж они, не знали, что молодежи нравится? Это тянулось десятками лет, еще в начале 80-х писали, что фарцовщики из своих прибылей могли перед Госпланом памятник бронзовый поставить, в виде джинсов с пятиэтажный дом.

Да все просто: те, кто правил тогда, организовали для себя, для своего класса монополию на джинсы, и все. Ведь именно этот класс был "выездной".

Поэтому организация внешней торговли – дело, требующее максимальной открытости, а не "коммерческой тайны". Кстати, фирменные джинсы у нас делались, и неплохие, но только на экспорт.

В общем, я не хочу сказать, что знаю все. Но, на мой взгляд, без этих мер мы не решим проблем, накопившихся в нашей экономике со времен Хрущева.

Что же касается запрета на владение долларами, то давайте разберемся. Откуда в банках в нашей стране появляется сейчас валюта, в наличной и безналичной формах? Либо это какая-то производная от иностранных кредитов, и с этим надо разбираться, либо выручка от продажи сырья. Вообще говоря, нынешний владелец валюты волен распоряжаться ей как хочет – ведь ему разрешили продавать наши ресурсы как свои собственные? Это же не преступление? Значит, выручка, за вычетом налогов, его. Хозяин – барин. Если же кто-то купил валюту за рубли в обменнике, то ведь это не было запрещено. То есть, перед тем, как требовать от владельцев валюты, чтобы они не использовали ее так, как они хотят (а запрет на вывоз – именно такое требование), надо подробно это обосновать. Говоря конкретно, надо признать, что продажа сырья за доллары, а также последующая продажа этих долларов населению – преступление или ошибка, требующие исправления. Надо признать, что простая продажа долларов, полученных в кредит – мошенничество. А без этих признаний (с наказанием виновных) все громкие крики о контроле за вывозом валюты – словоблудие, да еще и беззаконное.

Что же касается той валюты, что имеется у нас в стране на руках, то я просто не понимаю тех, кто обещает привлечь их в экономику. “Сдайте добровольно доллары, и мы ими заплатим долги Лондонскому клубу!” На кого эти призывы рассчитаны?

Да и, начистоту, не верю я, что у нас в стране ходит сейчас сорок миллиардов долларов. Ведь при выезде из страны пассажиров никто никогда не проверял, на каждом самолете в Европу улетал не один миллион все годы “реформ”. Миллиарда два-три осталось, не больше, так что не стоит овчинка выделки.

А то, что переведено за границу – нам придется забыть. Конечно, правоохранительные органы, при удаче, вернут миллион-другой, но Запад – и немцы, и американцы – недвусмысленно дают понять, что денег не вернут. В отличие от поляков, любого бандита представят нам в лучшем виде, в наручниках, но и только. Вывезенных им денег – ни цента.

Так что – “все уже украдено до нас”. Надо сырье охранять, а доллары, полученные от его продажи, уже не поймать. “Зубами не удержал – губами разве удержишь?”

О ЦЕННОСТИ ЖИДКИХ МОЗГОВ

Чем песня хуже, тем она длинней.
Закон шоу-бизнеса Вашпера

Да! А как в будущем, после принятия Первой Поправки, наша любимая Лада Дэнс купит себе свой любимый “джип”? Двумя путями: ей надо либо спеть что-то такое, от чего американцы протащатся и заплатят много долларов (это вряд ли, сами понимаете), либо собрать выручку с российских поклонников и купить “джип” у нас в стране в магазине, купившем его на аукционе Торговой палаты. Конечно, проблема в том, что у нас со всей страны конкурентоспособного товару может на один “джип” не хватить... Но уж на что заработаем. Мы ведь все равно собирались достичь конкурентоспособности? Раз путем открытости не получилось, придется по-другому.

И запрещать талантливому певцу или писателю пользоваться долларовыми гонорарами просто несправедливо, в конце концов. В небольших размерах вывоз наличных можно и разрешать, хотя почти ни в одной стране это не приветствуется. Возможны и денежные переводы в разных видах, денежные ссуды, вклады через банковские структуры.

Мы говорили о сырье, оборудовании. Но есть такой вид капитала – текучий, легко перемещаемый – который легко вывозить. Это образовательный капитал, знания и квалификация. Дело не в каком-то особом уме наших ученых, скрипачей, хоккеистов и врачей – но на них было затрачено неимоверное количество ресурсов: труд преподавателей, в опосредованной форме – в виде учебного оборудования, зданий, научных школ – труд многих предшествовавших поколений. И все это хранится в мозгах и мышцах наших пока еще ценных специалистов. Правда, действительно ценные, увлеченные своим делом не уедут, если у них будут условия для работы – история показывает, что такая ситуация в нашей стране возможна. Но уровень жизни "там" всегда будет выше, чем у нас, и "колбасный мотив" всегда будет действовать пусть не на лучших, но на хорошо выученных.

Со времен Хрущева у нас был принят совершенно надежный способ отучения интеллигенции от практической экономики – это разного рода "бесплатные", гарантируемые Конституцией, но на самом деле очень дорогие вещи. В результате по всему миру сейчас за гроши наслаждаются игрой наших ужасно дорогих в обучении музыкантов и т. д.

В брежневские времена была сделана попытка брать с эмигрантов плату за высшее образование – но визг интеллигенции и давление Запада уже тогда заставляли правительство отступать. Это, кстати, фраза Косыгина: "с интеллигенции – как с поросенка – визгу много, а шерсти мало". Да и, по сути, ошибка была сделана ранее, и исправлять ее было уже поздно – раз сразу уговора не было – значит образование бесплатное.

Нормальным-то образом дорогое образование получают так: после первого курса, когда студент уже более-менее знает, что его ждет, он берет целевой кредит в государственном банке высшего образования (или в частном) и платит из него за обучение. В США, например, для студента-медика размер кредита таков, что, став врачом, ему приходится выплачивать его лет пятнадцать.

После этого нет проблем со слишком инфантильными личностями, которые до старости прыгают из ВУЗа в ВУЗ, проще было бы нам и с утечкой мозгов – верни кредит и катись колбасой, попутный лом тебе в спину. Невозвращение кредита во всех странах – одна из форм кражи, и таких не укрывают. Если такие "утекшие мозги" там позарез нужны, им, в принципе, дадут денег для уплаты кредита, для нас это все-таки лучше, чем ничего. Вот сейчас американцы вывозят у нас физиков, хотя они им, возможно, и не так уж нужны. Тем не менее и такса определена – 30 тыс. подъемных и 50 тыс. в год. Явно без американского правительства здесь не обошлось, хотя устраиваются они все по частным фирмам.

Ну так и получало бы и наше государство хоть сколько-нибудь, разве плохо было бы?

По такому случаю кредит на образование можно номинировать и в золоте, хотя лишний канал конвертации, по моему мнению, зло.

Поэтому нужна и Третья Поправка, содержащая положение, что **"Гражданин России не ограничен в правах человека, в том числе и на эмиграцию, после урегулирования имущественных претензий"**. А можно и не принимать такой поправки, все и так укладывается в закон. Но еще раз – те, кто уже получили высшее образование – задним числом не могут быть принуждены к его оплате. Единственное – такие эмигранты не должны будут рассчитывать на особо теплое к себе отношение со стороны государства в будущем, если что случится.

А вообще говоря – течет только жидкое.

Такой же принцип может быть и в здравоохранении – платное, но в кредит. Попользовался и уезжаешь – верни. А то у нас советское здравоохранение все ругали, но иностранные студенты и другие приезжие пытались успеть вылечить у нас все, что можно. Но это же нам денег стоит!

НО МОЖНО И ПОМУЧИТЬСЯ

Однако, предположим, мы не будем заниматься экзотикой, а национализируем сырьевой экспорт "с целью укрепления национальной валюты", водку тоже национализируем, а остальное все оставим, как есть. Конечно, рано или поздно продажа ресурсов всякими ...скими все равно будет прекращена, так или иначе, и ситуация вернется в состояние, когда государство будет владеть всеми валютообразующими отраслями.

Так вот представим ситуацию, что валюта есть только в Центробанке, и только там можно будет поменять рубли на доллары. Что будет происходить в экономике страны? Произойдет ли улучшение?

Будет происходить следующее. Те, кто сформировал какой угодно капитал, будет кровно заинтересован в конвертации его в валюту, вывозе из страны и вложении в мировую экономику. Нынешняя система Запада не требует, чтобы вы на свои капиталы построили целый завод: вам достаточно хотя бы ненадолго и хотя бы в небольшом объеме "вбросить" свои деньги в кровеносную систему Запада. Любой владелец капитала будет жизненно заинтересован "прокрутить" его в мировой экономике, а не в нашей. Прибыль в любом случае будет больше, чем в нашей стране.

Попробую чуть подробнее.

Пусть мы имеем две параллельных экономических системы, в каждой из которых расходуются ресурсы, трудятся люди, в результате чего создается новая стоимость. Если экономические системы работают по одним и тем же законам, то рост новой стоимости относительно затраченных ресурсов и затрат труда будет один и тот же.

Поэтому даже если в каждой из систем своя денежная система, все равно процент рентабельности будет одинаков (мы считаем, что денежная политика в обеих системах одинаковая).

Но если в одной из систем часть ресурсов и труда тратятся впустую (на военные расходы, на выплату внешних долгов или, как в нашем случае, на обогрев производства и жилья), то вновь созданная стоимость в такой системе будет пропорционально меньше по отношению к использованным трудовым и иным ресурсам.

Поэтому, если затраты на преобразование валюты одной системы в другую не очень велики, всегда выгоднее поменять "заработанные" рубли в доллары и вложить их за границей. И пока государство из последних сил обменивает всем желающим российские рубли на доллары, до тех пор эти обмененные доллары стараются вывезти из страны.

Поэтому на финансовых границах более слабой экономической системы должна стоять прочная плотина, сдерживающая напор капитала в разных формах, рвущегося наружу.

Предположим, неким правительством "половинчатых реформаторов" обмен рублей на доллары будет разрешен, а вывоз долларов будет запрещен. Но тогда зачем их менять?

Короче говоря, не так важно, каков будет в будущем курс доллара. Но ни один банк у нас в стране не будет иметь права производить операции с долларами, а Центробанк не обязан будет продавать кому бы то ни было доллары и иную валюту за рубли.

Нет, от течи капитала надо избавляться. И постоянно за отсутствием течи следить. Нудно? Трудно? А вы знаете, моряки относятся к подобным проблемам спокойно. Не допускают – и только поэтому плавают... извините, извините – ходят.

КРЕДИТЫ

Даром - за амбаром!
Н. Фоменко

Поговорим об иностранных кредитах. Как вы помните, весь разговор начался у нас с иностранных инвестиций, и еще в начале книги говорилось, что лишь злонамеренные фальсификаторы путают иностранные инвестиции и иностранные кредиты. Инвестиции в нашу экономику, вообще говоря, невозможны – она не даст той прибыли, как экономики других стран мира. Но кредиты мы взять можем – ведь за их прибыльность для кредитора отвечает страна в целом. Так какова же должна быть кредитная политика нашего будущего правительства Восточной Европы и Северной Азии?

Давать кредиты западные страны на самом деле любят, хотя порой кажется, что их приходится уламывать. Но банкиры давно отработали простую схему: в слаборазвитую страну вбрасывается кредит, он разворовывается... и спустя короткое время эти средства уже лежат на счетах местных правителей... в тех же банках, которые давали кредит. Фактически, эти правители получают только “откат” от мошеннической комбинации, а банки ничего не теряют. Чем продажней и некомпетентней местная элита, тем лучше. В свое времени для такой прокрутки 15 млрд. долларов через Нигерию хватило одного года. Деньги исчезли, долг же висит по сю пору, и для оплаты процентов уже работают нигерийцы, которые в момент выдачи кредита еще не родились.

Для лучшего понимания действительно правильной кредитной политики я приведу обширную цитату из статьи Ю.И. Мухина, редактора газеты "Дуэль", известного публициста, пишущего на исторические, экономические и политические темы. Немаловажно, что, имея техническое образование и опыт инженерной деятельности, ему пришлось поработать и практическим экономистом, осуществляя внутреннюю и внешнюю торговлю продукцией крупнейшего советского ферросплавного комбината. Его подбор исторических примеров для аргументации своих взглядов можно без преувеличения считать образцовым. Итак:

"...Сегодня, если посмотреть TV и почитать желтую прессу, то создается впечатление, что нет ничего желаннее для режимов СНГ, чем западный кредит. Мысль ухватить на халяву деньги становится главной для мерзавцев в правительствах, и отходят на задний план абсолютно все составляющие элементы кредитной политики: когда кредит берется и зачем; под какие условия; что он представляет собой в экономическом плане; когда и чем он выгоден и кому выгоден.

Это интересные вопросы, и я хотел бы их рассмотреть на примере кредита, который брало наше государство в 1939 г. у фашистской Германии. В момент перестройки про этот кредит "забыли" и стали вспоминать только последовавшие за ним торговые соглашения с Германией, причем так, как будто Гитлер обманул Сталина, и тот накануне войны по дурости снабжал Германию стратегическим сырьем. Правда, сегодня, когда уже довольно многим стало понятно, что сотворили со страной подонки-демократы, о Сталине стараются вспоминать реже: не вспоминают уже и о торговле между СССР и Германией накануне войны. Давайте вспомним об этом кредите и об основах кредитования вообще...

...Кредит – долг, и с экономической точки зрения он целесообразен только в крайне вынужденных обстоятельствах, поскольку возвращать его надо с про-

центами. Такие обстоятельства возникают только тогда, когда резко и срочно не хватает той продукции, что производит страна, когда немедленно нужно к рабочим рукам собственных рабочих подключить рабочие руки рабочих из других стран. А это случается только во время подготовки к войне, во время войны и после войны, особенно когда часть своих рабочих находится в армии и когда часть их уже погибла... Кредит – это задействование в своей экономике рабочих рук из других стран".

Надо ли что-то в этой цитате пояснять? Разве что в деталях: я думаю, что ПОСЛЕ войны такой срочности нет, если нет угрозы новой. Острая нужда в кредитах возникает ПЕРЕД войной. Но общая идея понятна: кредит придется отдавать, причем с процентами. То есть для возврата кредита все равно придется продавать какую-то часть народного достояния ("берешь на время, а отдаешь навсегда"), и, если уж без этого нельзя обойтись, лучше сначала продать, потом на эти деньги уже и покупать – не будет дополнительного расхода национального достояния на оплату процентов. Другое дело, если нужно СЕЙЧАС, а через три года уже будет поздно. Тогда можно влезть и в долги: если погибнешь – отдавать не надо, если выстоишь – то сможешь и отдать за счет врага.

И мне кажется излишне мягким выражение, что такие "составляющие кредита", как "зачем он берется" и т. д. просто "отходят на задний план". Они, конечно, не "отходят", а искусственно, жульнически отодвигаются. Ведь зачем в послевоенной истории брались кредиты? Они позволяли решить личные проблемы людей, которые находились в это время у власти. В самом лучшем случае такой проблемой было прикрытие провалов в экономике и повышение личного рейтинга в глазах общественности; отдавать же кредиты и проценты по ним придется народу, и отдуваться за связанное с этим падение жизненного уровня придется совсем другим правителям и чиновникам, уже в третьем тысячелетии. В российский же период эти кредиты просто разворовывались, потому что использовались они через частные банки, и не надо быть семи пядей во лбу, чтобы догадаться, по какому принципу подбирались банки для операций с этими средствами.

Мы уже говорили, что в истории России ситуация с внешними кредитами не нова – у нас уже был случай, когда российское правительство набрало долгов, в основном во Франции и Англии, и именно эти займы в значительной степени отягчили финансовую ситуацию в начале века, что во многом и привело к революциям 1905 и 1917 гг. Стоит ли упоминать, что найти следы тех займов вскоре после их получения было уже невозможно, и что попытки возвращения займов и процентов по ним производятся и сейчас. Вдумайтесь: займы брало антинародное (по мнению большинства народа в начале века) правительство, это правительство было свергнуто народом; заимодавцы вооруженным путем пытались уничтожить революционный режим и вернуть назад антинародное правительство; и, тем не менее, Запад не оставил попыток все-таки истребовать долги от последующих правительств, ни в коей мере не ответственных за преступления царского.

Это же обязательно произойдет и сейчас. Все будущие российские правительства будут находиться под дамокловым мечом; с них будут требовать расплатиться за долги 1991-1999 годов, видимо, столетиями.

Продолжу цитирование:

“...Других случаев взятия долгосрочных кредитов нет, а если их все же берут, то тех, кто их берет, надо расстреливать, поскольку они разбазаривают на проценты достояние страны и ее народа”.

Действительно, приводимые Ю.И. Мухиным обстоятельства получения кредита у Германии совершенно убийственны для руководителей 80-х – 90-х годов:

"...Когда немцы 15 августа 1939 г. обратились к СССР с предложением заключить пакт о ненападении, т. е. заключить договор, который Гитлер уже имел и с Англией, и с Францией, (и с Польшей – *А.П.*) глава советского правительства В.М. Молотов ответил:

"...Если, однако, теперь германское правительство делает поворот от старой политики в сторону серьезного улучшения политических отношений с СССР, то Советское правительство может только приветствовать такой поворот и готово, со своей стороны, перестроить свою политику в духе ее серьезного улучшения в отношении Германии...

...Правительство СССР считает, что первым шагом к такому улучшению отношений между СССР и Германией могло бы быть заключение торгово-кредитного соглашения".

Обратите внимание – участие Советского Союза в европейской войне пока не предполагается, а Германия ее вот-вот начнет. Это Германии, посылающей своих рабочих в армию, срочно требуется кредит – участие рабочих рук других стран... И было бы логично, если бы Германия просила у СССР кредит, а не наоборот. А здесь Молотов даже не просит, не унижается, не называет Гитлера "другом Адиком", он просто требует выдать кредит СССР, он требует, чтобы немецкие рабочие поучаствовали в укреплении обороноспособности СССР, он прямо указывает, что без этого *"первого шага"* он вторым заниматься не будет.

Через два дня немцы кредит СССР предоставляют.

Финансирование кредита произвел die Deutsche Golddiskontbank (Германский Золотой Учетный Банк "ДЕГО"). Сумма – 200 млн. германских марок, который выдавался СССР в течение 2-х лет, (120 млн. в первый год) сроком на 7 лет под 5% годовых. К этому кредитному соглашению тоже был "конфиденциальный протокол", по которому германское правительство за счет немецких налогоплательщиков обязалось возвращать СССР 0,5% годовых, уплаченных нами "ДЕГО", т. е. этот кредит фактически был дан под 4,5%.

На что кредит был направлен? В соглашении говорится конкретно: "*...исключительно поставки для инвестиционных целей, т. е. преимущественно: устройство фабрик и заводов, установки, оборудование, машины и станки всякого рода, аппаратостроение, оборудование для нефтяной промышленности, оборудование для химической промышленности, изделия электротехнической промышленности, суда, средства передвижения и транспорта, измерительные приборы, оборудование лабораторий... Сюда относятся также обычные запасные части для этих поставок. Далее сюда включаются договоры о технической помощи и о пуске в ход установок, поскольку эти договоры заключены в связи с заказами, выдаваемыми на основании настоящего соглашения...*"

Интересно, что заказы производило советское торгпредство бесконтрольно. "ДЕГО" (и это оговаривалось соглашением) не имел права требовать от германских фирм-поставщиков никакой ответственности за этот кредит, то есть при общей инвестиционной направленности он не был "связанным" – германское правительство не могло нам "впарить" что-то по своему усмотрению.

"Если бы перед войной СССР сумел взять кредит у своих предполагаемых союзников по будущей войне – у Англии или США, – то и это уже было бы подвигом. Но взять перед войной кредит у совершенно очевидного противника – это невероятно!"

Вот так. Неудивительно, что никто из ныне живущих виновников финансовой катастрофы 80-х – 90-х годов не заинтересован, чтобы кто-то вспомнил о том, как раньше брали кредиты. Такой кредит, да еще взятый в тех условиях, да еще использованный только на инвестиции, а не на "консультантов" – не только оправдан. Это свидетельство высочайшего профессионального уровня государственных руководителей того времени. Приведу опять-таки слова Ю.И. Мухина: *"кредит – это использование рабочих рук в других странах в помощь собственным рабочим и берется он только в жизненно важных случаях".*

К слову, в истории нашего государства бывали чрезвычайно критические периоды. Так, в 1927 году сложилось тяжелейшее положение с хлебными заготовками. В стране случился неурожай – собрали на 10 млн. тонн меньше, чем в предыдущем году, а главное, товарный хлеб был у кулаков – середняки еле были способны себя прокормить. А зажиточные крестьяне не торопились сдавать зерно, резонно полагая, что к весне – хочешь не хочешь – правительство поднимет закупочные цены. Выход был потом найден, не об этом сейчас речь, но интересно, что предложения со стороны Запада о предоставлении связанных кредитов (то есть целевых, специально на закупку зерна) наши отвергли, а вот предложения о кредитах на оборудование для индустриализации рассматривали всерьез.

Удивительно – ведь на базе хлебного кризиса оживились и оппозиционеры в партии, и бывшие хозяева заводов и шахт начали передавать весточки старым специалистам, продолжавшим на этих предприятиях управлять, и даже зашел разговор об интервенции в Россию силами Польши и прибалтийских стран при поддержке Запада. В обывательской среде того времени бытовало мнение, что большевики накануне краха.

Почему же в этих условиях, под угрозой падения советской власти, большевики не соглашались на кредит для закупки зерна, а соглашались на кредит для закупки промышленного оборудования? Кстати, это не описка – не вымаливали кредит, а соглашались рассмотреть предложения Запада о предоставлении нам кредита. Так вот по этой самой причине: хлеб съел и забыл, а долг остался. Но если взял в кредит, построил завод и сделал на заводе пушку со снарядами, то забыл уже не о съеденном хлебе, а об угрозе интервенции, а это более важно. То есть и тогда большевики думали о перспективе, как бы ни было трудно, что делает им честь.

Из вышесказанного понятно, что такое "жизненно важные случаи". Это, в общем, понимают и демократы. Поэтому они и пытаются представить ситуацию в те годы, когда они пришли к власти, как критическую, сходную с предвоенной. В этой связи интересно прочитать описание обстановки 1991 года в своего рода "политическом завещании" демократического движения – "Президентском послании" 1999 года. Там утверждается, что экономика терпела тогда крах, и приводится душераздирающая деталь – на рейдах наших портов стояли иностранные суда с грузом зерна, но не было валюты оплатить разгрузку!

Да, интересная ситуация. К этому можно добавить, что урожай 1990 года в России был рекорден – он составил 120 млн. тонн зерна – против 60 млн. тонн в 1997 году и примерно 47 млн. тонн в 1998 году. Что это были за "суда с грузом зерна" в 1991 году? Действительно, у исследователей этого периода – и историков, и, на первых порах, юристов, будет много работы.

Надо уточнить, почему кредит – это использование рабочих рук именно в других странах. Ведь аргументируется необходимость взятия кредита тем, что "надо платить зарплаты", то есть, вроде бы, оплачиваются как раз свои рабочие руки. Но это не так. Пожалуй, предельный случай оглупления нашего населения – это аргументация необходимости взятия кредитов тем, что "эти деньги учтены в бюджете" и что "надо платить пенсии и пособия"! Видимо, слова "валютный кредит" действительно превращают уши у слышащих их в ослиные. Как будто у нас кому-то заплатили пенсию долларами!

Назначение иностранной валюты – заплатить в конечном итоге за иностранный товар. По самой сути доллара, взяв его в руки, мы как бы выписываем наряд на работу для западного производителя, даем работу для рук рабочего из западного мира.

Мы сейчас убиваем свою промышленность, но нам все равно придется за эти кредиты что-то отдавать, и больше, чем мы отдали бы сейчас.

Самое же смешное то, что даже в западных учебниках по экономике, например, "Экономикс" того же Стенли Фишера, черным по белому описываются проблемы Бразилии, Аргентины, Югославии, которые в 70-х – 80-х годах набрали в долг огромные суммы, а "теперь жалуются на то, что бремя внешнего долга исключает для них любую реальную перспективу социально-экономического прогресса". А у нас еще ругают "мальчиков в розовых штанишках", что они все делали по западным книжкам. Зря ругают, в чтении западных книжек они неповинны. Там учат совсем другому.

Итак, гипотетическое разумное правительство Восточной Европы и Северной Азии будет брать кредиты только при угрозе войны и только на закупку оружия и развитие военного производства. Все разглагольствования на тему: "возьмем кредит, построим завод и завалим весь мир конкурентоспособной продукцией" – будут рассматриваться как приуготовление к государственной измене. Если эти предложения исходят от населения, правительство должно карать по закону, если от правительства – население должно немедленно восстать и сместить его.

Самым разумным было бы внести соответствующую Поправку в Конституцию: **"Правительство имеет право взять иностранный кредит только при угрозе войны или во время войны, с целью использовать его только для нужд обороны".** Соответствующая статья о нарушении этого конституционного принципа должна содержаться и в Уголовном Кодексе, в разделе "Преступления против народа".

Интересно, что в то же самое время, в конце 30-х годов, мы не только брали, но и давали кредиты. Например, почти одновременно с немецким кредитом нам, мы предоставили Китаю (с марта 1938 по июль 1939 года) кредитов на сумму 250 млн. долларов. В счет этих кредитов в Китай было поставлено более тысячи самолетов, 1400 артиллерийских орудий,

14 000 пулеметов, горючее и т. д. – все это для войны против японской агрессии.

Впоследствии китайцы честно вернули нам все долги 1938-1939 годов до копеечки, хотя это были долги Чан Кайши. Возвращали и редкими металлами, и полотенцами, хотя жили в 50-е годы не так чтобы богато. А почему китайские коммунисты признали долги гоминдановцев, с которыми они сами воевали? А потому что это был долг на святое дело, на защиту Родины.

Лишь такой долг – долг чести, его не стыдно брать и нельзя не вернуть.

В ЗАЩИТУ НОЖЕК БУША

Опять приведу обширную цитату из Ю.И. Мухина: "*...Сейчас поют дифирамбы международной торговле, и можно даже сказать, кто заказывает эти дифирамбы – международное банковское сообщество, оно на ней наживается. Но вообще-то, идеальный случай экономики страны – это автаркия, когда страна производит сама все, что потребляет. Идеальный потому, что только в этом случае она ни от кого не зависит, а это значит, что никто не в состоянии заставить эту страну продать продукты труда своих граждан дешевле, чем их цена. Если страна зависит от международной торговли, то тогда ограбить любую страну достаточно просто...*

...Главный принцип государственной внешней торговли (торговли, защищающей граждан своей страны от разорения) – никогда не покупать за границей то, что производится в достаточном количестве в своей стране. Того, кто закупает, к примеру, куриные окорочка в США в условиях, когда свои птицефабрики остановлены, нужно пустить на корм отечественным

курам. Это единственный путь получить хоть какой-то толк от подобных экономистов.

...за рубежом покупается только то, чего сам сделать не можешь, или пока не можешь, и только то, что крайне необходимо...".

Вот тут я чуть-чуть поспорю, хотя и рискую угодить в кормушку. Еще один довод в пользу международной торговли – более сложен, и связан с анализом сравнительных, а не абсолютных издержек. В свете этого довода положения о вреде "ножек Буша" не будут казаться очевидными.

Я подозреваю, что лишь первый исследователь какого-либо вопроса хорошо о нем пишет. А. Смита и Д. Рикардо, по-моему, никто не превзошел, хотя их и критиковали последователи-политэкономы. Изъяны в их трудах есть, но достичь их уровня нелегко.

Так, вопрос о выгодности международной торговли рассмотрен Давидом Рикардо двести лет назад, и он блестяще показал, что может быть выгодна торговля даже между странами, в которых уровень издержек сильно различается. Рассмотрел он гипотетическую ситуацию, когда существуют лишь две страны, производящие лишь два вида продукции – вино и сукно. Предположим, что в первой стране, потратив единицу ресурсов, можно произвести либо одну единицу сукна, либо две единицы вина. А во второй стране – наоборот, на единицу ресурсов можно произвести две единицы сукна, либо одну единицу вина. Предположим также (это необходимое условие), что внутри этих стран можно ресурсы перераспределять с производства одной продукции на производство другой.

Что же получается? Получается, что первой стране выгодно отвезти одну единицу вина (издержки на нее – пол-единицы ресурсов) во вторую страну, поменять на две единицы сукна и привезти обратно. В результате в первой стране на две эти штуки сукна надо было бы потратить две единицы ресурсов, а обошлись пол-единицей! Полторы единицы ресурсов экономии!

А второй стране общественно выгодно вывозить свое сукно в первую страну в обмен на вино.

В схеме, конечно, не учитываются транспортные и прочие издержки на торговлю, но это другой вопрос.

В конце концов, в первой стране все ресурсы будут переброшены на производство вина, а во второй – на производство сукна, и обеим странам обмен будет выгоден.

Но эта схема обладает еще некоторыми особенностями. Представим себе такую ситуацию: что во второй стране издержки очень высоки – например, две единицы сукна, или одна единица вина производятся за счет десяти единиц ресурсов. Но соотношение издержек такое же, как в основном варианте схемы Рикардо, то есть сукно вдвое выгоднее вина. Оказывается, что и в этом случае схема Рикардо работает – все равно второй стране выгоднее производить то, что у нее лучше получается – сукно, и менять его на вино в первой стране, а не пытаться производить его самому. Независимо от абсолютного расхода ресурсов!

Но не обо всем Рикардо и его толкователи говорят.

Во-первых, обратите внимание – схема жизнеспособна, только если производственные ресурсы без проблем переадресуются из отрасли в отрасль. Если же ресурсы овцеводства в первой стране нельзя использовать в виноделии, то в результате наплыва дешевого сукна из второй страны овцеводы в первой просто вымрут за компанию со своими овцами.

Во-вторых, если ресурсы могут перемещаться не только внутри страны, но и между странами, то при разнице издержек ресурсы переместятся туда, где издержки ниже. И менее экономичная страна останется на бобах! То есть в части капитала обе страны замкнуты, продукцией они обмениваются, а капитал не выпускают.

В-третьих, оказывается, что для торговли по Рикардо вовсе не необходимо, чтобы денежные системы в обеих странах были хоть как-то совместимы. Это совершенно не нужно! Меняются товары, и можно вообще обойтись без денег, или временно воспользоваться теми деньгами, которые ходят в стране, в которой осуществляется обмен.

Конечно, надо учитывать, что Рикардо писал свой труд в период острого экономического соперничества Англии с Испанией. Испания тогда проигрывала, и пыталась защититься, закрывая свою экономику от мирового рынка того времени. Труды Рикардо и других английских экономистов служили для идеологического обеспечения наступления английского сукна, которое было возможно, только если Испания откроет внутренний рынок. В конце концов Испания проиграла – идальго хотели носить хорошие и дешевые камзолы, а испанские короли не смогли в свое время защитить ни свою экономику, ни собственные районы производства сукна во Фландрии. Если вы читали "Тиля Уленшпигеля", то, может быть, вспомните, что англичане помогали гезам – фламандским сепаратистам. А почему Испании не удалось продержаться на своем вине и американском золоте – отдельный вопрос.

Возвратимся к схеме Рикардо. Она не объясняет, потому что не для того предназначена, некоторые странные явления, возникающие при международной торговле в условиях конвертации валюты. Один из таких парадоксов – сравнительно небольшой по объему дешевый импорт может подорвать собственное производство гораздо большего объема. Действительно, у нас при объеме импорта всего на 200-300 долл. в год на человека – собственное производство упало на несколько тысяч долларов. Но это отдельный вопрос.

А теперь иллюстрация возможного применения схемы Рикардо в нашей практике. Изложу хороший пример на основе информации, приведенной губернатором Краснодарского края Кондратенко. Оказывается, у нас на производство вагона сливочного масла расходуется примерно 25 вагонов зерна. В странах с более мягким климатом – меньше, ну, к примеру, 12. Это объясняется тем, что и расход кормов при пониженной температуре выше, и наши породы молочных коров менее продуктивны, так как выводились они по критерию устойчивости к нашим условиям, в том числе к длительному стойловому периоду. Вывести породу, обладающую сразу несколькими положительными качествами, селекционерам сложно.

Что же получается? Получается, что, собрав 25 вагонов зерна, гораздо выгоднее поменять их на два вагона новозеландского масла, чем, изнуряя себя и коров, получить от них один вагон своего (предположим, один вагон зерна уйдет в оплату за транспортировку). Такова схема, но, конечно, для принятия реального решения надо считать затраты с точностью до килограмма. Тем не менее, вполне возможно, что в единой экономической системе нашей страны какая-то внешняя торговля будет выгодна и нам самим!

Конечно, начинать подсчеты и расчеты можно только в том случае, если ресурсы, используемые у нас для производства масла, можно переадресовать на производство зерна. Если же нет, то производители масла должны продолжать его производить, а импортное не должно продаваться у нас в стране по более низкой цене, чем наше.

Ну и в заключение главы – речь в защиту ножек Буша.

Опять оговорюсь: все числовые данные в книге – довольно приблизительны. Все современные оценки малодостоверны, потому что состояние государственной статистики у нас далеко от идеального, и все серьезные решения будут правильными только после ее воссоздания.

Общим местом в речах публицистов всех цветов спектра являются жалобы по поводу судьбы отечественного Птицепрома. Что и говорить, система была создана в СССР внушительная, а сейчас она полностью развалена.

Но есть у нашего Птицепрома одна особенность. В конце советских времен отечественным квочкам не хватало отечественного же зерна, и его докупали в Америке. Надо сказать, что вся история с куриным кормом пахнет не лучше птицефабрики – на импорте кормового зерна делались большие деньги, не закупались кормовые добавки, что приводило к непроизводительному расходу кормов и т. д.

Так вот в цене курятины основную часть составляют затраты на корм – существенно выше половины всех затрат. И если окажется, что у нас расход зерна на откорм бройлеров выше, чем в Америке (вполне возможно, что это так), то вместо импорта зерна для Птицепрома надо, конечно, закупать курятину. Я прекрасно понимаю, что, продавая нам отходы (а куриные ножки в Америке – отходы, сами американцы грудки едят), американцы наживаются. Но животный белок нужен, и если выбор между зерном и ножками, брать надо ножки. Наших кур надо выращивать только на нашем корме, ни в коем случае не на покупном.

Конечно, и тут надо внимательно смотреть, чем можно занять освободившиеся ресурсы, особенно людей, и устанавливать цены на импортную курятину так, чтобы она не подрывала свое производство.

Но общий принцип понятен – если уж продаем, то только те товары, в которых наименьшая доля стоимости определяется затратами на борьбу с неблагоприятными условиями. А покупать надо, наоборот, то, что мы можем сделать лишь с чрезвычайно большими издержками.

А МОЖЕМ ЛИ МЫ ПОДОГНАТЬ ВНЕШНЮЮ ТОРГОВЛЮ ПОД СЕБЯ?

Итак, у международной торговли (международного разделения труда) один крупный недостаток: стоит втянуться в нее, и можешь потерять независимость. А если теряешь независимость, то итог один – тебя начинают грабить, а также всячески унижать. Поэтому лучше всего все производить самому.

Вывод в целом логичный. Но в мировой практике есть и исключения! Можно привести массу примеров, когда страны приходили к богатству и могуществу именно за счет международной торговли, и даже не всегда за счет торговли с политически зависимыми странами. Да, Англия создала империю из зависимых стран и при торговле с ними активно использовала "ножницы цен", завышая цены на свою продукцию и занижая на продукцию "партнеров", а, чтобы не подпускать к кормушке конкурентов, использовалась военная и особенно военно-морская сила. Но были и есть страны, усилившиеся, не будучи военными гегемонами. Это, кстати, и было той морковкой, которая приманила нашу "элиту" в мировой рынок. США ведь сначала стали мировой державой, завалив мир своими товарами, а уж потом закрепили положение "большой дубинкой".

Таким образом, международная торговля – это явно обоюдоострое оружие. Включившись в нее, можно попасть в тяжелейшую ситуацию, а можно и преуспеть – и для иллюстрации обоих исходов есть тьма примеров. Конечно, наша пропаганда 80-х – 90-х годов приводила примеры только благополучного исхода.

Надо сказать, что при всей рекламе выгод международной торговли американцы относятся к ней трезво. Сейчас им свободная торговля выгодна – они пользуются дешевыми товарами, производимыми во всем мире. Так, они считают, что им выгоднее ездить на дешевых и хороших азиатских автомобилях даже ценой удушения американской автомобильной промышленности. Но это не значит, что там не контролируют ситуацию.

В то же самое время в концепции национальной безопасности, написанной одним из бывших министров обороны США Гарольдом Брауном, указывается, что принципы свободного мирового рынка должны применяться лишь до тех пор, пока это выгодно Америке. Весьма разумно. Трудно перечислить все способы, которыми в США ограничивается "свобода мирового рынка" – это и так называемое "антидемпинговое законодательство", и игра с пошлинами и тарифами. Если надо – значит надо. Самый комичный способ – когда США "просят" другие страны "добровольно ограничить свой экспорт в США", ввести "добровольные квоты", как недавно было сделано по отношению к российскому экспорту стали. Как говорится, добровольно – и с песнями. Надо сказать, на эти "просьбы" всегда с готовностью откликаются. В противном случае просто запретят экспорт целиком, а тут хоть четверть оставят.

В США сейчас почти не скрывают, что действия администрации в государственном масштабе, приведшие к краху ОПЕК и удешевлению нефти, отрицательно повлияли на добычу нефти в США и привели, в частности, к краху в свое время также и техасских нефтяных магнатов, столь живописно показанных в сериалах "Даллас" и "Династия". Но такая цена оправдана высшими государственными интересами – расходуется иностранная нефть, а месторождения в США – целехоньки. В любой войне США будут обеспечены горючим, а Россия, например, не имеет сейчас ни нефти Баку, ни башкирской (она уже в значительной степени исчерпана), а до тюменской еще надо добираться. Пара-тройка бомб по перекачивающим станциям на пятитысячекилометровой трассе – и "запрягайте, хлопцы, коней".

Даже объединенная арабская держава, если таковая и воссоздастся в 21-м веке, получит уже порядком поистраченные шейхами запасы. И это результат целенаправленной американской политики! Когда-то она гласила: "что хорошо для Дженерал Моторс, то хорошо для Америки", а теперь: "мало ли что хорошо для Говарда Ханта (техасский нефтяной магнат), а вот хорошо ли это для Америки?" Конечно, такая политика не далась правящим кругам США легко, и, возможно, Кеннеди пал жертвой именно этого конфликта.

То есть свободная торговля – не "священная корова", которую нельзя трогать. Ее трогают, и еще как. Но, конечно, торговля – тоже борьба, и нам никто не позволит “нарушать свободу торговли” удобным для нас образом, даже если мы будем ссылаться на похожие нарушения, сделанные другими. Власть над рынком не у нас...

Когда в Индии настоящая священная корова уплетает зелень с лотка торговца в присутствии людей, торговец только принужденно улыбается, а без зрителей корова и сама не подойдет – она знает, что не при посторонних продавец отвесит ей хорошего пинка. И мы, если будем находиться в системе “свободного рынка”, вряд ли сможем его ограничивать, нам трудно будет укрыться от внимательных глаз других заинтересованных лиц. Нам не дадут пнуть “священную корову”!

Подытожу – мировая торговля не всегда вредна для страны, но мы будем вынуждены играть по установленным не нами правилам, сами мы на них повлиять не сможем.

КАК МЫ ЖИЛИ ПРИ АВТАРКИИ

Как известно, мы уже жили в автаркии, но тогда это называлось “блокада”. После 1917 года и вплоть до 1928 года с нами старались не торговать. Инициатива в этом похвальном деле была за Западом.

Запад создал тогда в СССР автаркию автоматически – блокировав СССР от внешнего мира.

Считается, что Сталин был сторонником максимальной закрытости страны от внешнего мира. Отчасти это так, он часто упоминал о необходимости опоры на собственные силы. Но считал ли он, что внешняя торговля нецелесообразна всегда?

После революции у нас почти не было товаров для экспорта.

За жизненно необходимый импорт платить приходилось золотом – тогда его роль в международной финансовой системе была гораздо выше, чем сейчас.

Приходилось покупать паровозы и суда для их перевозки в Россию – эта эпопея воспроизводилась в мемуарах академика Крылова, даже фильмы об этом снимались. Швеции, например, за паровозы заплатили 125 тонн золота.

На Западе к тому же всячески выпендривались – отказывались принимать советские золотые червонцы с изображением сеятеля. Мы не гордые, стали чеканить царские червонцы, с портретом Николая II – история просто комическая. Именно поэтому большинство таких монет, продаваемых ныне в ювелирных комиссионных магазинах – новоделы 20-х годов.

К 30-м годам положение стабилизировалось, в СССР появились кое-какие, в основном сырьевые, товары, но различного рода ограничения на торговлю с нами продолжали существовать. Кстати, за признание СССР Америкой американскому представителю была выплачена взятка десятью шедеврами живописи из Эрмитажа. Так что нельзя сказать, что наше руководство того времени не было заинтересовано во внешней торговле. (Кстати, потом, после благоприятного для нас решения Конгресса, на этого представителя "стукнули", и ему пришлось сдать картины в Национальную галерею, так что взятка получилась от СССР Америке, а не продажному чиновнику.)

Как же при Сталине старались торговать с Западом? Между прочим, мы производили уже и кое-какие машины, и другие, довольно сложные и трудоемкие изделия. Но вот что мы старались продавать и что покупать?

Для уяснения принципов внешней торговли, которых тогда придерживались, интересно посмотреть на содержание торгового соглашения с немцами в 1939 году.

Опять цитата из Ю.И. Мухина:

"...сегодня, похоже, масса граждан просто не догадывается, на что еще можно потратить кредит, кроме тампаксов, сникерсов и куриных окорочков....

Итак, *"список отдельных видов оборудования, подлежащих поставке германскими фирмами":*

Токарные станки для обточки колесных полускатов. Специальные машины для железных дорог. Тяжелые карусельные станки диаметром от 2500 мм. Токарные станки с высотою центров 455 мм и выше, строгальные станки шириной строгания в 2000 мм и выше, кромкострогальные станки, расточные станки с диаметром сверления свыше 100 мм, шлифовальные станки весом свыше 10 тыс. кг, расточные станки с диаметром шпинделя от 155 мм, токарно-лобовые станки с диаметром планшайбы от 1500 мм, протяжные станки весом от 5000 кг, долбежные станки с ходом от 300 мм, станки глубокого сверления с диаметром сверления свыше 100 мм, большие радиально-сверлильные станки с диаметром шпинделя свыше 80 мм.

Прутковые автоматы с диаметром прутка свыше 60 мм. Полуавтоматы. Многорезцовые станки. Многошпиндельные автоматы с диаметром прутка свыше 60 мм. Зуборезные станки для шестерен диаметром свыше 1500 мм. Большие гидравлические прессы, фрикционные прессы, кривошипные прессы, разрывные машины, окантовочные прессы, ковочные молоты свыше 5 т.

Машинное оборудование: вальцы, ножницы, гибочные машины, машины для плетения проволоки, отрезные станки и др. (167,0)".

И т. д., и т. п.

"Что следует добавить к этому списку: в подавляющем числе закупаемых товаров стоимость собственно сырья (железа, меди, алюминия и т. д.) – мизерно. Основная стоимость – это труд инженеров, техников и рабочих, причем, очень высококвалифицированных. Подавляющее число товаров несерийное и делается исключительно на заказ... В СССР в то время отсутствовали возможности его изготовления.

Практически все – либо то, из чего делается оружие, либо то, на чем делается оружие, либо просто оружие.

А теперь о том, что должен был поставить в Германию Советский Союз в течение 2-х лет (в скобках стоимость в млн. марок):

Кормовые хлеба (22,00); жмыхи (8,40); льняное масло (0,60); лес (74,00); платина (2,00); марганцевая руда (3,80); бензин (2,10); газойль (2,10); смазочные масла (5,30); бензол (1,00); парафин (0,65); пакля (3,75); турбоотходы (1,25); хлопок-сырец (12,30); хлопковые отходы (2,50); тряпье для прядения (0,70); лен (1,35); конский волос (1,70); обработанный конский волос (0,30); пиролюзит (1,50); фосфаты (половина в концентратах) (13,00); асбест (1,00); химические и фармацевтические продукты и лекарственные травы (1,60); смолы (0,70); рыбий пузырь (Hausenblasen) (0,12); пух и перо (2,48); щетина (3,60); сырая пушнина (5,60); шкуры для пушно-меховых изделий (3,10); меха (0,90); тополевое и осиновое дерево для производства спичек (1,50). Итого на 180,00 млн. марок.

Что бросается в глаза сразу – СССР поставлял сырье в издевательски первоначальном его виде. Исключая нефтепродукты и масла, ничто не прошло даже первого передела. Что из земли выкопали или что с курицы упало, перед тем как курицу ощипав, отправить в суп, то и отправили немцам. Ни одной пары немецких рабочих рук немцам не сэкономили.

Вот, скажем, марганец. В то время в СССР два завода (Запорожский и Зестафонский) перерабатывали марганцевую руду в ферромарганец, причем в количествах больших, чем это требовалось черной металлургии СССР. Поскольку именно в это время Берия создал такие запасы ферросплавов (и ферромарганца в том числе), что когда с началом войны Запорожский завод эвакуировали в Новокузнецк, Зестафонский – в Актюбинск, а Никопольский марганец попал в руки немцев, производство стали в СССР не прекратилось. Пока на новых местах заводы отстраивались, а в Казахстане строились марганцевые рудники, металлургия СССР работала на стратегических запасах, созданных под руководством Берия.

Казалось бы, СССР мог поставить немцам не марганцевую руду и пиролюзит (богатую руду), а ферромарганец, ведь он дороже. Но нет, дали немцам самим задействовать рабочих и электроэнергию, самим выплавлять ферромарганец.

Второе. Для поставки этих товаров не требуется квалифицированная рабочая сила. Более того, и даже неквалифицированная рабочая сила не всегда отвлекается от работы на СССР. Скажем, более трети поставок – лес. А его в те годы заготавливали зимой крестьяне, которые не имели в этот сезон вообще никакой работы.

Третье. Свойство сырья в отличие от машин и механизмов в том, что цена труда в сырье, в хорошую рыночную конъюнктуру военного времени, существенно меньше рыночной цены сырья. Скажем, добыть марганцевую руду стоит рубль, а ее цена 10 руб. Рубль – твой труд, а 9 руб. – подарок от Бога этой стране. То есть, ситуация с этим договором такова: немцам для того, чтобы поставить в СССР товаров на 1000 марок требовалось, допустим, 5 высококвалифицированных рабочих, а Советскому Союзу – один и то – неквалифицированный.

В дальнейшем были заключены с Германией еще торговые договора, и в них наши коммерсанты еще более, скажем так, осмелели. Немцам поставлялась под видом железной руды, руда с таким низким содержанием железа, которую сами мы пустить в доменные печи не могли. Немцы вынуждены были ее обогащать. (Они пытались поскандалить по этому поводу, но Сталин их укротил.)

Уместен вопрос – но ведь немцы из этого сырья делали оружие, которое использовали против нас? Конечно, делали. Но, во-первых, мы гораздо больше делали оружия на поставленном немцами оборудовании, во-вторых, часть нашего же сырья немцы, переработав, пускали на выполнение заказов нам, в-третьих, своими заказами мы мешали им делать оружие для себя. А, что касается сырья, то сырье они получили бы и без СССР, через союзников.

...Кредитное и торговое соглашение с Германией дало СССР возможность провести подготовку к войне с немцами руками самих немцев".

Здесь я закончу цитату из статьи Ю.И. Мухина "Кредит". Действительно, вот образец профессионализма государственного деятеля: взять у будущего противника кредит, купить у него на этот кредит образцы вооружения и станки для военных заводов, а то, на что кредита не хватило, оплатить рыбьим пузырем и куриными перьями.

Конечно, с тех пор кое-что изменилось – продажа минерального сырья сейчас не такое выгодное дело. Но в остальном – обратите внимание – торговля с немцами (точнее, обмен капиталом) осуществлялась максимально разумно. Им – сырье, как можно менее обработанное, от них – максимально сложное оборудование (тоже капитал). Почему? Война на носу. Нельзя пытаться максимально использовать собственный труд, надо привлекать в страну чужой, высококвалифицированный, платя даже невозобновляемыми капиталами. Тактические соображения блестяще реконструированы Мухиным – отобрать у немцев квалифицированные кадры, заставив их выполнять советские заказы. Этот пример ясно показывает, что советское руководство того времени умело выбирать экономически самые обоснованные решения, не знаю уж, интуитивно или как.

Вот поэтому автаркия – не "мать порядка". Если мы можем избежать шантажа и принуждения при международной торговле, то торговать нам зачастую выгодно. Но товаров для торговли у нас на самом деле раз в десять меньше, чем мы думаем. Предел нашего экспорта – 10 млрд. долларов ежегодно, и то еще много.

ПАРАДОКС ЛЕОНТЬЕВА

Итак, все понятно. Если продукция уникальна, можно продавать по монопольно высокой цене – тогда можем ею торговать. Если не уникальна – то даже при продаже сырья, когда нам легче конкурировать, мы все равно несем убытки. Суть правильной внешней торговли вроде бы очевидна – торгуем только готовой продукцией, в которой максимально используется труд нашего населения, а торговлю производственным капиталом прекращаем.

Но получится ли так?

Проблема в том, что в процессе производства готовой продукции часть стоимости капитала переходит в эту продукцию. Если из выручки этот убыток капитала не возмещать, не откладывать в фонд возмещения капитала, то возникает чуть ли не главный канал утечки капитала. Можно эксплуатировать какой-нибудь станок в течение нормативного срока эксплуатации, и если за этот срок на новый станок не накоплены средства из выручки, то старый как бы утечет вместе со своей продукцией.

А именно на фонде возмещения производственного капитала ("фонде амортизации") и легче всего экономить! "Новый русский", приобретя завод, вынужден оплачивать сырье и энергию, а также, хоть и с большим скрипом, но вынужден платить зарплату рабочим, и свое потребление, естественно, ограничивать не намерен. А фонд амортизации голоса не имеет, хлеба не просит! И если "нового русского" не заставлять, завод израсходуется. Это и происходит.

Еще неприятный вариант – когда фонд амортизации из выручки создается... но за границей!

Если оставить в стороне юридические и прочие силовые аспекты управления экономикой, то можно сказать, что идеальная экономика должна выпускать за рубеж минимум стоимости производственного капитала, минимум невозобновляемого сырья и других ресурсов. Максимальную долю в стоимости готовой продукции должны составлять возобновляемые ресурсы, в первую очередь труд нынешнего поколения. Пусть оборудование и прочий производственный капитал представляют собой тоже овеществленный труд, хотя и предшествующих поколений, но раз они, эти поколения, сами не продали свой труд за границу, то и нам не положено! Мы должны этот овеществленный труд только подновлять.

Утопия, да? Как же такого добиться даже в централизованной экономике?

Знаете, я и сам думал до написания этой книги, что многое в мире делается стихийно. Есть законы рынка, и его субъекты им подчиняются. Дальше все происходит автоматически. "Невидимая рука рынка", яти его мать!

Но уже при сравнении уровней издержек в странах Запада и "третьего мира" выявляется, что не все делается по законам низшего уровня. Просматривается и какое-то управление. Производственный капитал должен бы утекать из Запада в "третий мир", как из России, ан нет. Вытекает, но с разбором.

Но совершенно неубиенный довод в пользу существования нерыночной системы управления в странах Запада нашел неоднократно упоминавшийся "русский американец" Василий Леонтьев. Себя он считал американцем, но что-то он "шибко умная была", по-моему.

В свое время он построил единственно верную модель экономики, посчитав, сколько продукции каждой отрасли используется при производстве в других отраслях. Это совсем отдельная история, но по ходу дела Леонтьев, исследуя реальные экономики стран мира, наткнулся на странное явление. Оказалось, что в структуре стоимости американского экспорта превалирует... стоимость труда!

Придумать такое невозможно, ни одному экономисту такое в голову не приходило. Американское производство – самое капиталоемкое из экономик мира. В собственно американской продукции доля стоимости израсходованного капитала очень велика. А экспортируется голый труд! Вот-те раз.

Это открытие получило название “парадокса Леонтьева”. А вот подумаешь – так оно и оказывается. Вот, например, важная статья экспорта США – видеопродукция. Фильм “Титаник” принес американцам неплохой куш, хотя и обошелся недешево. Но какова структура затрат на этот фильм? Израсходован ли какой-нибудь дорогой производственный капитал или невосполнимые ресурсы?

Нет. Только труд – режиссера, актеров, декораторов, инженеров, каскадеров, программистов.

Во всем фильме только эпизоды с подводными съемками потребовали расхода редкого и дорогого ресурса – специального судна “Витязь” и подводных аппаратов “Мир”. Естественно, русских.

А импортируют американцы в основном как раз капитал, что выяснил тот же Леонтьев.

Вот вам и утопия.

ТРИ ФЕРМЕРА

Представьте себе, что рядом живут три фермера. Они специализируются на картофеле и используют одинаковую технологию обработки земли. Из-за разницы в качестве земли первый всегда получает 300 центнеров с гектара, второй 150 центнеров, а третий 100 центнеров. А расходуют они в принципе всего одинаково: и посадочного материала, и удобрений, и труда, и солярки.

То есть, получается, что у первого фермера затраты на каждый килограмм ориентировочно вдвое меньше, чем у второго, и в три раза меньше, чем у третьего. Соответственно, первый всегда получит прибыли больше, чем второй и тем более третий. Но еще неприятней для второго и третьего то, что первый может продавать по очень низкой цене. Если второй и третий будут продавать по такой же, то они разорятся. А если будут запрашивать свою цену, хотя бы чтобы затраты окупились, то никто у них не возьмет.

Но эта ситуация возникает, если все три фермера торгуют на одном и том же рынке. Немного изменим ситуацию. Представьте себе, что торговать картошкой можно на двух рынках, расположенных: один – около первого фермера, другой – около третьего. Причем цены на рынках и сами рынки друг с другом не связаны. Предположим также, что первый и третий фермеры продают картошку всегда на своих рынках. А вот куда со своей картошкой поедет второй?

Вы уже догадались, что на первом рынке, рядом с первым фермером, второму фермеру делать нечего. Он там не только свою цену не получит, а, скорее всего, разорится – фермеры нигде не роскошествуют, и первый не заинтересован высоко цену задирать, чтобы и второму хорошо было.

А вот рядом с третьим фермером второй чувствует себя королем, и может смотреть на него сверху вниз. Уж на другом-то рынке второй свою цену возьмет! Если третий фермер его туда пустит.

А теперь немного уточним ситуацию. Первый фермер – германский, второй – польский или прибалтийский, третий – российский. Урожайность картошки в их странах именно такая.

Первый рынок – западноевропейский, другой – наш, российский.

Теперь понятно, почему ни полякам, ни прибалтам в Западной Европе делать нечего? Они там со своей сельхозпродукцией вылетят в трубу. По всем видам Западная Европа продуктивнее, чем наши соседи, и свободная игра рыночных сил быстро расставила все по местам. Представляете – даже в благодатных Чехии и Венгрии (черешня там поспевает в мае) условия для сельского хозяйства, по западноевропейским понятиям, не идеальны. И фрукты там не так вкусны, и сезон короток, и высокотехнологичные в обработке и хранении, но нежные сорта плодов и ягод там не растут.

К осени 1998 г. польский частник оказался в глубокой дупе из-за дешевых германских продуктов. Они сейчас бузят там, бастуют, тракторами дороги перегораживают, а ведь не поможет. Польские фермеры протестуют против наводнения польского рынка более дешевыми западноевропейскими, в основном германскими, продуктами, в частности, картофелем. Они лишились сбыта! А опустить цены польские крестьяне не могут – это для них медленная смерть. Несколько лет они потрепыхались, так как наше правительство обеспечивало полякам рынок, но торговля шла на доллары... а доллары у России возьми, да и кончись.

Примерно та же ситуация в Латвии. Сколько было рассказов о культурных хуторах, где у каждой фермы – рампа, на которую выставляются фляги с молоком, и по отличной асфальтированной дороге каждое утро к ферме приезжает грузовик... не то, что в темной, некультурной России, где шоссейки нет и к многотысячному селу. Кстати, из космоса граница между Прибалтикой и Россией хорошо видна – на ней заканчиваются дороги с твердым покрытием, построенные после войны.

Прибалты грозились завалить Европу молочными продуктами, стоит им лишь отделиться от России. На чем их боевитость зиждилась? Да на плохой памяти. За годы советской власти как-то забылась дореволюционная поговорка о бедном человеке: "у него, как у латыша – х... да душа". Именно таково было благосостояние прибалтийских народов раньше, и именно к этому состоянию дела идут сейчас.

Те семейные фермы-хутора, которыми нас так запугали националы в конце 80-х, сейчас перешли на натуральное хозяйство. Одна-две коровы, только для себя. Производить что-то на продажу – себе дороже, на солярку больше уйдет. Сельское хозяйство развалилось. А чего тут удивительного? Это для нас в

Прибалтике зима мягкая, а по западноевропейским понятиям там великоват стойловый период, повышенный расход кормов, велика децентрализация, хуже кормовая база. Нерентабельно! И свой же брат прибалт голосует конвертируемым латом за голландское масло. Вот и кончилась мечта. На какие шиши теперь асфальтировать шикарные автострады, построенные в советские времена? Если только НАТО на военную инфраструктуру подбросит. Конечно, некоторое время их Европа пофинансирует...

Но вот сейчас транзит через Прибалтику кончится – и все, аллес капут. Чем они на жизнь заработают? Проституцией у ворот американских баз? Но проститутки ценятся, пока молоды, а потом все равно работать придется. А где работать, что производить? В рамках российского и советского рынков их продукция была ой как конкурентоспособна, а вот в рамках мирового – извините. И не надо быть особым прозорливцем, чтобы догадаться, что доллары они заработать не смогут, а вот рубли – запросто. И вернутся, голубчики, туда, откуда с таким скандалом вылетели – в изолированный от мирового рынка российский рынок, со всеми его прелестями. Не хочется? А придется. Их, может быть, эта перспектива не радует, но с законами экономики не поспоришь. Меня, кстати, их будущее возвращение радует еще меньше.

Может Эстония залить Северо-Западную Россию сметаной? Может, и даже запросто – в Прибалтике всегда рентабельность молочного хозяйства была выше, чем в России, особенно когда СССР фуражное зерно подкупал. А Германию? Да Господь с вами. Нужна там эстонская сметана.

Причем все вышеперечисленное касается не только Центральной Европы. Да, в Абхазии растут мандарины. Да, их там много, Грузия могла бы обеспечивать всю Россию. Но, сунувшись со своими цитрусовыми на мировой рынок, грузины уйдут оттуда несолоно хлебавши. Не тот у них мандарин, чтобы с марокканским и испанским соревноваться. Он в Грузии на трифолиуме привит, а это не лучший подвой. И сорта не те, и затрат больше, и восстанавливать плантации часто приходится, потому что для некоторых культур и Закавказье – зона рискованного земледелия.

А где сбывались, скажем, финские товары? Я думаю, об этом легко догадаться. Не в Западной Европе.

Я не испытываю предубеждения к болгарским сигаретам. На мой взгляд, рак легких от болгарского табака ничем не хуже, чем от американского. Но положа руку на сердце – какие шансы у "Болгартабака" в конкурентной борьбе против "Филип-Морриса"? Если конкурировать в долларовой зоне? А пока рубль конвертируется – мы все в зоне доллара.

Причина одна – в Европе условия для сельского хозяйства ухудшаются с Запада на Восток, и оно становится менее рентабельным. Вот сейчас и восточноевропейский фермер узнал, что это такое.

Правда, не могу не пояснить: на самом деле никто в мире не торгует продовольствием. Торгуют продовольственными излишками, а это не одно и то же!

ЛЕГКО ЛИ БЫТЬ ЛИМИТРОФОМ

Если вы помогли другу в беде, он наверняка вспомнит о вас, когда снова окажется в беде.

Правило Чейтса

Современный мировой рынок состоит из двух определенных категорий – одни страны дешево производят, другие с чувством и толком потребляют. Восточная Европа с большим удовольствием присоединилась бы ко второй категории (как и Россия, впрочем), но не может оказаться даже в первой.

Те же факторы, что и в России, влияют и на их рентабельность промышленного производства, хотя и несколько слабее. Но в конкурентной борьбе имеют значение излишние траты даже в размере нескольких процентов.

Так что некоторые трудности в экономике наших западных соседей не случайны, это не временный кризис. Процесс на этом не остановится. Пока – лишь пока – наши западные соседи живут во многом за счет транзита, приграничной торговли, реэкспорта, причем главным действующим лицом в этих операциях является Россия. Так, почти все бананы в Россию почему-то попадают из Финляндии, поэтому они в Питере дешевле всего. Но покупательная способность России падает...

То, что наши соседи пока что имеют процент от реэкспорта нефтепродуктов и цветных металлов – во многом результат коррупции российских чиновников и, так сказать, несовершенства механизма разграбления нашей страны. В принципе, наши экспортеры платят ближайшим соседям совершенно излишний процент, и вполне могли бы на пути к конечному потребителю обойтись без посредников. Даже если "пореформенная" экономическая система не будет сломана, а лишь усовершенствована, то роль посредников будет в конце концов сведена к нулю.

Аналогично, то, что основной торговой базой для наших "челноков" была Турция – результат временного стечения обстоятельств. Дело в том, что частная внешняя торговля – это, конечно, для нашей страны – зло. Но торговля в форме "челночничества" – зло в квадрате. Импорт мелкими партиями приводит к дополнительному разорению страны. А "челноку" чисто технически было неудобно ехать куда-то дальше Турции, а в Европу через Польшу – противно и опасно. Впрочем, естественный процесс вытеснения мелкого "челнока" оптовыми импортерами почти завершился к 17-му августа, и, если бы не кризис, в будущем импорт шел бы крупным оптом, и не обязательно через Турцию.

Ситуация фактического валютного банкротства нашей страны сильно сократила эту внешнеэкономическую деятельность. Даже если экспорт цветных металлов и нефти из России не будет национализирован, его объемы все равно сокращаются. Будущее у экономики "лимитрофов" (так в период между мировыми войнами называли пограничные с Россией страны) незавидное. В 20-е – 30-е годы из Прибалтики эмигрировала значительная часть населения, и это было неспроста. У эстонцев была своя пословица: "колыбель эстонцев – Эстония, а могила – весь мир". Нечем им было в Эстонии жить! А сейчас подобная ситуация снова воспроизводится.

Таким образом, положение наших западных соседей – весьма своеобразно. По сравнению с экономиками стран Западной Европы и Южной Азии их экономики неконкурентоспособны, и входить с ними в одно рыночное пространство, "мировое" – для них самоубийственно. Зато в одном рыночном пространстве с Россией производства в этих странах могут и процветать. Если российские предприятия будут работать хорошо, то и предприятиям стран – бывших членов СЭВ – будет хорошо также, ведь они находятся в более благоприятных условиях, у них есть экономическая фора – меньшая потребность, чем у российских, в энергии. Проблема у них лишь в одном – чтобы они хотели продавать на нашем рынке, необходимо, чтобы им можно было что-то на этом рынке и купить. Это и сырье, и полный набор товаров, по современным понятиям, необходимых для жизни. Вот в этом проблема! Прошлый раз – при жизни СЭВ – так не получилось. Наши братья-славяне и прочие угрофинны очень обиделись на темную варварскую азиатскую державу, что она их всячески угнетает. Подоплека была, конечно, не в угнетении, а в меньшем разнообразии в витринах. У западных соседей витрины были богаче!

Сейчас витрины на центральных улицах у "братьев-славян" – как надо, а вот производство где стоит, а где и лежит пластом. Через некоторое время настанет момент, когда жизнь напомнит: человек не только потребитель, но в первую голову работник, и чтобы потреблять, надо что-то производить и продавать, а их производство никому в мире не нужно. Кроме России и Монголии, и то на определенных условиях.

В апреле 1999 года мне пришлось побывать на совещании торговых представителей и торгово-экономических атташе стран – бывших членов СССР и СЭВ. Собрал их Н.И. Рыжков, под эгидой Координационного Совета товаропроизводителей Союза России и Республики Беларусь – организации, призванной проталкивать экономическое сотрудничество по парламентской линии. Цель встречи – попытаться создать Международный Союз товаропроизводителей. Не все приглашенные пришли, и активность пришедших была невелика. Проблема, видимо, в том, что хотя экономики всех этих стран не в лучшем состоянии, о причинах кризиса в этих странах пока не подозревают. А пора бы! Уже нельзя валить все на "русский менталитет" – у этих, "новых членов НАТО", менталитеты свои, ого-го, какие менталитеты! А развал экономики – точно такой же. Когда же они начнут соображать?

Но не стоит недооценивать их способность видеть наши проблемы: представитель Кубы, например, поднял вопрос о статистике, об информации. Говорит, мы готовы заплатить, только скажите, кто у вас, где и что производит! Рыжков согласился, что это сейчас никому и в России не известно.

Еще бы. Руководство Госкомстата в тюрьме сидит, непонятно за что (главного-то фигуранта сразу выпустили), а ныне существующие производители заинтересованы, главным образом, как бы утаить сам факт, что они что-то производят. Иначе налоговые службы шкуру спустят.

То совещание ничем не кончилось, но вопрос не отпал и не отпадет. Улучшение в экономике наших соседей само собой не наступит. И это серьезным гражданам центрально-европейских стран уже ясно.

ШАШЛЫК ПО-БЖЕЗИНСКИ

Бжезинскому приписывается идея создания своего рода “санитарной зоны” из бывших республик СССР (“НГ” 5.06.99) на западных границах России. Правда, я не нашел ее изложения в популярной книге “Великая шахматная доска”, но, зная его, в это легко поверить. Предполагалось, что страны, преграждающие при поддержке всего Запада путь России в Европу, будут в перспективе в хозяйственном отношении изолированы и независимы от России. С севера эту группу стран будет протыкать, как шампур, газопровод из Норвегии, с юга – нефтепровод из Средней Азии через Турцию.

Бжезинский распоряжается судьбами народов, как фигурами на шахматной доске, но насколько его идеи реализуемы? Если и есть ошибки в подобных книгах, то это ошибки кардинальные и где-нибудь на первых страницах.

Так, Бжезинский говорит о том, как удержать лидерство США в мире. Но вот вопрос: а как США это лидерство получили? Ведь если тот фактор, который вознес Америку на вершину мира, перестанет действовать, то к чему вся “геостратегия” чугунного Збигнева?

Бжезинский часто упоминает о том, что Америка процветает благодаря наиболее талантливым людям, приехавшим из-за рубежа (Киссинджер, Бжезинский, Олбрайт...). Коренные американцы пока терпят такие высказывания. Говорит он и о превосходстве американской культуры, “что бы некоторые ни думали о своих эстетических ценностях”, как он выражается. К числу преимуществ США, по Бжезинскому, входят и свобода самовыражения, и стиль политических лидеров... пусть так.

Но не является ли главным фактором все-таки то, что к Первой мировой войне ВНП США составлял 33% от мирового, а после Второй – даже 50%? А мы-то хоть и победили, но в хозяйственном отношении не слишком отличались от Германии 1945 года, а в чем-то Германии было и полегче. Она пострадала от бомбежек, но ее города не сносились до фундамента, как Сталинград или Воронеж. Вряд ли наш ВНП достигал 5% от мирового, а нам еще и бомбу приходилось делать, и ракеты. До 1961 года американцы над нами летали, как хотели.

После войны, в пику Советскому Союзу, США помогли восстановиться Германии и Японии, потом, в угоду "мировой экономике", позволили промышленному капиталу перебраться во многом в "третий мир". Сейчас доля США в мировом ВНП – лишь 20% и она неуклонно падает. И ВНП этот во многом зациклен на саму Америку, а ведь раньше Америка брала экспортом. С 70-х годов даже уровень жизни в США постоянно снижается. Это не очень заметно из-за падения мировых цен на сырье, но поднял я тут как-то прейскуранты пятнадцатилетней давности на некоторые виды бытовой техники – если модель выпускается и сейчас, то она в долларах вдвое дороже. Процесс этот просто не заметен, так как таких вещей мало, технический прогресс сильно меняет номенклатуру.

Поможет ли геостратегия не самой экономически мощной стране мира? Некоторые из фигур на шахматной доске могут почувствовать себя игроками! А хорошими политиками американцы никогда не были – уж в чем-чем, а в этом их не обвинишь. Талейранов они себе так и не завезли – одни Олбрайт. Считается, что с большой дубинкой каждый может быть хорошим дипломатом. К сожалению, история 20-го века дает американцам слишком соблазнительные уроки – они легко могут повысить удельный вес своего ВНП, не напрягаясь, а лишь развязав войну в Европе или Азии.

Но вернемся к конкретному вопросу – к судьбе тех стран, которым уготовано быть "шашлыком", нанизанным на два трубопровода. А чем они будут платить за эти нефть и газ? Ведь их экономики в составе "глобальной" – неконкурентоспособны! Америка будет их снабжать продуктами и промтоварами? С Украиной – это больше ста миллионов человек!

Можно ли создать “санитарный кордон” из стран с неустойчивой экономикой? Или Запад исключит их из мировой экономики, чтобы они не разорились? А как же принципы?

Возможно, затея эта будет все-таки реализована. Но “зона” эта просуществует лишь до тех пор, пока в России будет правительство, склонное материально поддерживать антирусские и антироссийские режимы в соседних странах. В прошлый раз такой же “санитарный кордон” сожрал Гитлер, в этот раз законы глобальной экономики справятся и без него.

ПОБЕГ ИЗ ЗОНЫ

Так появится ли в будущем рынок, объединяющий соседей России? Конечно, появится, и объединит он тех, кто не сможет войти в систему мирового рынка, точнее тех, кто уже “сходил в него” и разорился. Но это будет нескоро. Когда? Когда там народ поумнеет, конечно. Прочувствует, так сказать, всей душой.

С нашей стороны проблема в том, что соседи не могут нас вытянуть – сначала мы сами должны на ноги встать. Мы для них можем быть рынком сбыта только в том случае, если наладим у себя производство достаточно разнообразных товаров, не раньше. А иначе зачем у нас что-то сбывать?

Некоторые теоретики у нас не оставляют попыток как-то спроектировать будущее взаимодействие, и выдвигают в этой связи идею золотого рубля, который мог бы стать платежной единицей в расчетах между странами на российском и околороссийском рынке. Стать-то он мог бы, но на какое время? Очень на короткое.

Проблема-то в том, что наш рынок, как показано выше, должен быть отграничен от западного. Только в этом случае на нем будет выгодно что-то продавать. Иначе приедет немец со своей картошкой и с южноазиатскими промтоварами и установит свои, мировые, цены. Как только наш рынок откроется западному, цены упадут, потребитель на некоторое время обрадуется… а производству настанет то, что уже наставало в девяностых годах. Все это мы проходили.

Ведь золото – как раз средство для объединения нашего рынка с мировым, а именно от этого мы должны бежать, как от чумы. Чем хождение золота отличается от конвертирования рубля в доллар? Ничем. Только процедура конвертации чуть-чуть сложнее: сначала меняешь рубль на золото, вывозишь золото, а затем меняешь на доллары. Или в обратном порядке, но это мало вероятно. Набрав золотых рублей, и нашим, и "лимитрофным" производителям будет выгодно что-то покупать уже на западном рынке. Так золотые рубли сразу уплывут на Запад…

Или кто-то считает, что вывоз золота надо запретить? Но какое же это тогда "золотое обеспечение"? Зачем тогда сама возможность обмена на золото? Чтобы в руках подержать? Если рубли можно поменять на золото, но воспользоваться золотом по своему усмотрению нельзя, то это никакой не золотой рубль. Конечно, можно его так назвать в пропагандистских целях, но разрешить его менять на золото, а тем более вывозить – нельзя.

Это все старое, старое заблуждение – что национальная валюта обеспечивается золотым запасом. Золотой запас – это так, на случай войны. Валюта обеспечивается теми товарами, которые на эту валюту можно купить. Как мы можем определить, деньгами или конфетной оберткой является пестрая бумажка у нас в руках? А если на нее можно что-то купить, то это – деньги.

Еще раз: если золотой рубль – товар, то его у нас соседи скупят за товары, вот он и кончится. Если же золотой рубль – средство обращения, то он должен циркулировать в экономической системе, никуда не уходя. Но тогда ему и не обязательно быть золотым!

Да и пустые это мечтания – о золотом рубле. Золота у нас мало, разведанных месторождений без всякого золотого рубля – лет на 15. И добыча его на самом деле нерентабельна, а более-менее рентабельные прииски уже проданы иностранцам (я не преувеличиваю, в этом отношении в Магаданской области черт-те что творится).

Так что планировать взаимодействие надо на базе простого, "деревянного" рубля. Конечно, "лимитрофы" с удовольствием продали бы свою продукцию и за доллары, и за золото, но не смогут. Не из-за качества, подчеркиваю, а из-за высокой себестоимости. Один раз продадут – и издержек не возместят, что уже и произошло.

А вот за "деревянные" они смогут продать, потому что себестоимость любого производства у нас еще выше. Но продавать они будут только в том случае, если смогут эти "деревянные" реализовать, что-то для себя полезное на них купить. Мы и сырьем кое-каким пока располагаем (в мировом масштабе – мизер, но для Восточной Европы – довольно много). А главное, мы можем и производить кое-что, точнее почти все, что в принципе может производить человечество.

Таким образом, "лимитрофам" выгодно торговать с нами, выгодно включаться в наш, российский рынок. А выгодно ли это нам? Выгодно, но при соблюдении определенных условий.

Нельзя допустить подрыва нашего собственного производства, то есть нам нужно от них большее разнообразие продукции, а не дублирование нашей. Мы не можем допустить и серьезную зависимость от их продукции – народ-то уж больно ненадежный.

Нам надо будет смотреть за соседями в оба: как бы они не занялись реэкспортом ликвидных российских товаров. Мы уже договорились, что экспортом занимаемся сами, "помогать" нам не надо.

А еще возникает забавная ситуация – для вхождения в наш рынок нашим "партнерам" придется ввести на экономических границах с Западом тот же режим, что и нам. Им это, конечно, не понравится – еще бы, они ведь "тоже европейцы". Например, когда в начале перестройки на границах Варшавского договора был упрощен пограничный и таможенный контроль, австрийцам, например, стало выгодно ездить на заправку в Венгрию, вывозить бензин. Ведь и маленькая дырочка в плотине смертельно опасна, в конце концов рухнет вся плотина.

Был у нас такой председатель Таможенного комитета – Драганов, так он вполне резонно говорил, что унификация экономик стран, входящих с Россией в таможенный союз, должна быть полной – вплоть до валюты. Это ведь неспроста говорилось, обычно государственные чиновники в чужую епархию не лезут... но на самом деле и экономическое законодательство, и валютная политика – самым прямым образом влияют на таможенную политику.

То есть у наших родных "народных демократов" выбор таков: либо их валюта меняется на "деревянные", либо на доллары. Либо они в западной экономике – тогда они ничего продать никому не смогут, либо в нашей – тогда от западной они должны быть в значительной степени изолированы. В "мировом" рынке они – парии, в нашем – солидные люди, "европа". Но либо то, либо это.

У нас выбора вообще нет – мы свой рынок должны держать замкнутым от западного. Любые послабления при соблюдении режима экономической границы обязательно вызовут утечку капитала из нашего рынка.

Поэтому если наши соседи не будут готовы на тот же режим взаимодействия с внешним миром, который установлен у нас, то мы с ними должны иметь полноценную границу.

Если будут готовы – то границу можно будет частично снять, но... создать такую же западнее.

Под границей я понимаю не только и не столько Джульбарсов с Карацупами, а определенные принципы внешней торговли.

ПРИНЦИПЫ ВНЕШНЕЙ ТОРГОВЛИ

Принципов этих два. Во-первых, мы (то есть наш рынок) можем торговать с западным – но при этом **не должно происходить утечки капитала**. Это непросто: и нашим капиталистам, и нечестным чиновникам выгодно производить торговые операции таким образом, чтобы капитал из страны уходил на Запад. Торговля – очень для этого удобное прикрытие, ведь можно по договоренности с западным партнером покупать по более высокой цене на Западе, а на наш товар отпускную цену занижать. Таким образом, кроме нормальной торговой прибыли возникает еще сверхприбыль (за счет достояния нашей страны). Эта сверхприбыль остается на Западе и делится в какой-то пропорции между участниками сделки. Именно таков самый обычный механизм перетока капитала на Запад – при обычной торговле выявить его в принципе нельзя: "коммерческая тайна", кому какое дело, по какой цене я покупаю и продаю? Действовал этот механизм и в советские времена, и я уверен, что истоки первоначального накопления капитала многих известных ныне богачей – там, в системе советской внешней торговли зерном и нефтью, которой занимались их папы и дяди.

Вот эту систему торговли с Западом на основе тайных сделок надо ломать. Как – идеи есть, была бы воля и общее понимание проблемы, см. выше.

Тут недавно пан Кучма жаловался, что украинские предприятия неконкурентоспособны, потому что Россия продает газ по цене, близкой к мировой, а не по внутренней, впятеро более дешевой (Украина, правда, ни по какой цене не платит, ни по мировой, ни по внутренней, но это детали). Так при разумной политике и полноценной границе газ, как вид капитала, не будет поставляться "в Украину" вообще, ввиду Первой Поправки. Черноморский флот утопите? На здоровье. А потом что?

Или переходите на эти самые принципы, присоединяйтесь к российскому рынку капитала, изолированному от мирового. Тогда – без проблем. В виде компенсации за "ущемленное национальное" забирайте из Москвы патриарший престол вместе с Патриархом, а мы обязуемся говорить "в Украине" и анекдоты рассказывать только по-украински, да так они и смешнее получаются.

Второй принцип базируется на идее, что все купленное на западном рынке должно продаваться на нашем рынке по таким ценам, которые не будут подрывать позиции нашего производителя. Дело в том, что цена товара на рынке соответствует издержкам на его производство. Но если такой товар производится у нас, то в этом случае издержки-то выше! Мы же платим своеобразный дополнительный "налог на климат и расстояния". Чтобы уравнять шансы нашего и иностранного производителя, надо на импортный товар накладывать такой же "налог" – хотя бы в форме точно рассчитанной пошлины. После этого можно торговать на внутреннем рынке импортными товарами по рыночным ценам, образующимся по законам спроса и предложения, или, независимо от валютной цены, назначать такие цены по расчету – в тридцатые годы так умели делать.

Конкретно можно, например, полученное по импорту передавать в оптовые базы, находящиеся под контролем Торговой палаты, а с этой базы партии товара будут на аукционе закупать оптовые торговцы. Что закупать на Западе – тоже будет определять Торговая палата, исходя из того объема валюты, который будет выделен на импорт централизованно. Очевидно, главную скрипку при решении этого вопроса должны играть те же оптовые торговцы – они лучше знают, что надо покупать для нашего рынка, им лучше в Торговой палате и заседать. Тут вам и свобода рынка, и чиновников можно контролировать... Но это будущее.

В любом случае второй принцип гласит: **импортная продукция продается у нас в стране по ценам, которые не должны быть ниже средних издержек на производство этой же продукции в нашей стране**. При этом в расчет издержек должны включаться не только издержки производства, но и подготовки к нему.

Конечно, это звучит устрашающе, но другого выхода нет – если продавать у нас высокотехнологичную продукцию задешево, у нашего производителя не будет ни единого шанса догнать иностранцев. Конечно, оценить издержки производства процессоров Пентиум-3 нелегко, если у нас и 286-е не выпускаются! Но это на первый взгляд, оценить можно, и помогают как раз принципы рыночного ценообразования, принятые на Западе.

Возникает и такая проблема: при расчете цен надо бы учесть затраты не только на производство, но и на его развертывание, и на разработку изделия, то есть инвестиции! Ведь уже отлаженное производство порой недорого, дороги первоначальные затраты. Какой-нибудь 2-х скоростной лазерный проигрыватель стоит-то сейчас какие-нибудь жалкие 20 долларов, а попробуй у нас его сейчас сделай, без импортных комплектующих!

Ну, тут подход возможен двоякий – если данный товар заслуживает того, чтобы наш производитель научился его делать, то его цену на внутреннем рынке можно и задрать – сверхприбыль от его продажи должна изыматься в инвестиционный фонд на разработку отечественного аналога. Если же заведомо делать его не будем – то достаточно учитывать условные издержки на производство. Тут уже должно решать государство, как какой товар облагать.

Вот на такие принципы наши соседи должны будут согласиться, чтобы включиться в наш рынок. В противном случае – прошу пане, на общих основаниях.

В принципе, мы могли бы вести торговлю с соседями и за доллары, не включая их в свой рынок, но какой в этом для нас смысл? Восточноевропейские товары на мировом рынке неконкурентоспособны, и, уж если мы наторговали тем или иным способом долларов, выгоднее купить на них картошку у немца – дешевле обойдется. Соседи-то просят покупать у них не по мировой цене, а чтобы им затраты окупить! Единственной причиной нашего выбора для торговли именно ближнего соседа может быть только его доброе к нам расположение. Если же сосед вместо этого норовит нам в глаз свиснуть, то извините – зачем нам такая благотворительность? Конкурируй себе, где хочешь, "тундра большая", а мы не обязаны финансировать твои проблемы.

Легко это сказать, трудно сделать! Я исхожу в рассуждениях из того, что у нас в стране будет довольно децентрализована торговля (она не должна быть государственной, это коррупция, хватит нам "завмаг-товаровед" – таково мое убеждение), а у торговца будут очень серьезные стимулы для получения сверхприбыли, то есть для ввоза контрабанды и продажи ее по демпинговой цене. Именно нашей стране необходимо, гораздо серьезнее, чем другим странам, поддерживать пограничные и таможенные порядки.

Кстати, знаете, что такое пограничные войска? Всего-навсего "войсковое прикрытие границы между таможенными пунктами", и почти ничего больше. Их задача – исключить перемещение товаров помимо таможен, все остальные задачи в значительной мере экзотика. Тот же Никита Карацупа, задержавший, по-моему, 400 нарушителей – он, думаете, диверсантов ловил? Они попадались, но – единицы. В основном-то эти 400 – контрабандисты и спиртоноши. Я, кстати, давно подозревал, и, прочитав его мемуары, удостоверился – "на гражданке" Карацупа был продавцом сельпо, а, значит, понимал, кто, что и зачем через границу понесет. Результативность его уникальная не только от храбрости – на вооруженную группу не только он в одиночку ходил. Знаешь личность нарушителя – знаешь и его тактику.

Из функций государства в наших условиях первейшей является поддержание вышеупомянутых принципов общения с внешним миром, защита внутреннего рынка от разрушения. Даже более важной, чем функции сбора налогов или обороны, которые вообще, сами понимаете, тоже важны. Дело в том, что для точного и разумного соблюдения этих принципов нужно не одномоментное напряжение всех сил государства, а постоянное и безостановочное. При каждом ослаблении усилий государства через дыру в экономической границе вытекают невосполнимые ресурсы, плоды труда десятков поколений наших пращуров. Это очень трудно – но посмотрите: разве мало сил прилагал Запад для распространения в мире и соблюдения принципа “свободы внешней торговли”, принципа “свободного рынка товаров и капиталов”? Невообразимо много, эти усилия и составляли суть их политики последние столетия. Потому что “свободный рынок” им выгоден. А мы должны бороться – для нас он убийственен. Это трудно делать даже на своей территории – но убедить в необходимости этого соседей – трудно в кубе.

Кстати – в проведении такой политики особенных юридических проблем, как ни странно, нет. Не мы, а Запад придумал понятие “демпинга” – это когда другая страна продает товар по цене ниже себестоимости специально для подрыва нашего национального производства. Ведь по законам истинно свободного рынка никому не возбраняется продать золотой слиток за валенки – хозяин барин! Когда американцы запрещают нашим металлургам продажу стали в США – это чистейшее нарушение законов рынка. Пусть они называют это “демпингом”. И запрет “демпинга” – явное нарушение основополагающих законов свободного рынка!

А для нас все мировое – демпинг! Все дешевле себестоимости – нашей себестоимости! Мы имеем право и на пошлины, и на кооперативный Внешторг!

Так что порядок воссоздания восточноевропейского рынка будет, в благоприятном случае, таков. Сначала мы (под “мы” пока понимаем, например, Россию и Беларусь) образуем экономический барьер против внешнего мира. Воссоздаем свою экономику. К тому времени соседи созреют. Тогда им можно предложить подключиться к нам, но в этом случае они должны будут изменить свои отношения с мировым рынком и действовать заодно с нами. При этом, если в нашем объединении будет происходить стихийный переток капитала, то, по известным причинам, капитал из российских предприятий будет стремиться на Запад и Юг объединения. Ведь у нас условия много хуже, чем даже в зарубежной Восточной Европе. Этого тоже допускать нельзя. Возможно, с соседями будет несколько менее прозрачная граница, чем между российскими областями.

Если же они этого не хотят, мы можем с ними торговать на общепринятых в мире принципах, но нам это будет невыгодно, и мы можем пойти на это только при политических выгодах.

Вот ведь парадокс! Производить и продавать они могут, только если для них не будут действовать законы мирового (западного) рынка. А психологически они чувствуют себя частью западного мира! Ну что тут поделаешь, диалектическое противоречие. Экономически, как производители, они объективно заинтересованы находиться с нами в одном экономическом пространстве. А психологически, как потребители, тянут на Запад. Нет никакой гарантии, что будущее экономическое межгосударственное образование не будет опять взорвано через несколько десятков лет из-за психологического дискомфорта, когда нынешние беды в экономике будут забыты и сменятся поколения.

Впрочем, до этого еще надо дожить. Вообще-то я пессимист – западные славяне, на мой взгляд, не имеют иммунитета против Запада, и рано или поздно будут онемечены, как когда-то их еще более западные соседи, хотя и более мирно.

Но расширившаяся за их счет германская держава унаследует их экономгеографические проблемы! И их все равно придется решать, причем путем некоторой изоляции от Западной Европы. Неспроста Австро-Венгрия славилась жесткостью своего пограничного режима, дело было не в идеологии. По отношению к более благодатным приморским странам Западной Европы горная Австро-Венгрия была своего рода “маленькой Россией”, хотя суровость ее природных условий для нас – курорт.

Все вышеизложенное – не прогноз, не программа. Это тенденции, а как и когда они проявятся – точно не знает никто.

Часть 6. ИСТОРИЧЕСКИЙ КОМПРОМИСС ВОЗМОЖЕН

Не характеризуйте заранее важность высказываемой мысли.
Правило Росса

По телевидению нас усиленно убеждают, что главный конфликт современного российского общества – это конфликт между сторонниками рынка и сторонниками плана. Пока у так называемых "рыночников" перевес – много энергичной молодежи вполне адаптировалось к жизни, которую они считают рынком, да другого образа жизни они и не видели и не представляют. Несмотря на очевидное ухудшение жизни, "рыночники" не видят в идеях КПРФ ничего для себя привлекательного, и поэтому болтаются на выборах от одной партии к другой, лишь бы она провозглашала свободу рынка. Причем голосуют они одинаково – и "челнок", и президент нефтяной компании. Они сами считают себя единым "средним классом" или иногда "новыми русскими".

А ведь все на самом деле не так.

Значительная часть тех, кто считает себя "новыми русскими", таковыми не являются, и в постреформаторском обществе они не только найдут себе место, но их социальные функции даже не слишком и изменятся, хотя благосостояние, несомненно, упадет.

"Новыми русскими" считают себя все, у кого есть иномарки. Но настоящие "новые русские" – это на самом деле только экспортеры (от Артема Тарасова до бомжа, ворующего медный кабель ради бутылки). Именно они ради куша в 50 млрд. долларов ежегодно и пытаются законсервировать нынешнее состояние страны. Они составляют особую группу, можно сказать, “первый класс” нашего общества – наиболее влиятельный.

А вот чиновники (“второй класс”), банкиры (уполномоченные и простые), оптовые и розничные торговцы, в том числе импортеры, бандиты, поп-звезды и журналисты, представители инофирм (все – “третий класс”) – как бы богаты они ни были, они не “новые русские”. На них тратится совсем небольшая доля долларов, получаемых “настоящими новыми русскими”, или “первым классом”.

Сразу можно с уверенностью сказать, что у уходящего класса “новых русских” нет ни малейшего шанса вернуть ситуацию 1991-1997 годов. Причин этому много, дело даже не в том, что их интересы пересеклись с интересами многих социальных групп в нашей стране и за рубежом. Дело в том, что “новые русские” просто сами не знают, чего бы они хотели, потому что сохранить их недавнее положение нельзя по объективным, естественным причинам. Хотя бы просто потому, что доступные для разработки нефть, золото и лес кончаются. Более умные из них это давно поняли, а некоторые знали, чем кончится, с самого начала.

Уровень их прибыли определяется объемом доступных для продажи за рубеж ресурсов, мировыми ценами – это все факторы объективные – и тем, сколько приходится отдавать государству. Вот это уже фактор субъективный, и экспортерам чрезвычайно выгодно не отдавать ничего. Их главный интерес – как можно меньше выручки возвращать в страну. Это не фантазия – многие частные экспортеры уже производят расчеты и держат счета в иностранных банках, недоступных нашему правительству, и изображают отсутствие валютной выручки. Некоторые из них уже давно вывезли за границу свои семьи.

Если “экспортеры” добьются абсолютной политической власти в обществе, то они почти полностью сократят перечисление валюты в страну, оплачивая только поддержание в рабочем состоянии сырьевых производств и их оборону. Так, после сокращения населения в заполярном Норильске он вполне может работать несколько десятков лет в "автономном режиме". В военном отношении он будет почти недосягаем для слабого правительства центральной России.

Как ни удивительно, "новые русские" прорабатывают и разные варианты сохранения доступа к сибирским нефти и газу даже в случае полного развала страны. Так, чувствуется какая-то возня по консолидации "синего пояса" из северных областей и республик, голосующих традиционно за реформаторов, и, что самое главное, составляющих непрерывный регион, протянувшийся от Тюмени до Балтики.

По сути дела, объективно они заинтересованы в существовании только их самих и персонала, обслуживающего экспортные отрасли – те самые 15 миллионов человек. Но смогут ли они и дальше эксплуатировать природные ресурсы? Нет. Углубляющийся кризис в стране неизбежно приведет к развалу инфраструктуры – транспорта, электроснабжения, без чего экспорт из такой страны, как наша, невозможен.

Тем более что и сам класс подвергается сейчас чрезвычайно быстрому разложению. "Лукойл" себе на 48 лет месторождений оттяпал – а у остальных-то поменьше! Довольны ли обделенные?

Даже нефте-газоэкспортеры – это не единая группа, что объясняется спецификой отраслей. Газоэкспорт возможен только на базе крупных комплексов, объединяющих добывающие, обрабатывающие и транспортные предприятия. Структура его – та же, что в советские времена. Спрос на газ в мире несколько падает, падают и цены. Падает добыча, и привлекать к освоению новых месторождений иностранные инвестиции не удается, да и не удастся. Газпром даже на Ямале все делает сам. В общем, все как раньше. Лучше ли организовано это дело сейчас, чем в СССР? Да ничуть. Не лучше и не хуже. Но и состояние отрасли не слишком ухудшилось, и запасы остались, поэтому газовики будут жить и работать как раньше. Надо сказать, что и политики, базирующиеся на газе, производят на многих впечатление солидности и профессионализма.

А вот вывозить нефть и нефтепродукты можно хоть трехлитровыми банками, поэтому нефтеэкспортеров, мелких и крупных, расплодилось много (абсолютно идентичны с нефтеэкспортерами и экспортеры цветных металлов). Общеизвестно, что зачастую это буквально бандиты, что и объясняет своеобразный стиль политиков "Правого дела" – мелкий экспортер – их социальная база, а крупный – финансовая.

Несмотря на падение мировых цен на нефть, вывоз нефтепродуктов вполне может быть выгоден из-за падения рубля. Для иностранцев наши низкие внутренние цены, да еще и дотируемые из госбюджета – это тьфу. При наличии частной торговли бензин будет выгодно вывозить прямо с автозаправочных станций, и внутренние потребители останутся без нефтепродуктов. Ведь если способны что-то продавать лишь производители нефтепродуктов, то чем будут платить потребители? Они-то в условиях мирового рынка ничего заработать не могут! Но нефтеэкспортеры уже практически исчерпали возможности страны. Инфраструктура добывающих отраслей сильно изношена. С 90-го года уже произошло падение нефтедобычи вдвое, с 512 до 260-300 млн. тонн к 1998 году, и падение продолжается.

Ведь посмотрите, что получается с выручкой за нефть. Средняя себестоимость барреля нефти в мире – 4-5 доллара, а в нашей стране – 13-15 долларов. Конечно, наша себестоимость колеблется в зависимости от курса доллара, так как траты внутри страны производятся в рублях, но и валютная составляющая в затратах имеется. Поэтому при мировой цене в 18 долларов за баррель (как в 1997 году) наша нефть давала 4 доллара прибыли за баррель, а при мировой цене 8 долларов (как весной 1998 года) – 6 долларов убытка. И даже при цене 11 долларов (как весной

1999 года) добыча нефти была скорее убыточна. А продавать приходится даже при низкой цене: ведь объемы продаваемой нефти определяются, как правило, заранее, но цена используется – мировая на момент продажи. При ежегодных объемах экспорта примерно 130 миллионов тонн (1 тонна нашей нефти соответствует 7,3 барреля) мы экспортируем примерно 950 баррелей. Значит, в 1998 году мы получили от продажи нефти... что-то между 4 миллиардами прибыли и 4 миллиардами убытков. Грубо говоря, ноль. Ситуация бредовая, но еще бредовей она выглядит, если попытаться выяснить, кто же такие "мы", которые ничего не получили. Какие-никакие, но миллиарды долларов за нефть выплачиваются, но получают их без всяких задержек экспортеры. А вот затраты на добычу и транспортировку нефти часто не оплачиваются вовремя. И нефтяники не вовремя получают зарплату, и обслуга нефтепроводов, и за электроэнергию выплаты производятся не всегда своевременно. И в госбюджет выплаты не идут. Это понятно – что они, дураки – за просто так выручку отдавать.

Причем ситуация с электроэнергией особенно вопиюща: как уже говорилось, производство электроэнергии у нас государственное, и его отпускная цена ниже мировой в несколько раз. То есть государство – все мы – дотирует добычу и перекачку нефти, и дотация эта в конце концов оборачивается долларами в чемоданах нефтеэкспортеров, а не рублями в кармане рабочих и инженеров.

Кроме нефти и газа крупные статьи экспорта – металлы, аммиак и мороженая рыба. Экспорту черных металлов настает конец. Сталепромышленники США потребовали от Конгресса ввести преграды на пути российских рельсов и стального листа, и объем экспорта упал или вот-вот упадет раза в четыре. Да и в мире кризис – спрос на металл, как и на нефть, падает. Спрос на продукцию экологически вредных производств (аммиака), видимо, пока падать не будет. А наш когда-то океанский рыболовный флот, растащенный по кораблику, доживает последние дни, без баз и ремонта.

Вот вам и эпилог. Но это еще не эпилог книги! Александр Зиновьев уверен, что нынешний строй установился надолго. А так ли? Несмотря на его 77 лет, и он еще, возможно, увидит конец этого строя. А эпилог книги немного дальше.

СРЕДНИЙ КЛАСС

Но что будет с другими социальными группами, где есть свои "новые русские", или считающие себя таковыми? Своего производства нет, и импорта купить будет не на что. Разве у них тот же интерес, что у экспортеров сырья? Даже те СМИ, которые обслуживали экспортеров идеологически, теперь надеются только на льготы от госбюджета, то есть они тоже относятся не то ко второй, не то к третьей социальной группе. Как оказалось, даже банкиры не входят в число "незаменимых". Счета нефтяных компаний ведутся сейчас в иностранных банках.

Так что те, кто не собирается уехать за границу, не заинтересованы в исчезновении ни бюджета, ни населения. Многие, даже зажиточные люди, бывавшие за границей, знают, что наших "новых русских" там не ждут. Здесь им шел постоянный приток средств, а там где взять? Там привычные "новым русским" методы "зарабатывания" денег немедленно приведут к отсидке и высылке в Россию.

Приходные статьи бюджета сейчас – только то, что выделяют экспортеры, прямо или опосредованно, а также займы. Займов больше не будет, а экспортеры стремятся сократить отчисления в бюджет, да и объективно они будут только сокращаться. Так что чиновничество вообще, и честное, и даже коррумпированное, кровно заинтересовано в наполнении бюджета. Как и их окружение, в том числе даже "свои" банки. "Крутить" бюджетные деньги хорошо, когда они есть, а их-то как раз и нет.

Тот "средний класс", который занимается удовлетворением потребностей всего населения страны – торговцы, мелкие и крупные, челноки, служба быта, мелкие банкиры, клерки, журналисты и т. п. – противоположны ли их интересы интересам других социальных слоев? Конечно, они больше ориентированы на первую группу, чем на население в целом – ведь население нищее.

В какой-то степени противоположны, ну и что?

На фондовой бирже Уолл-стрита действуют две группы торговцев акциями – "быки" и "медведи". Одни ориентируются на подъем курса акций, другие – на падение. Их интересы противоположны, но не антагонистичны. Ни те, ни другие не заинтересованы в закрытии биржи.

Конечно, чем больше торговцы забирают денег у покупателей, тем им лучше, а покупателям хуже, то есть их интересы противоположны. Но в полном исчезновении населения торговцы не заинтересованы, и население не хотело бы исчезновения торговли.

И среди торгашей есть экспортеры и импортеры, а есть и не выходящие за пределы внутреннего рынка, и в наших условиях их интересы сильно отличаются. Объем импорта у нас в стране жестко ограничен. Очевидно, что на импорт идет та часть валюты, получаемой от экспорта, которая остается после уплаты внешних долгов. Выплаты по долгам растут в геометрической прогрессии, а приход валюты снижается из-за упадка экспорта. Он становится чисто сырьевым, и сырья все меньше. Вот поэтому условия для импортеров товаров народного потребления все ухудшаются, их экологическая ниша сужается. За рубли-то нам никто ничего поставлять не собирается, им валюту подавай. "Внутренние" торгаши вполне могут перестроиться в условиях отсутствия импорта-экспорта, а вот "внешним" это будет нелегко.

Но уезжать за границу им еще тяжелее, чем "олигархам", там у них нет источников средств к существованию, все давно схвачено. Зато московские торговцы экзотическими фруктами уже в массовом порядке переходят на российские овощи и картошку.

Это касается и банкиров, и журналистов. Зачем фирма будет платить журналистам за рекламу памперсов, если у населения нет денег на памперсы? Для тех банков, которые занимаются обычной банковской работой в промышленности и сельском хозяйстве, продолжение "реформ" так же полезно, как и остальному населению.

Даже богатые из этих слоев – торговцы, банкиры – считали себя "новыми русскими" по недоразумению. Обслуживая остальные классы, они отчисляли себе процент от процента, и при обнищании населения обнищали также. Обслуживать только экспортеров у них явно не получится, и в исчезновении населения они не заинтересованы, хотя могут пока об этом не догадываться. Этим группам развал России совсем не нужен. У водочных фабрикантов, например, есть несомненный плюс по сравнению с гайдаровцами – им нужно население России, и лучшие из них даже заинтересованы в том, чтобы однажды купивший бутылку их водки смог потом продолжать ее покупать. Что интересно – их положение как-то отражается и на их человеческих качествах. При всей криминогенности этой среды с ними куда приятнее посидеть и попить пивка, чем с "полными демократами", хотя, конечно, крупную сумму денег лучше при себе не иметь. Беда лишь в том, что многие из них завязаны на импорт (например, пивного концентрата) и психологически настроиться на неизбежную перспективу – исчезновение импорта в результате нынешней политики – они никак не могут. Но куда денутся?

Таким образом, основной российский конфликт – между людьми, стремящимися вывезти из страны все средства к существованию, а затем уехать, и теми, кто собирается в стране оставаться. Первых – жалкая кучка. Сосуществовать с российским народом они не могут, так как никакая российская промышленность не в состоянии конкурировать с экспортерами за ресурсы. Сейчас уже всем, кто хоть чуть-чуть задумывается, понятно: либо прекращение прежней экономической политики, либо общая гибель. Единственное препятствие для осознания альтернативы массами – незнакомство с "общей гибелью". На протяжении жизни современных людей им не приходилось с этим сталкиваться.

Таким образом, класс "новых русских" – в любом случае временное явление, даже если до самого конца они будут осуществлять власть над страной.

Дискуссии на тему о том, какова должна быть роль государства в рыночной экономике, какие виды собственности должны преобладать – возможны только при наличии государства, экономики и населения.

МЫ ОДНОЙ КРОВИ

Напомню, что капитализм (частно-предпринимательский) – это строй, при котором рабочий работает и создает прибавочную стоимость. Эту прибавочную стоимость капиталист присваивает на том основании, что он владеет капиталом, и за ее счет живет.

(Лирическое отступление. Почему капиталисту удается отспорить прибавочную стоимость у рабочих? Грубо говоря, потому, что рабочие между собой конкурируют, предлагая свою рабочую силу, а тот, кто продает в условиях "совершенно конкурентного рынка", всегда перед покупателем находится в невыгодном положении. Капиталист может и немного подождать с покупкой, а рабочий должен продать свою рабочую силу во что бы то ни стало, так как других источников средств у него нет, а кушать хочется каждый день. Это и дает возможность капиталисту потихоньку уменьшать долю рабочего в прибавочной стоимости.)

Таким образом, прибыль капиталиста состоит из того, что создали его рабочие, за вычетом того, что они сами потребили. Из этого следует, что капиталист заинтересован, чтобы:

– рабочие побольше производили;

– поменьше потребляли;

– и, что немаловажно, чтобы рабочих у него было побольше.

Поскольку капитализм естественно стремится к увеличению всех видов капитала, и так как для частного капиталиста рабочая сила – тоже капитал, то его увеличение капиталистам выгодно.

А вот за счет чего живет нынешний "верхний класс" в России? За счет труда рабочего? Нет. Рабочие практически не работают. Обрабатывающая промышленность и товарное сельское хозяйство стоят, и я что-то не знаю никого, кто бы на них разбогател. Если рабочий не работает и, соответственно, прибавочной стоимости не создает, значит, можно заведомо сказать, что никаких капиталистов у нас нет. Этим, кстати, объясняются неудачи наших потенциальных капиталистов ("обманутых вкладчиков").

Классический частный капиталист заинтересован в существовании рабочего, в определенном количестве, конечно. А "новые русские" "первого класса" объективно заинтересованы, чтобы население России вымерло, поскорее и по возможности без скандала. Потому что население России конкурирует с "новыми русскими", потребляя теплоносители и выручку от их продажи в виде продовольствия.

Вот мы теперь и знаем, что нет у нас в стране ни "капитализма", ни "буржуазного строя". Все происшедшее у нас не доказывает неизбежность краха капитализма, даже "в отдельно взятой стране". Капитализм в 90-х годах у нас просто не сложился. Это важно не потому, что я лично люблю капиталистов как родных – а потому что существующий строй ассоциируют со "свободным предпринимательством" –

это верно лишь отчасти – и с “капитализмом” – а это совсем не так.

Итак.

Строй, сложившийся у нас – это не капитализм.

Названия у такого общественного строя нет, хотя Лужков еще до 1995 года ввел термин “паразитический капитализм”. Названия нет, потому что такой строй в истории встречается редко, так как он неустойчив, его экономический базис является временным, расходуется, но не воспроизводится. Эксплуатация ресурсов возможна только благодаря тому, что было построено при советской власти, сейчас этого никто и не отрицает. Те, кто эксплуатирует ресурсы, не вкладывает свои капиталы даже в разведку и разработку новых месторождений по той же самой причине, по которой не вкладывают другие капиталисты: освоение ресурсов на территории нашей страны в рамках мировой экономической системы невыгодно. И никакая “амнистия на незаконно приобретенные капиталы” не поможет вернуть их в страну, лишь их владельцы будут спать относительно спокойнее, и все.

Очевидно, что первый класс – пока наиболее влиятелен у нас в стране, чуть ли не правящий. Но главное-то, что база их существования как класса временна. Что они сейчас ни предпримут, вернуть базу их благосостояния нельзя. Даже если они заставят и дальше работать всех бесплатно. Неисчерпаемых запасов нет, и добыча вроде бы природных ресурсов – на самом деле вывоз труда прошлых поколений. Именно они обустроили сырьевую базу СССР, и этот ресурс конечен. Когда режим 1991-1999 гг. называют правительством временщиков, то это только справедливо. Сравнивали их и с алкоголиком, несущим из своего дома последнее, и с домушником в чужой квартире, и с диверсантом-парашютистом в тылу врага. Все сравнения верны, хотя и эмоциональны.

До “товарищей” в массе своей это еще не дошло, пока в коммунистической прессе сплошь – “капитализм" да "буржуазия". Словом "капиталист" ругают "новых русских" просто потому, что считают это слово ругательством. "Новые русские" достойны всяких крепких слов, и они вывозят капиталы из России, но они не капиталисты. Есть еще слово "компрадор", но и оно не очень соответствует явлению. Боюсь, соответствующего слова в русском языке просто нет.

Я уже упоминал, что капитализм – это просто название такого типа человеческой деятельности, который направлен на сохранение и умножение капитала (как "социализм" – не то, что вы думаете, а деятельность в целях удовлетворения потребностей общества). А "новые русские" стремятся все виды капитала в России уменьшить: постоянный и оборотный по возможности вывезти (сырье, полуфабрикаты, технологии, квалификацию), что нельзя вывезти – износить (здания и сооружения), переменный капитал – уничтожить (переменный капитал – это рабочая сила). По сути это "антикапиталисты"!

Я не могу придумать название для этого "верхнего класса", но могу предположить, как с ним бороться. Традиционные способы борьбы пролетариата против капиталистов к данному случаю не пригодны. Забастовка эффективна против капиталиста, потому что лишает его прибавочной стоимости. А против кого эффективна забастовка врачей?

Только те меры воздействия на "новых русских" эффективны, которые "бьют по чековой книжке", как в позапрошлое октябрьское восстание (1917 год) говаривали красногвардейцы, стреляя из пушек по банкам на Кузнецком мосту.

А все эти забастовки, голодовки (простые и политические), самосожжения, перекрытия внутренних транспортных магистралей – суть варианты самоубийства, и "новым русским" они на руку. Если, конечно, забастовки не на нефтеперекачивающей станции у российской границы.

Реальное средство борьбы против "новых русских" – лишение их доступа к выручке от продажи ресурсов. До тех пор, пока возможны легальные методы – борьба за национализацию, как первый шаг – полный контроль со стороны государства, отмена коммерческой тайны. Добиться этого (не добиваться, а добиться) должны были бы представители народных сил в парламенте. Где их только взять... Необходимо было останавливать любую сделку по вывозу ресурсов из страны, любыми доступными средствами, ради этого можно было идти на любые компромиссы.

Если же легальные методы по вине экспортеров будут исчерпаны, то методы нужны другие, а цели останутся те же – лишение "новых русских" самой возможности доступа к выручке от сырьевого экспорта, а лучше – прекращение экспорта.

Естественными союзниками в этом деле являются все, кто не "новый русский" и не самоубийца. Некоторые ошибочно считают себя или временно являются "новыми русскими". Им жизнь поможет. Некоторые не знают, что они самоубийцы и убийцы своих близких, им это можно объяснить и отговорить.

Реальной социальной базы у "верхнего класса" нет, а объединить "нижних" можно, так как у них есть общая платформа – выживание в "этой стране".

Главное – чтобы потенциальные союзники поняли друг друга, поняли суть основного конфликта нашего общества. Сократить вывоз, сэкономить ресурсы можно, и, если бы не долги, то даже без особого ущерба для жизненного уровня, так как значительная часть их вывозится для того, чтобы удовлетворять потребности небольшого круга таинственных личностей, а не для того, чтобы платить государственные долги или даже долги коммерческих банков.

И выход только один. Не "разумное включение в мировую экономическую систему", а разумное дистанцирование от мировой экономической системы. Только это может спасти и торговца, и предпринимателя, и рабочего. Вот здесь есть почва для исторического компромисса между классами. Тем более, что общенародная, "ничья" собственность – это все равно исторический тупик, это неизбежная попытка ее присвоить. Да, придется придумывать пригодные для нас формы собственности – возможно, они подойдут и "бывшим новым русским", которые оперировали в основном на внутреннем рынке. Даже журналистам демократических СМИ можно объяснить, что их жирно кормили только для идеологического обеспечения вывоза ресурсов. Хоть и трудно. Но не все же они на самом деле кретины? Их уже сейчас "кинули" – что же будет дальше? Они-то думали, что они не то первый класс, не то пятая колонна, а на самом деле?

К сожалению, уголовный розыск порой сталкивается с ситуацией, когда воры, уходя из ограбленной квартиры, поджигают ее, чтобы замести следы. Есть определенная угроза, что многие из ныне богатых слоев заинтересованы на прощанье "хлопнуть дверью" – развязать конфликт, целью которого будет не победа, а облегчение возможности эмигрировать на Запад под видом "беженца".

В 17-м году надежды корниловцев были на продолжение эксплуатации крестьян и рабочих – земля и заводы никуда не девались, рабочие и крестьяне тоже. В наше время "сладкая жизнь" "новых русских" базировалась исключительно на торговле природными ресурсами и разворовывании кредитов. Сейчас же сложилась ситуация, что добыча ресурсов по сравнению с 1990 годом сократилась в два раза, и самое главное, использовать на потребление остатки выручки нельзя. Подошло время платить долги, вся выручка пойдет туда.

Даже на Западе возникло объективное противоречие с интересами "новых русских" – они конкурируют из-за российских ресурсов. Ресурсы на много лет вперед теперь и так принадлежат Западу. Долгов у нас миллиардов на двести, с учетом процентов выйдет и все четыреста, а экспорт – миллиардов пятьдесят в год. Если же из этого что-то еще и отдавать олигархам, то Запад ничего не получит. С точки зрения прямой выгоды, Западу выгоден любой социальный строй, который обеспечит выплату долгов, а власть олигархов не вернет и процентов. Правда, инерция идеологии крестового похода "за свободный рынок" еще велика, и убедить Запад в неизбежности особого режима работы нашего рынка очень трудно.

Катастрофа в масштабах страны – вполне возможна, возврата в 1992 год – не будет никогда.

ИСТОРИЯ

Все факты нынешнего состояния нашей экономики подтверждают мою концепцию: экономика нашей страны должна быть четко отграничена от мировой экономики. Но закономерности развития экономики приняли современную форму сравнительно недавно, примерно 300 лет назад, когда на Западе началась промышленная революция, что же действовало раньше?

А это очень интересно: почему наши пути с Западом разошлись уже давно? Почему экономика, да и все государственное устройство нашей страны всегда, с сумерек истории, так разительно отличалось от соответствующих институтов Западной Европы? Ведь оттуда родом значительная часть наших предков! Да и с другими соседями сходство у нас небольшое. Нельзя ли использовать сходный подход и выяснить, в конце концов, в чем же дело?

Ответ, видимо, возможен, и начало ему положено фундаментальным трудом современного нам ученого. Это член-корреспондент РАН Л.В. Милов, профессор МГУ, заведующий кафедрой истории России эпохи феодализма. Он выпустил в 1998 году монографию "Великорусский пахарь и особенности российского исторического процесса" (М., РОССПЭН, 1998). Фактический материал книги относится в основном к 16-18 векам, но не ограничивается только этим периодом. А общий смысл этой книги примерно таков: из-за особых условий России объем прибавочного продукта хозяйства русского крестьянина всегда был, есть и будет меньше, чем в Западной Европе, то есть русское общество – общество с минимальным объемом прибавочного продукта. Эта мысль, пожалуй, вполне заслуживает наименования закона.

Что же следует из этого фундаментального вывода? Это значит, что после вычета того, что нужно крестьянину и его семье, он может отдать государству, то есть его аппарату управления, гораздо меньше, чем западноевропеец. Поэтому на Западе для содержания одного воина или чиновника достаточно, например, десяти крестьян, а у нас нужна сотня.

Но ведь процесс управления везде одинаков!

Один человек может эффективно управлять лишь четырьмя-пятью подчиненными, на всех уровнях, поэтому, например, низовое военное подразделение в армиях всех времен и народов – пять человек. Даже если по разным причинам делались отделения большей численности (скажем, десять бойцов), все равно жизнь заставляла делить его пополам и иметь дополнительного командира над второй половиной. То же происходит и на более высоких уровнях, напрямую управлять десятью заместителями ни один начальник не может.

В делах гражданских такого постоянного и интенсивного процесса управления, как в армии, нет, но определенная пропорция между управляющими и управляемыми должна соблюдаться. Ну, например, нагрузка на налогового инспектора не может в разных обществах различаться в десятки раз – силы человеческие примерно одинаковы.

Я вообще не встречал сравнительного анализа систем государственного управления у нас и в Европе или Азии, а то, что попадалось, было написано в идеологических целях и к употреблению оказывалось непригодно.

Как же вдесятеро меньший государственный аппарат или офицерский корпус могут выполнять те же функции? Вот где непаханое поле для историка и обществоведа. Очевидно, что государство у нас функционирует как-то по-другому, чем на Западе. Скорее всего, наше население как бы больше вовлечено в процесс управления, хотя внешне это незаметно. Но по некоторым отрывочным сведениям можно сделать именно такой вывод. Так, среди крепостных крестьян административные обязанности выполняли десятские, пятидесятские и сотские, и в армии, как ни странно, на солдатском уровне тоже существовали свои структуры управления.

Во Франции, например, судейские и нотариусы составляли отдельные и политически очень сильные общественные прослойки. Парламент, с которым Людовик XIV собачился по поводу того, кто же является государством, именно из судейских состоял, а не из народных депутатов, как можно сейчас ошибочно подумать. А вот кто в России заключал сделки по домовладениям, например? Как описано у Лескова (не придумал же он это из головы), делалось все самостоятельно, лишь на "общественных началах" выборный вел "китрать" с регистрационными записями. И все! Специального нотариуса просто бы не прокормили.

Эта структура общественного устройства перекочевывала и в государственные органы.

Вот конкретные примеры из специфической области государственного устройства – а именно из военной истории 18-19 веков.

Так, в Крымскую войну, в ходе наступления на Черной Речке 4 августа 1852 года, почти все офицеры были выведены из строя штуцерным огнем, был убит и командующий, генерал Реад. Но вполне организованные атаки войск без офицеров продолжались, и некоторые были даже более успешны, чем предыдущие. У Сергеева-Ценского приводится характерный диалог генерала и солдата, взятый из чьих-то мемуаров:

"– Лезервы нам дайте!

– А тебя кто послал?

– Товарищи.

– А офицеры где?

– А все поубиванные!"

Это не признак какого-то сверхчеловечества – храбрецы везде есть, но аналогичных примеров в военно-исторических трудах я что-то не встречал. Считается, и, как правило, так и бывает, что при разрушении управленческой пирамиды, когда офицеров остается меньше половины, армия превращается в толпу. Но в русской армии сохранялась система управления, перенесенная из сельской общины, хотя ее "функционеры" не носили знаков различия. Кстати, в фундаментальной работе В. Белова по русскому крестьянскому быту "Лад" устойчивость русской армии объясняется в большей степени влиянием устройства патриархальной семьи, чем общины – я думаю, противоречие незначительно.

В мемуарах генерала Ермолова, относящихся к периоду наполеоновских войн, приводится такой эпизод: короткое время нашей европейской армией командовал генерал Винценгероде, который отличился, в частности, тем, что для повышения маневренности армии распорядился продать имущество солдатских артелей, без совета с солдатами. Оказывается, все солдаты объединялись в артели по 50-70 человек для финансово-хозяйственных целей и заработка, и в походе, и в местах постоянной дислокации. Сменившему Винценгероде Кутузову пришлось отменять эти распоряжения, и Ермолов особо отмечает неудовольствие солдатских товариществ. Он упомянул об этом случае не как об историческом анекдоте, а как об иллюстрации того, почему немцев нельзя использовать в русской армии (был у Ермолова такой пунктик). Действительно, как может командовать армией генерал, не знающий очевидных вещей о ее устройстве?

Увы, несмотря на то, что такая особенность явно не была для русских офицеров того времени секретом, упоминаний о ней нигде, кроме этого рассказа, нет. Такова уж беда русских мемуаристов – о том, что "все и так знают", никто не пишет.

Тоже своеобразный случай: во время Семилетней войны первое крупное сражение с пруссаками (при Гросс-Егерсдорфе) произошло в крайне невыгодной ситуации. Наш лагерь был укреплен, но противник атаковал с тыла, откуда его не ждали. При попытке построиться (без правильного линейного строя воевать тогда, по западноевропейским понятиям, было нельзя) части перемешались, солдаты по ходу дела разбили бочки с вином – и пошла потеха. Прусский король, хорошо видя обстановку в лагере русских, понял, что битва уже выиграна. Более того, и русский командующий – иностранный военный специалист Фермор, с криком "коня мне!" ускакал с поля битвы. Тем не менее русские солдаты, встав кто куда попал, выдержали атаку, и хотя у нас потерь было больше (17 тыс. против 11 тыс. у пруссаков), сражение кончилось вничью.

Претензий к Фермору впоследствии не было – он проявил профессионализм, по крайней мере в оценке ситуации. И Фридрих уже тогда понял, что управление в русской армии, при внешней похожести, явно осуществлялось не по западноевропейскому образцу.

А помните, как у Н.Островского говорится о порядках в Первой Конной? Когда оплошавшего бойца судили сами, ночью, без командиров и комиссаров?

Только не надо возражать, ссылаясь на горбачевские "восемнадцать миллионов чиновников" или современную численность генералов. На самом деле, все они не имеют отношения к процессу управления. Мы говорим об исторических ситуациях, когда каждый управленец действительно управляет. Нынешний "аппарат управления" – во многом просто армия безработных с относительно высоким пособием. Проверить легко – почти никто из современных управленцев не может принять какое-нибудь решение, которое вызовет реакцию в слое управляемых. Приводной связи нет, шестеренки крутятся вхолостую.

Как гласит один из законов Паркинсона – при достижении аппаратом управления порога численности в 3 000 чиновников – он уже не нуждается в объекте управления.

И нынешние генералы – это не те генералы. Кстати, для государственной казны после производства они обходятся дороже лишь из-за канта на брюки, денежное содержание у них мизерно. Просто в современных условиях у власти нет других возможностей поощрить заслуженных или перспективных офицеров, а для них само генеральское звание представляет ценность. И армия сейчас не та – пожалуй, в российской истории не было периода, чтобы она состояла в основном из 18-19 летних. Это, скорее всего, неправильно.

В 19-20-м веках российская государственная власть увеличила "аппарат управления", доведя его до европейских стандартов. Но прибавочный продукт не обманешь! Этот аппарат все равно по необходимости вдесятеро более дешевый. И это касается не только государственного аппарата. Вообще соотношение между производящими и прочими классами у нас по необходимости (по "закону Милова") должно быть другим, например, у нас должно быть меньше количество торговцев на тысячу рабочих и крестьян. Или эти торговцы, при той же численности, что в Европе, будут жить хуже.

И общественная пирамида у нас не может быть такой же сложной, как там, и верхи в нормальных условиях у нас всегда ближе к низам, по сравнению с Западом. Да так на самом деле, конечно, и было. Эта разница хорошо видна и сейчас, стоит посмотреть на отношения, например, в британской армии. Один мой знакомый общался с англичанами, служа в Западном Берлине. Чтобы офицер говорил с солдатом?

Да никогда! Только с сержантом, и то только через нижнюю губу. У нас и в царской армии ничего похожего не было. Я уж не говорю, что телесные наказания в русской армии были отменены раньше, чем в других европейских армиях.

Несомненно, у взаимоотношений государственной власти и народа в России было очень много отличий от Западной Европы, но как о них узнать? Немного помогают мемуары иностранцев, но для них многое было непонятно, и языка они, как правило, не знали. Конечно, они записывали то, что их поразило – ну, например, когда дворцовый слуга в ответ на подначку царя отвечает "Врешь, собака!" (в присутствии иностранного посла), а Иван Грозный только посмеивается – то как иностранный посол мог такое не упомянуть? А вот наши-то авторы того времени о таких вещах и не написали.

Конечно, и иностранные свидетельства не совсем объективны, слишком сильно влияние пропаганды Запада. Она действовала всегда. Так, откройте любую книгу западного путешественника на Русь, хоть 15-го, хоть 19-го века, и обязательно найдете там замечание, что на Западе свобода, а у нас ее нет, причем без всякого обоснования. Корни этого штампа лежат где-то уж очень глубоко.

Так, вам не преминут заметить, что на Западе давно не было крепостного права. Да, не было. Но в средние века на европейских дорогах стояли патрули, и попавшихся "бродяг", то есть тех, кто не мог доказать, что он местный арендатор, тут же вешали. А крепостного права не было! Иди куда хочешь, кругом свобода.

На самом же деле вполне объективные факторы, отличающие нашу страну, действовали всегда, и их действие проявлялось по-разному, в зависимости от того, по каким законам жило общество. И заселение территории финскими и балтскими племенами, и расселение славян с 6-го века происходило очень своеобразно, и государство образовалось не так, как королевства Западной Европы, и феодализм у нас был другой, по сути, это даже не был феодализм.

Что-то дополнительно узнать об истории удастся, когда можно будет определить, как экономика влияла на жизнь в разных странах. Ведь условия отличались порой настолько, что это делает историческую обстановку в чужой стране для нас просто непредставимой! Так, в "Записках о галльской войне" упоминается, что о важных событиях галлы передавали весть по стране таким вот образом: каждый житель кричал о новости соседу. О случившемся утром к вечеру узнавали за 160 миль от места действия! А возможно ли это было в России, в любую историческую эпоху? И причина невозможности этого – чисто экономическая, у нас нельзя прожить крошечным клочком земли, и, поэтому, не могут крестьяне на протяжении сотен верст жить бок-о-бок. Отчасти поэтому предлагавшаяся Столыпиным "хуторская система" (по опыту Виленского края) в России не прижилась – далековато получалось жить. Россия-Россией, но и другие народы Восточной Европы тоже что-то хуторами не живут, а все довольно большими селами.

Во время одной из многочисленных войн Москвы с Тверью был, говорят, случай, что в течение летней кампании противостоящие армии не смогли встретиться, просто не нашли друг друга в лесах и болотах между княжествами.

Сейчас уже общепринято, что феодализм возник тогда, когда всадник на коне оказался сильнее десятков пехотинцев (поэтому в европейских языках "кавалер" или "рыцарь", то есть феодал, означает "всадник", "конник"). В античную эпоху этого не могло произойти, потому что седло со стременами и подпругами современного типа появилось не ранее рубежа нашей эры, а без него всадник не слишком сильнее пехотинца. Почему западноевропейские крестьяне оказались порабощены феодалами? Как оказалось по археологическим данным, в Европе юго-западнее Рейна и Дуная преобладала воловья упряжка, и крестьяне не могли противостоять конным бандитам. В остальной же части Европы, северо-восточнее Эльбы, феодализм установился очень нескоро, так как там крестьяне пахали на конях, и кандидаты в феодалы преимуществ перед земледельцами не имели.

Да и позднее, структура нашего общества была с западной точки зрения алогичной – в военном отношении класс крестьян неизмеримо превосходил русских "феодалов", но крепостничество пало позднее, чем в Европе. На Западе же при первой возможности (появление огнестрельного оружия) с рыцарями было покончено. Более поздние, абсолютистские дворяне – это уже совсем не то.

Значит, российское крепостничество лишь внешне похоже на западноевропейское, а по сути это другое явление.

При рассмотрении же взаимоотношений нашей страны с Западной Европой, необходимо иметь в виду следующее: в любом государстве правящий слой (элита) живет только за счет прибавочного продукта. Так вот, российская элита всегда беднее, всегда чувствует себя обделенной. Ей никогда не достичь того уровня жизни, который свойственен "элите" Запада. И если основные производящие классы России не слишком озабочены мыслями об этой разнице, хотя бы в силу постоянной занятости, то имеющая более обширные контакты с Западом элита может сравнивать. Комплекс неполноценности особенно сильно обострялся после победоносных войн, когда она в массе своей знакомилась с жизнью своих западных коллег. Как же так, мы им дали, а живем хуже?

Информационная открытость последнего времени дала сходный и даже усиленный эффект – любознательный русский офицер видел в Европе все стороны жизни, и плохие, и хорошие, а в наше время СМИ жизнь Запада показывает выборочно, только с выигрышной стороны.

В конце концов, если рассуждать цинически, с финансовой точки зрения Западу проще и дешевле купить российского чиновника за взятку или интеллектуала за литературную премию, чем нам – западного.

Довольно многих “наших” в принципе можно купить просто за вид на жительство на Западе, но западного за российский паспорт – довольно трудно. Бывали, правда, исторические эпохи, когда от резни и перенаселения к нам ехали французские гугеноты и шотландские католики, но это были другие времена.

Вот эти особенности нашей страны часто проявлялись с плохой стороны. Такое случилось сейчас, бывало это и раньше. Стоило народу начать чуть менее заботиться о государстве, а элите – чуть-чуть продаться внешним врагам, как сразу начинались крупные неприятности. Как ни удивительно, несмотря на потенциальную бедность нашего государства, врагов у него всегда много. Элита даже не то чтобы полностью продавалась – просто начинала с тоской сравнивать свое положение со статусом шляхтича или шевалье, и это отражалось на ее преданности интересам государства. Невозвращенцы в ранге послов бывали и в царские времена.

Обычно такие ситуации возникали вслед за чрезмерным напряжением сил всего народа и государства – как после правления Ивана Грозного или Сталина. Освободившись от царской палки, правящая элита начинала с упоением грызться за власть, забыв о государстве, а народ, избалованный тем, что царь долгие годы все знал и умел, не сразу успевал спохватиться. Государство разваливалось, и лишь многолетние бедствия снова сплачивали страну воедино. Причем сейчас, если продолжить аналогию со Смутным временем после Ивана Грозного, смута еще далеко не кончилась, и даже еще как следует не началась.

Так что наши общественные структуры всегда будут проще, чем на Западе, а “элита” будет нуждаться в постоянном присмотре и контроле со стороны управляемых. А так как наш пряник всегда будет менее сладок, то кнут должен быть потолще. И так как на удачного царя надежды мало, стегать этот кнут должен не сверху вниз, а снизу вверх.

Но не будем слишком далеко забираться в историю. Информация об особенностях тех времен скудна и противоречива, и в выводах легко напутать. Тема отличий нашей страны от других стран – слишком сложна и обширна, на порядок обширнее, чем исследование этих отличий для небольшого исторического периода 90-х годов 20-го века, и я думаю, что пока высказался достаточно.

* * *

Возможно, вам, уважаемый читатель, стало тоскливо – столько проблем в будущем! Как все сложно! А ведь как нам обещали десять лет назад? "Мы сидим, а денежки идут". Тогда некоторые верили. А сейчас?

Увы, мы всегда находимся в той же ситуации, в которую как-то попала Алиса в Зазеркалье: "порой приходится очень быстро бежать, только чтобы остаться на том же самом месте".

Можем ли мы победить в этой гонке? Сможем ли мы испытать то чувство гордости за себя, которое порой испытывали наши предки, победив какого-нибудь "властелина мира" или запустив спутник? Ну, никаких гарантий я не даю, все зависит от нас. На роду нам ничего не написано. Хоть и говорят, что справедливое дело обязательно восторжествует, но в нашем мире это совсем не обязательно. Все себя считают справедливыми, даже Хавьер Солана.

Напомню старую историю: когда судили Жанну д'Арк, ей задали каверзный вопрос: "ты считаешь свое дело правым. Зачем же ты зовешь солдат к битве? Разве Бог и так не дарует победу правому делу?". Соль вопроса в том, что, как бы Жанна ни ответила, ее обвинили бы в неверии в Божественное провидение.

Жанна поставила ученых богословов своим ответом в тупик, заявив: "но солдаты должны сражаться! Только тогда Бог дарует им победу!". Да, аналогично, если мы хотим чего-то достичь, мы должны разбираться в ситуации и должны действовать. Не обещаю, что все будет хорошо, но без попытки **понять** хорошо уж точно не будет.

И еще одно. Глубоко разбирать этот вопрос мне не хочется, но он важный.

Может быть, вы подумали в ходе чтения книги, что, чем благодатнее земля, тем счастливее ее обитатели? Нет, и тут тоже есть, видимо, определенная причина.

На Кавказе, во многих языках, есть пословица: "на меже всегда валяются черепа". А ведь как раз на Кавказе самые лучшие земли и климатические условия в России. Что же мешает райской жизни там?

Самые благодатные условия на африканском континенте, "африканская Швейцария", знаете где? В Руанде. Не видели фоторепортажей об очередном конфликте там? Ваше счастье. Я видел, и хотел бы забыть, но не получается.

А Европа? "Цивилизованная", "колыбель культуры"... Это сейчас. А что было 50 лет назад? А 85? А почему вы думаете, что мы не увидим очередной, один из многих, кровавый пароксизм "старой доброй Европы"? Вся Европа – сплошное кладбище, скелет на скелете под каждым метром этой лучшей земли мира.

Вот поэтому не надо им завидовать.

В плодородных странах человеку достаточно затратить незначительную долю своих сил и времени, чтобы его участок земли прокормил и его, и его семью. Значит ли это, что остальное время он ничего не делает?

Нет. Все остальные силы уходят у него на то, чтобы отстоять эту самую благодатную землю от других желающих. Ожесточенность этой борьбы всех против всех нам просто незаметна, но в истории Европы изгнание или уничтожение побежденных – обычное дело.

В Европе, зарезав соседа, удачливый победитель получает рог изобилия и скатерть-самобранку, есть ради чего зверствовать. А у нас? У нас победитель получает – пожизненно – принудительные тяжелые работы. Это не значит, что у нас, в отличие от Запада, много земли – земли мало и у нас, и русский крестьянин, в случае нарушения межи соседями, берется за вилы так же естественно, как среднеазиатский за кетмень. Но ситуация у нас другая, у нас на междоусобия остается гораздо меньше сил и времени. Это и отразилось на “менталитете” наших людей – они беззлобны и неагрессивны. Если кому-то приходилось сталкиваться с обратным, то скажу, что вы еще не видели агрессивности. В наши города приезжают сейчас люди с Кавказа, везут и свои семьи. Как вы думаете, почему они едут из гораздо более богатых районов, чем Центральная Россия? А ведь это цепкие, жизнеспособные, агрессивные по характеру люди.

Я не буду излагать своих умозаключений, но у меня сложилось стойкое убеждение – никогда на нашей земле не будет того культурного, цивилизованного озверения и ожесточения, которое обычно там, на Западе. Возможны и гражданские, и этнические конфликты, но не такие, как там. И мы не сможем понять рассудком мотивы поведения западноевропейцев. Когда Европейский Совет в одном и том же заявлении приветствует бомбежки Югославии и осуждает смертный приговор маньяку на Украине – нечего даже пытаться это понять. Так они мыслят, так они воспринимают мир. Такова их этика. Это не отсутствие морали, как у нас иногда считают – напротив, так проявляется их мораль, и свои моральные нормы они тщательно соблюдают. У нас порой воспринимали любовь Гитлера к животным и детям как лицемерие. Напротив, в его образе ярко проявилась именно мораль Западной Европы. Они таковы, и сделать ничего нельзя, пытаться объяснить им аморальность их действий – бессмысленно, их действия высокоморальны. Мораль другая!

Такого рода нравственность Запада можно либо принять – чисто эмоционально (у нас такие люди есть), либо просто не принять, также чисто эмоционально, но объяснять ее, привлекая рассудок – бесполезно.

В нашей истории был жестокий, Грозный царь. За время его царствования было насильственно лишено жизни не то три, не то четыре тысячи человек. Многие из них – заслуженно. До сих пор и историки, и простые граждане, спорят – можно ли его оправдать за это? Но споры спорами, а памятника этому царю нет. Почему нет его изображения на монументе "Тысячелетие России" – понятно, его устанавливали при царе-демократе Александре II, но почему вообще нет и не было памятника создателю России в ее нынешних границах?

А в Англии стоят памятники Генриху VIII. В его правление только "бродяг" (крестьян, согнанных лордами с земли) было повешено 80 тысяч. И ничего, все по закону, все нормально... В 1848 году только в Париже и только за три дня было расстреляно 3 000 безоружных людей. Кто-то об этом помнит?

Они ненормальные? Нет, ненормальные мы, и нам надо свою ненормальность во что бы то ни стало сохранить.

В чем отличие богатой Западной Европы от бедных стран, расположенных порой в весьма благоприятных регионах? В менталитете Запада гвоздем сидит принцип: "Боливар не выдержит двоих". "Как бы много ни было благ, их не хватит на всех". "Только люди – не дефицит". Они постоянно думают об этом, и этот принцип вошел и в определение экономики, принятое на Западе, и в западную парадигму, и в практику. Этот принцип облегчает им и взаимоотношения друг с другом – каждый знает, чего ожидать от другого. Конечно, их умение бороться с перенаселением внушает уважение... но наши предки ушли оттуда не только в поисках свободных земель – в какой-то степени и от этого принципа. А кое-кого оттуда и "ушли".

Впрочем, это не мое дело. Я-то живу здесь, и до других стран мне дела нет, что бы вы ни подумали, прочитав эту книгу. Я живу здесь без принуждения, и мне не надо делать над собой усилия, общаясь с людьми в любой точке страны, и ничто и никто меня не раздражает. Точнее, есть у нас в стране и то, что я люблю, и то, что я хотел бы изменить – единственно, всем рассказывающим мне о "свинцовых мерзостях российской жизни" сравнительно с прелестями Запада я рекомендую тут же туда уехать, не мучая здесь "себя любимого", или заткнуться, раз кишка тонка.

Конечно, оснований для оптимизма в окружающей действительности маловато. Мешает уверенность населения, что дальше падать некуда. А вот тут я, наоборот, оптимист. Есть куда падать, есть!

ЖАРЕНЫЙ ПЕТУХ – ПТИЦА МУДРОСТИ

Нет такой плохой ситуации, которая не могла бы стать еще хуже.

Расширение закона Мэрфи, сделанное Гаттузо

В мифологическом словаре можно найти описание мифологических птиц – Сирина, Алконоста и Гамаюна. Им приписываются разные качества, в частности, считается, что Сирин – птица мудрости. Может быть, так и было в незапамятные времена, но потом все изменилось.

В последние века нашей истории, в течение примерно, так, лет тысячи, птицей мудрости на Руси был Жареный Петух. Именно он олицетворяет мудрость русского народа. Иногда действие его описывается иносказательно ("гром не грянет, мужик не перекрестится"), а что именуется "громом"? Это он, мощный и точный клевок Жареного Петуха. Или вот это: "нужда научит пироги печь!". Это точно, научит. Под "нуждой" тут имеется в виду тоже он, Жареный Петух.

Однажды при обсуждении какого-то только что случившегося события (для нас совершенно несущественно, какого) один мыслитель изрек: "Россия вступила в войну, будучи к ней не готова". На что его собеседник, человек, видимо, более широкого и практического ума, возразил: "А к чему Россия вообще когда-либо была готова?".

Вопрос еще шире. Россия бывает не готова к крутому повороту истории, потому что ее политики и народ не думают о ходе истории. Но ведь не только об истории не думают! Перечень научных дисциплин и целых наук, о которых никто не думает, весьма обширен. Никто не думает о климатологии, метеорологии, теплотехнике, географии, биологии, геополитике, экономике, науке управления, и т. д., и т. п.

А что получается в итоге? Как, каким чудом наш народ все-таки выжил и построил такое государство, равного которому не было и даже сейчас нет? Как победил всех претендентов на мировое господство? Как приобрел наследство Чингисхана?

Ответ один. Чудес не бывает, и помог нам вполне реальный Жареный Петух. Как наше государство смогло собраться с силами в 1943 году, когда мы уступали соединенной Западно-Центральной Европе по населению вдвое, а по промышленности вчетверо? Да, конечно, был Сталин, кто спорит, но в 1941-то тоже был Сталин! Чего ж не хватало? А Жареного Петуха! Разве могло тут обойтись без вмешательства его, родимого?

Как после долгой свары боярских клик, которые и между собой-то воевали польскими и шведскими войсками, расплачиваясь русскими землями, когда вся Россия превратилась в пепелище, как же все-таки народ сплотился вокруг новой династии, как после этого на несколько сот лет "выключил" Польшу, а потом и Швецию, из европейской истории?

Вспомним-ка поподробнее, к чему Россия пришла в результате "годуновской оттепели".

"...а в Кремле, при свете зарева, бодрствовали и рассуждали вожди их (ляхов), что делать? Там еще находилось мнимое правительство российское с знатнейшими сановниками, воинскими и гражданскими: ужасаясь мысли желать победы иноплеменникам, дымящимся кровию москвитян, но малодушно боясь и мести своего народа, или не веря успеху восстания, Мстиславский и другие легкоумные вельможи, упорные в верности к Владиславу, были в изумлении и бездействии; тем ревностнее действовали изменники ожесточенные: прервав навеки связь с отечеством, заслужив его ненависть и клятву церковную, пылая адскою злобою и жаждою губительства, они сидели в

сей ночной Думе ляхов и советовали им разрушить Москву для их спасения....

...До самой ночи уже беспрепятственно губив огнем столицу, ляхи с гордостию победителей возвратились в Китай и Кремль, любоваться зрелищем, ими произведенным; бурным пламенным морем, которое, разливаясь вокруг их, обещало им безопасность, как они думали, не заботясь о дальнейших, вековых следствиях такого дела и презирая месть россиян!

...Наконец везде утухло пламя, ибо все сделалось пеплом, среди коего возвышались только черные стены, церкви и погреба каменные. Сия громада золы, в окружности на двадцать верст или более, курилася еще несколько дней, так что ляхи в Китае и Кремле, дыша смрадом, жили как в тумане – но ликовали; грабили казну царскую: взяли всю утварь наших древних венценосцев, их короны, жезлы, сосуды, одежды богатые, ...сдирали с икон оклады......пили из бочек венгерское и мальвазию... А россияне, их клевреты гнусные или невольники малодушные, праздновали в Кремле Светлое Воскресение и молились за царя Владислава, с иерархом достойным такой паствы..." ("История Государства Российского, книга XII", *Н.М. Карамзин*).

Да, крепко тогда, в 1612 году, клюнул россиян Жареный Петух. Надолго после этого ума хватило. Во все летописи, да и в память народа навечно внесли не только имена героев – Ляпунова, Палицына, Пожарского – но и перечислили поименно "легкоумных" вельмож, "малодушных невольников" и "гнусных" "воров и изменников", как проклятого Салтыкова.

Но любой запас, даже народной мудрости, кончается, нужен новый. Если не думать головой, то приносит его он, он, спаситель нашего государства.

Что же вызвало сейчас, на рубеже тысячелетий, новое явление Жареного Петуха? Как он узнал, что требуется его вмешательство?

Вызвали его слова "конкурентоспособность" и "твердая валюта".

Посмотрите в вышину: вот он, кружит над нами, на своих мощных, отливающих бронзой крыльях. Его круги все ниже, ниже.

Спросим его: “что ж ты вьешься”, Жареный Петух, и почему к тому же “с восточной стороны”? “Азия тут ни при чем”, с клекотом отвечает он, “а потому с восточной, что повернута Русь лицом на Запад. Так откуда же мне заход делать? Знаете, каков мой обычай?”.

Увы, знаем. Хорошо клюнет!

Москва, 1996-1999, 2000 гг

ОГЛАВЛЕНИЕ

2. Максим Калашников
«Сломанный меч империи»

Орбитальные истребители, плазменное оружие, микрогравитационные технологии… Арсенал страны, получившей “удар в спину”. СССР побеждал в “Холодной войне”, но был предан. Кем и как – ответ в этой книге.

560 стр., переплет, цена 65 руб.

3. Максим Калашников
«Битва за небеса»

Продолжение «Сломанного меча империи». Подробное описание наземных и воздушных боев: Корея, Вьетнам, Египет, Сирия… Шедевры и реликвии русской техноцивилизации. Механика нынешней грандиозной битвы за мировое господство. Прогноз Четвертой мировой. Как выжить русским?

800 стр., переплет, цена 80 руб.

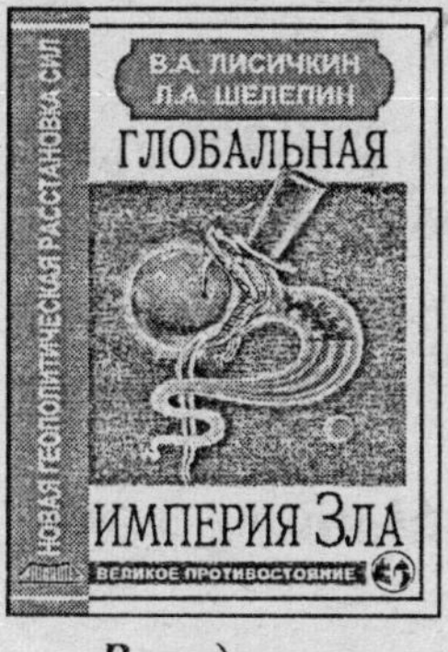

4. В.А.Лисичкин, Л.А.Шелепин
«Глобальная империя Зла»

Новые грозящие миру глобальные опасности, исходящие от США. Изменения в расстановке сил на геополитической арене. США не включают Европу в «золотой миллиард». Парадоксы глобальной экономики.

448 стр., переплет, цена 60 руб.

В издательстве «Крымский мост-9Д» готовится к печати книга:

С. Светигор «Сталин: легенды и были»

О Сталине рассказывают министры, маршалы, артисты, писатели, рабочие… Каким должен быть высший руководитель страны? Таким, чтобы о нем помнили.

Паршев Андрей Петрович
ПОЧЕМУ РОССИЯ НЕ АМЕРИКА
Книга для тех, кто остается здесь

Художник Г. Животов

Книга выходит в авторской редакции
Корректор *С. Ростунова*
Технический редактор *Е. Митрофанова*

ISBN 5-89747-017-0

КРЫМСКИЙ МОСТ-9Д,
НТЦ “ФОРУМ”
Лицензия ЛР № 065499 от 17.11.97 г.

Подписано в печать 23.03.2001. Формат 84x108 1/32.
Объем 13 п. л. Печать офсетная. Бумага газетная.
Зак. № 981. Тираж 20 000 экз.

Отпечатано с готовых диапозитивов в Тульской типографии.
300600, г. Тула, пр. Ленина, 109.